值老朽七十之际，谨以本书呈奉中国税务学会学术委员会第四研究部全体同仁、我的学生，以及关爱、支持第四研究部的各方友人！

——涂龙力

税坛纵横

涂龙力 涂京骞 著

中国财经出版传媒集团
经济科学出版社
Economic Science Press

图书在版编目（CIP）数据

税坛纵横/涂龙力，涂京骞著.—北京：经济科学出版社，2017.9
ISBN 978-7-5141-8322-1

Ⅰ.①税… Ⅱ.①涂…②涂… Ⅲ.①税收管理－中国－文集 Ⅳ.①F812.42-53

中国版本图书馆 CIP 数据核字（2017）第 192467 号

责任编辑：谭志军　卢元孝
责任校对：徐领柱
版式设计：齐　杰
责任印制：王世伟

税 坛 纵 横

涂龙力　涂京骞　著
经济科学出版社出版、发行　新华书店经销
社址：北京市海淀区阜成路甲 28 号　邮编：100142
总编部电话：010-88191217　发行部电话：010-88191522
网址：www.esp.com.cn
电子邮件：esp@esp.com.cn
天猫网店：经济科学出版社旗舰店
网址：http://jjkxcbs.tmall.com
北京财经印刷厂印装
700×1000　16 开　21.5 印张　350000 字
2017 年 9 月第 1 版　2017 年 9 月第 1 次印刷
ISBN 978-7-5141-8322-1　定价：46.00 元
(图书出现印装问题，本社负责调换。电话：010-88191510)
(版权所有　侵权必究　举报电话：010-88191586
电子邮箱：dbts@esp.com.cn)

作者涂龙力教授近照。

涂教授和次女涂京骞（作者之一）近期工作照。

应杨卫华院长之邀，涂教授在中山大学新华学院作学术报告。

2015年与四部参会委员在首届中国财税法治30人论坛上合影。从左至右依次是姚轩鸽、高阳、张松、涂教授、丁一、施正文。

2015年第四研究部大理学术交流会。前排左起依次为陈少英、刘景溪、涂教授、云南省国税局刘卫民副局长、焦瑞进、丁芸；后排左起依次为参会人员、张玉梅、参会人员、参会人员、张久慧、姚轩鸽、参会人员、张松、参会人员、张立旺、陈玉琢、高阳、严锡忠。

在贵州安顺国税局讲座前，涂教授与班子成员合影，右二为段铜成局长。

在大别山区岳西县国地税讲座前，涂教授与国税王局长（左一）、地税方庆云局长（左三）合影。

江西吉安讲座前，涂教授与市局班子成员留影，左五为龚云斌局长。

2016年涂教授与广东省地税局科研所向景所长（左五）、温丽萍副所长（前排右二）、珠海市地税局文英副局长（前排右三）以及广东省"落实改革方案、发挥地税征管优势"课题组全体同仁在珠海地税局研讨时合影。

涂教授在重庆讲座、调研期间，倪小康局长（左六）召集其同学、师生一聚，左四为盛筱华局长。

涂教授在湖州讲座答疑，中为赵健鸣局长。

在义乌国税局讲座前，涂教授与卢景山局长合影。

在广东中山市讲座前，涂教授与市国税局长（左）、市地税局长（右）合影。

涂教授在中国政法大学承办的第二届中国财税法30人论坛上讲演。

2017年2月，涂教授在上海全国会上发言。

在广东佛山（三水）讲座前，涂教授与部分与会人员合影，左三为潘志豪局长。

涂教授在云南德宏州畹町中缅边境缅甸难民营与徐翔局长合影。

在缅北战火流弹随时可飞进办公室的危急时刻，畹町局全体税干坚持岗位，展现了畹町税干的风采。这是涂教授与该局全体税干的合影，前排右五为德宏州徐翔局长，前排右四为畹町局李丽萍局长。

2017年在马鞍山调研讲座时，涂教授与江立中局长合影。

2017年在温州调研时，涂教授与骆建升局长合影。

涂教授在金税桥财税智库大数据科技股份有限公司调研，中为董事长李炯梅，右为扬州税院教授陈玉琢。

在绍兴国税局讲座前，涂教授与张国伟局长合影。

苏州四部参会人员。前排左起，张松、王建华、丁芸、焦瑞进、涂教授、苏州地税总经济师张志忠；后排左起，高阳、张久慧、王晖、张德志、姚轩鸽、陈玉琢、汪蔚青、王明世、沈阳。

中国税务学会常务理事会上与四部部分委员留影。左起，高阳、姚轩鸽、兰双萱、杨小强、涂教授、赵恒、丁芸、陈少英、刘景溪。

涂教授与东莞市石排区刘柱新局长考察辖内最大的高新企业。

在呼伦贝尔开完环境税法立法研讨会后，涂教授与施正文（左一）、严锡忠（右一）、姚轩鸽（右二）一行四人，到涂教授阔别38年知青插队的额尔古纳左旗（根河市）寻找"小芳"的足迹。

涂教授为海南省地税局兰双萱副局长颁发学术委员证书。

2016年,涂教授给贵州省国税局科级培训班学员上课。

2017年，涂教授给广州市国税局科研骨干上课。

同庚，同窗，同梦。

作者简介

涂龙力简介

涂龙力，教授，税收会计学家，税收法学家，税收经济学家。曾任中国税法研究会副会长（后更名为中国财税法研究会）、中国注册税务师协会理事、中国国际税收研究会理事、国家税务总局扬州税务学院副院长、辽宁税务高等专科学校副校长。现为中国税务学会学术委员会第四研究部召集人（四部研究方向为税收征管改革与立法、税收法律）。

涂教授1982年毕业于黑龙江大学经济系，师从著名生产力经济学家熊映梧教授。涂教授研究兴趣广泛，涉及宏观经济与世界经济、税制改革特别是税收体制改革、税收会计与税务会计、税收立法等。他于20世纪80年代率先在全国财税院校开设税收会计、税务会计、税务审计、税收经济活动分析等创新性课程，1991年获国家教委优秀教研成果一等奖，主编了财税院校第一套统编教材《税收会计》《税务会计》，主持编写了全国第一本开创性、系统性研究税收基本制度立法问题的《税收基本法研究》，1998年与北京大学法学院刘隆亨、刘剑文、张守文等教授在扬州税务学院创建"中国税法研究会"并当选副会长。

受中国税务学会崔俊慧、钱冠林两任会长委托，涂教授在中国税务学会学术委员会主持了《中华人民共和国税收征收管理法》（修订）、增值税立法及环保税立法等重大研究课题；在研究部承接了房地产税立法，国税、地税征管体制改革研究等多项重大课题，其中，《中华人民共和国税收征收管理法》修订建议受到全国人大预算工委法案室的专函致谢和中国税务学会领导的赞誉。涂教授先后在《税务研究》《国际税收》《税收经济研究》《中国法学》等专业杂志发表论文数十篇（其中仅1991年在《税务研究》就发表了三篇指导当时税收会计改革、税务会计创建的重磅文章）。党的十八大以来，针对改革中的热点和争议问题，他总是直言不讳，及时发表自己的见解，2015年10月9日应邀在北京钓鱼台国宾馆作题为"关于房地产税立法若干问题思考"的讲演，受到欢迎。

退休十年来，涂教授一直活跃在各级、各类相关税务、税法讲坛与论坛：讲解最新改革动向和热点难点税改问题，如"深化国税地税征管改革方案""房地产税立法与改革若干问题研究""'十三五'时期的税制改革与立法的热点问题""新形势下税收制度的结构性改革"等专题讲座；参加"中国财税法治30人论坛""全国税收理论研讨会""中国财税法研究会年会暨海峡两岸交流会""房地产税法国际高层论坛""中韩征管法交流会"等高层论坛并多次讲演；通过微信及时点评改革热点，回应税务干部提出的问题。

退休十年来，涂教授深入税务基层调研，掌握了大量税务基层第一手信息；他的足迹几乎遍及大江南北，特别是在缅北战事紧张时期，他不顾劝阻，亲临德宏州畹町开发区前线看望他的学生，慰问一线税务干部；他将大量调研素材引入教学与科研，他的讲座接地气，他的科研在前沿。

《税坛纵横》是继《税坛春秋》之后折射涂教授退休十年来主要研究成果的汇编节选。

涂京骞简介

涂京骞，涂教授次女，助手，先后就读于辽宁师范大学会计系和俄罗斯秋明大学，工作后自学法律；曾任职于辽宁税务高等专科学校会计系、科研处，现任职于该校信息中心。涂京骞受其父影响，参加工作后追随父亲从事研究工作，担当涂教授的研究助手。分类、整理了几百万字的信息资料，涉及宏观经济、财政税收、体制改革、法律法规等；在父亲指导下独立完成了多项研究课题，数次获得中国财税法研究会年度大会交流优秀论文奖，国家税务总局教育中心科研成果奖，在《税务研究》《涉外税收》(《国际税收》)《税收经济研究》《广东地方税务》等刊物上发表论文十余篇，另有部分论文收录于《辽宁省国税系统优秀税收科研成果文集》。

涂教授戏称涂京骞是他带出的"家庭博士"。本书许多章节是涂京骞独立完成的，涂教授视其为涂京骞的"博士论文"。涂教授认为，"家庭博士"是成本低、效果好、可复制、可推广的一种师傅带徒弟的培养模式。

本书观点聚焦

一、中央的战略部署决定了立法与改革的定位和路线图,国内外形势决定了立法与改革的节奏和时间表。这是认识财税体制改革与税收立法的基本逻辑,否则会雾里看花。

二、税收是国家发展战略大局中的一枚棋子,税收制度的立法与改革应当服务、服从这个大局,这是认识税收制度立法与改革的基本出发点,不能就税改论税改。"营改增"就是为调整经济结构服务的,不能单纯从税制改革本身去理解。

三、税收法定原则从性质上看,不仅是税法领域的最基本原则,还是推进法治国家、法治政府、法治社会的基本原则;从定位上看,税收法定原则是国家治理体系的基本原则,从这个意义上讲税收法定原则应当是宪法性原则;从作用上看,税收法定原则还是规避税收执法风险的最基本原则。

四、税收优惠是把双刃剑,过多的税收优惠有悖"简税制"这一税改原则,这是理解党的十八届三中全会关于清理、规范税收优惠的钥匙,应当坚持税收优惠法定这一原则。

五、"一房两制"是处理政府与市场关系、调整房地产市场结构及房地产产品结构的大趋势,这是社会主义市场经济的本质要求,也是平抑商品房房价与去库存的根本路径。

六、没有土地制度改革作支撑的房地产税改革,是不完整的改革,"社会所有、永续使用"是土地制度改革的方向,这是房地产税立法与改革的难点,也是马克思主义经典作家200多年前就论证过的,房地产税立法与改革应当分步施行,先易后难。

七、房地产税立法应当遵循党的十八大提出的"结构优化、社会公平"的税收制度改革目标:一是调整房产税目前建设、交易、持有三个环节的税负结构和税费结构;二是税负设计应当公平,即多占资源多缴税(绝对地租)、占好资源多缴税(级差地租)、基本生活住房不缴税(基本标准中央确定、具体标准各省确定),应当公开阐释这一原则,以推进房地产税立法与改革。

八、应当全面理解"加快房地产税立法并适时推进改革"的战略部署,既要落实税收法定原则,又要符合国情,使房地产税立法与改革方案具有可操作性,应当"一立两授"(成熟的基本制度由全国人大立法,不成熟的基本制度授权国务院立法,操作细则授权省级人大立法),加快推进,否则会拖累税制改革大局。

九、厘清《税收征收管理法》的定位,首先要厘清税收征管的内涵与外延。税收征管首先应当包括税收征收和税收管理两个方面,如果税收征收内涵是指狭义的税款征收环节,那么,税收管理的内涵则覆盖整个税收执法全过程的各个基本程序,包括税收服务、税款征收、税务稽查、争议处理等。因此,《税收征收管理法》是一部税收执法基本程序法,这是规避税收执法风险的客观要求。

十、"经国务院批准或同意"不是税收基本制度授权立法的程序,这是落实党的十八届四中全会关于"重要行政管理法律法规由政府法制机构组织起草"的要求;也是落实税收法定原则的要求,国务院不能转授税收基本制度的立法权,财税主管部门不能僭越税收立法权,不能以部门规章创制税收基本制度事项。

十一、完善地方税体系是本轮税制改革的质的要求,逐步提高直接税比重是本轮税制改革的量的要求,这是本轮税制改革的两个基本框架。地方税体系是实行彻底分税制体制下的产物，在不彻底分税体制或共享税占比较大体制下，完善地方税体系难度较大，其内涵将会发生变化。中办、国办在《深化国税、地税征管体制改革方案》中提出的完善"地方税费收入体系"，丰富了地方税体系的内涵与外延，是"清费立税"、界定政府收入的契机，也是理顺地方税务机关职能的重要举措，这是认识、分析、研判"十三五"时期国税、地税征管体制改革趋势的重要信号。

十二、从"一税一征"到"一户一管"是完善国税、地税征管体制的大概率。应当将国税、地税征管体制改革置于分税制和大部制两个基本框架下来讨论。财税体制改革的路线图与时间表影响与制约了重构地方税费收入体系和国、地税征管体制改革的进程，这是由财税体制改革与国地税征管体制改革内在的逻辑关系决定的。

十三、职能整合型和收入整合型是深化国税、地税征管体制改革的两种模式，像目前单一机构和两套机构并存一样，两种模式可能并存，这是由中国历史、地理、社会、体制、制度等综合因素决定的，也是"十三五"时期国税、地税征管体制改革的大概率。

十四、现代财政制度包括预算治理制度、税收治理制度和分税治理制度。深化财税体制改革包括做蛋糕（税制改革）、分蛋糕（中央与地方税收收入分配）和管蛋糕（国地税征管体制改革）三个主要阶段。做蛋糕是前提，分蛋糕和管蛋糕是后续，这之前只能是预分蛋糕和合作管理，目前正处在做蛋糕阶段，认识财税体制改革的上述特点有助于厘清各个阶段的主次矛盾，理解国税、地税征管体制改革要遵循的"有序推进"原则。

十五、税收会计应当采用权责发生制。现代预算制度改革的亮点之一是"建立权责发生制的政府综合财务报告制度"。收付实现制是以现收现付的资金流作为核算政府收支的一种会计方法，其最大缺陷是不能"建立跨年度预算平衡机制"。责权发生制是以应收应付的资金流作为核算政府收支的一种会计方法，这种方法为"建立跨年度预算平衡机制"提供了技术支撑。十八届三中全会的《决定》明确提出政府财务会计报告采用责权发生制，是政府会计的重大改革，这为深化预算制度改革提供了技术支撑，也为税收会计全面实施责权发生制提出了政策支撑。

十六、既允许地方债务自发自还，就应当允许地方财政破产重组。《地方政府债券自发自还试点办法》的施行，意味着过去地方发债中央兜底的潜规则行将终止。天下无免费午餐，即举债自负就有违约风险，即有风险就应当按市场规律运作，举债违约理应付出代价。应当允许地方财政破产重组，最大赢家是地方经济和老百姓，无须多言，底特律财政破产重组已有答案，破产重组的是地方财政，不是政府，政府是追责换人。

十七、中国已进入提高直接税比重的调整期。现代税收制度的本质特征是"结构优化、社会公平"。社会公平是目标，结构优化是路径。税制结构在生产力水平的不同发展阶段有不同的价值取向，世界经济运行规律表明：当一国生产力水平处于不发达阶段时，应当强调效率，与之相适应，税制结构应当以间接税为主；当一国生产力水平处于中等收入阶段、人均 GDP 达到 6000 美元以上的阶段时，应当注重公平，特别是当基尼系数突破国际警戒红线时更应当注重社会公平，与之相适应，税制结构则应当逐步转向以直接税为主。2015 年我国人均 GDP 接近 8000 美元，国家统计局公布的、显然缩小的基尼系数达 4.27，这已超过国际警戒线。因此，中国已经跨入由间接税为主向直接税为主的税制结构转换期。

十八、解决贫富差距特别是跨代贫富差距应当出组合拳。《人民日报》关于防止"跨代贫富差距"的论述释放了中央最高决策层对我国跨越"中等收入陷阱"这一最大拦路虎的关切与解决的决心。总设计师邓小平解决了第一步,即"让一部地区、一部人先富起来",却没来得及解决第二步,即"共同富裕",这给本届政府留下了世界性的历史难题。

税收是实现国家发展战略的政策工具之一,应当有所作为且能大有作为。提高直接税比重、特别是开征具有调节跨代贫困差距功能的赠予与遗产税,形成个人所得税、赠予与遗产税、房地产税等各种直接相互衔接、相互配套的组合拳,就一定能实现共同富裕这一中国梦。

十九、供给与需求是经济(学)中的一对基本范畴,处理好两者关系是宏观调控永恒的主题,其核心是结构平衡。目前中国经济的根本问题是结构问题。我国经济运行正面临着供给侧和需求侧都急待结构性调整的双重压力:第一,目前供给侧方面的问题是结构性供给过剩和结构性供给不足并存。第二,目前需求侧方面同样存在结构性需求过剩和结构性需求不足并存的问题。因此,税制改革的目标就是优化税制结构。税收制度改革应当包括税收收入侧结构性改革和税收支出侧结构性改革两个方面。

二十、供给侧结构性改革包括三层含义:一是核心,供给侧结构性改革的核心是结构性即比例关系;二是内容,结构性是一个广义概念,特别是经济结构,包括产业结构、供求结构、投资结构、分配结构、财政收支结构等等,供求结构仅是其中一种;三是路径,不能用解决周期性、总量性的办法解决结构性问题,只能用改革的办法,即通过改变原有结构比例关系的办法来解决。

二十一、减税不是供给侧结构性改革抑或降低企业成本主要路径,企业要靠内生动力、推进创新才能生存与发展——这是生产力发展规律决定的,不能过度宣传减税,不能误导企业。

二十二、应当正确理解"所有行业税负只减不增"——"所有行业"不是所有企业,这是一个宏观总量概念;同一行业不同企业中，由于生产经营周期不同从而进项抵扣不同等原因，税负也会不同，所以这是一个结构性减税概念，减税5000亿元不可能绝对平均分摊到所有企业。增值税是间接税，最终消费者是间接税的税负承担者，而不是企业。

二十三、深化税制改革应当遵循"简税制、简征管、信管税"的系统改革思路。其中"简税制"是前提和关键，征管改革应当从管好信息入手，这是现代信息技术与税收治理现代化高度融合的大趋势，否则，改革只能是小修小补。

二十四、纵观30多年有关宏观税负的争论，集中体现在计算口径和分析目的两个问题上。计算口径归纳起来不外窄、中、宽三种。分析目的归纳起来也有三种：一是作为税制改革顶层设计时的税负，一般采用法定税负，即窄口径；二是作为国际比较依据时的税负，因国外法定税收一般都包括社保税，一般采用中口径；三是作为讨论企业负担时的税负，一般采用宽口径。显然，计算口径与分析目的的差异，是导致30多年纷争不止的主要原因。宏观税负既是一个总量问题，更是一个结构问题。30多年的争议一直停留在总量层面，既然当前经济运行的主要问题是结构性问题，那就应当将讨论的重点转移到宏观税负的结构上来。

二十五、全面推进依法治税的核心和难点是落实税收法定原则。从立法层面看，应当管好"两头"：一头管好法律，应当坚持税收基本制度立法的法定原则，规范授权立法；一头管好规范性文件，应当坚持规范性文件创制的法定原则、严格限制制定规范性文件。从执法层面看，要严格程序明确、程序正义，这是落实法定原则的基本要求，也是规避风险的保障。

二十六、税收执法的新风险。如果说，以前规范性文件引发的税收执法风险案例尚属个案且具有某种偶然性的话，那么，最高人民法院关于《行政诉讼法》的第二十一条司法解释（法释

〔2015〕9号）则使这种执法风险成为新常态。这种执法风险新常态表现在：一是规范性文件发布的内容与程序不能任性；二是法院具有认定行政行为合法的权力。

如何规避高院司法解释给税收执法带来的风险即法院有权审定税收红头文件合法性给税收执法带来的风险，是税务一线执法人员的关切。我们认为，落实税收法定原则是规避风险的根本途径：一是规范性文件不能（无权）创制税收基本制度（即四中全会提出的禁止制发带有立法性质的文件）；二是规范性文件不得设制基本制度；三是规范性文件的内容应当有上位法支持且不得与上位法相悖。

二十七、创制《税收基本法》抑或《财税基本法》的条件基本成熟。学界提出创制《财政基本法》的建议，这是一个具有战略意义的建议。十八届三中全会提出的"建立现代财政制度"包括三个部分：一是预算制度，二是税收制度，三是分税制度。从《税收基本法》到《财政基本法》（笔者主张称为《财税基本法》）这是一个大的跨越，应当充分论证，制定规划，启动创制程序，希望2020年有重大成果提交全国人大审议。

二十八、深化财税体制改革的核心和难点是优化税制结构即调整三大利益结构：提高直接税比重，是调整自然人利益结构；费改税，是调整部门利益结构；"营改增"，是调整中央与地方利益结构。不突破既得利益藩篱，现代财税制度难以建立。当前深化改革最大瓶颈在于难达共识，中国已到了生产关系严重阻碍生产力发展的最困难时期，必须调整生产关系（深化政治体制改革，特别是坚持制度反腐）以促进生产力的发展——这是人类社会与经济发展的规律，是大势所趋，应当加强马克思主义、社会主义政治经济学的学习与宣传。

二十九、不能把马克思主义边缘化。当前人们在研究经济问题时过于西化，不引几条曲线、几个公式、几条西方圣经就不是现代经济学。用西方经济学替代社会主义经济学，忘记马克思主义，特别是忘记了《资本论》。今天我国经济的运行轨迹仍未超出《资本论》的基本原理。比如，劳动价值论，资本有机构成理论，资本积累理论，资本循环与周转理论，社会总资本再生产与流通特别是扩大再生产理论，成本价格、利润特别是平均利润与超额利润理论，资本转化与分配理论，地租理论特别是绝对地租与级差地租理论，等等。

三十、毛泽东经济思想当前仍然适用。毛泽东的经济思想在今天仍有指导意义，如有关建立社会主义公有制是解放生产力的需要、公有制的经济基础是人民真正解放的根本保证的思想，有关在社会主义条件下发展经济的目的是不断提高人民群众的物质生活水平的思想，有关发展科学技术提高生产力的直接动力来源于人民群众的首创精神的思想，有关农村经济必须走合作化之路、发展集体经济才能和工业发展相适应、也才能逐步实现农业产业化和现代化的思想，等等。特别是毛泽东有关经济平衡发展的思想，对当前更具指导意义。如毛泽东在《论十大关系》一文中从十个方面论述了平衡发展这一思想，这种平衡思想不仅反映了各行各业静态的平衡问题，更反映了发展过程中矛盾双方动态的平衡问题。今天的供给侧结构性改革也好，宏观调控也罢，都可以在《论十大关系》中找到答案。

三十一、特朗普上台后，世界普遍认为美国政策增加了"不确定性"，其实是确定的。资本的本质是追逐利润，美国追逐的是国际垄断高额利润。奥巴马（包括希拉里）也好，特朗普也罢，都不例外。所不同的只是战略战术不同：奥巴马运用脱实挺虚的战略来追逐国际垄断利润，特朗普则运用脱虚挺实的战略来追逐国际垄断利润。战略不同导致战术运用的不同。所以，特朗普与奥巴马（包括希拉里）间因政见不同产生的矛盾，其实质是美国产业资本与金融资本博弈的结果。但是，奥、特有一点是相同的,那就是维护美国的核心利益,这一核心利益表现为美元的霸主地位,美国维护美元霸主地位的最后手段是强军战略。谁动了它的这一核心利益它就会发动战争,这已被现代战事所证实。因此,研判中美关系走势的实质是,是否触动了对方的核心利益。中国客观上(尽管我们不认同)已触动了美国核心利益,这是美国遏制中国的根本原因。毛泽东当年应对西方围剿采用的"深挖洞、广集粮、不称霸"战略,今天仍然适用。

三十二、产业资本是一国经济的立国之本,虚拟经济的发展必须以产业资本为依托,否则泡沫与危机不可避免,这已被美国次贷危机和中国房地产泡沫所证实。这也是特朗普为什么要脱虚挺实、实行贸易保护主义、阻止对外投资的根本原因。2017年中央经济工作会议提出的五大任务之一就是促进实体经济发展,从这个角度看,这是中美经济发展的新一轮较量。在未来5~10年内,中美实体经济发展的结果,将对中美关系产生重大国际影响。特朗普提出的增加就业、增加中低收入战略,注重发展本土实体经济、逼他国扩大进口美国商品的战略战术,对中国将会产生重大影响,客观上将倒逼中国改倚外为倚内。中国地大、人多有足够条件消化"产能过剩"和"产品过剩"。

三十三、从商品输出到资本输出是资本运动的基本规律,也是一国步入经济发达或较发达阶段的标志,这是资本本质决定的。中国已完成商品输出到资本输出的跨越,宏观税负高低不是推动资本输出的决定性因素。例如,福耀玻璃企业作为中国最大的垄断行业,过去获得的垄断利润远超社会平均利润,在去库存的供给侧结构性改革中,选择海外投资追求资本利益本无可非议,但将原因归于宏观税负过高则值得商榷。

三十四、特朗普推出大幅减税政策将对世界经济产生巨大影响,应当厘清以下几个认识问题:第一,减税背景。推进实体经济发展是特朗普推进一系列经济政策改革的出发点与落脚点,发展实体经济有助于解决就业，有助于避免经济风险，中国应当借鉴。第二，美国大幅减税会产生世界性的税收竞争，其结果必然是几家欢乐几家愁。第三，美国大幅减税会对中国税制改革产生倒逼机制，由于中美税制模式与结构不同，产生的影响也不同。第四，特朗普大幅减税政策如获通过，机遇与风险并存，是对美国经济发展的重大考验。

三十五、中国经济运行已进入新常态。新常态可划分两个阶段：第一阶段由2014年总书记向世人提出新常态至2016年中央经济工作会议提出结构性改革的"五大任务"，第二阶段由2017年中央经济工作会议提出当前主要矛盾是结构性矛盾至今。前者主要从经济周期、经济总量角度分析并提出主要任务是稳增长，后者主要从当前主要问题、主要矛盾角度分析并提出主要任务是推进供给侧结构性改革。

三十六、"十三五"中后期是实现中国梦特别是实现"两个翻番"的关键时期，也是体制改革的决战时期。党的十九大将会对十八大提出的未竟改革蓝图做出新的部署。届时，税收改革中的硬骨头和硬任务，如税收体制改革包括国税地税征管体制、地方税费收入体系等，税收实体制度改革包括房地产税、个人所得税、消费税等，税收程序制度改革包括自然人征管程序、税收信息征管程序、纳税人维权程序等，税收立法包括增值法、房地产税法、个人所得税法以及税收征管法等，都将取得重大突破并基本完成十八大特别是十九大提出的税收改革目标。

目　录

序一　老三届的佼佼者 ……………………………… 张木生（1）
序二　老骥伏枥　税坛春秋又纵横 ………………… 滕祥志（7）
自序　十年磨一剑 …………………………………………（10）

同仁点评

惟其笃行，更弥足珍贵
　　——学习涂龙力教授新作《税坛纵横》有感 ………… 丁芸（19）
以真克假　乐享华彩
　　——涂龙力先生《税坛纵横》阅读札记 …………… 姚轩鸽（24）
老骥暮年犹伏枥，税坛纵横志千里
　　——恭贺涂龙力教授七十华诞 ……………………… 熊伟（30）
七秩再吐新蕊，税坛又添华章
　　——贺涂龙力教授《税坛纵横》出版 …………… 陈少英（33）
纵横春秋　不忘初心
　　——谈涂龙力老师新作《税坛纵横》稿有感 …… 兰双萱（37）
博学之，审问之，慎思之，明辨之，笃行之
　　——恭贺涂龙力教授七十华诞暨《税坛纵横》
　　　出版 ……………………………………………… 王明世（40）
与涂龙力教授相识的岁月
　　——恭贺《税坛纵横》出版与涂龙力教授
　　　七十华诞 ………………………………………… 施正文（43）

1

税坛纵横

第一篇　历史篇 ……………………………………………………（51）
一、党的十六届三中全会关于税收制度改革的总体部署 ………（51）
二、"十一五"时期的税制改革与税收立法 ……………………（53）
三、"十二五"时期的税制改革与立法 …………………………（57）
四、税制改革30年基本评估 ……………………………………（60）

第二篇　税收改革篇（综述）……………………………………（66）
一、第三轮税制改革与税收立法的背景 ………………………（66）
二、建立现代财政制度 …………………………………………（72）

第三篇　税收改革篇（实体税制改革）…………………………（84）
一、增值税的改革与立法 ………………………………………（84）
二、房地产税的立法与改革 ……………………………………（102）

第四篇　税收改革篇（程序制度改革与立法）…………………（133）
一、税收基本程序制度的改革 …………………………………（133）
二、税收基本程序制度的立法 …………………………………（135）

第五篇　税收改革篇（税收体制制度改革）……………………（166）
一、完善地方税体系 ……………………………………………（166）
二、国税地税征管体制改革 ……………………………………（181）

第六篇　税收法治篇 ……………………………………………（189）
一、依法治国与依法治税 ………………………………………（189）
二、税收立法 ……………………………………………………（199）
三、落实税收法定原则 …………………………………………（206）
四、税收执法的新风险 …………………………………………（214）

五、税收基本法 …………………………………………………（221）
　　六、环境保护税立法 ……………………………………………（235）

第七篇　展望篇 ……………………………………………………（245）
　　一、"十三五"时期税制改革与立法的经济
　　　　背景——新常态 ……………………………………………（245）
　　二、建立现代税收制度 …………………………………………（247）
　　三、新形势下税收侧结构性改革 ………………………………（250）
　　四、深化改革应当厘清的两个基本理论问题 …………………（254）
　　五、"十三五"时期的税收立法展望 …………………………（258）

附一　《税坛春秋》（2007版）目录 ………………………………（262）
附二　十八大以来在中国财税法治网发表的系列时评文章 ………（264）
附三　2006~2017年2月公开发表的论文 …………………………（265）
附四　2006~2017年在税务系统培训班开设的专题讲座 …………（268）
附五　2015~2017年部分专业问题解答 ……………………………（270）
附六　大数据时代深化税收改革的思考　　　　　　焦瑞进（287）
附七　父爱无疆
　　　　——父亲七十华诞有感 ………………………涂京骞（294）
后记　感悟人生
　　　　——谨以此文献给四部同仁、好友及我的学生 …………（297）

序一

老三届的佼佼者

张木生[1]

一、老三届的蹉跎岁月

50年前像所有老三届一样，涂龙力也经历了中断大学梦、令人难忘的蹉跎岁月，上山下乡。为避武斗，开始，他在部队大院烧炉膛，一个夜班要甩进炉膛6车煤，平均每铲煤18斤。后来他一头扎进内蒙古大兴安岭深处与俄罗斯接壤的额尔古纳左旗。这是个年无霜期仅4个月、冬季平均零下44摄氏度[2]的边陲高寒地区。在这里，他扛过交行[3]，抬过原木上楞[4]，双肩承受过七八百斤的重负；在这里，虽然夏天与蚊虫为伴，冬天与熊瞎子为伍。但他始终坚持一个信念：大学不会永远不考试招生。38年后，当他带领一个科研团队故地重游时[5]，这里已是旧貌换新颜，成为呼盟重要的旅游景点之一——北极村。

二、锋芒初露

在老三届中涂龙力是幸运的，中央恢复高考招生的重大决策改变了他

---

[1] 著名经济学家，原中国税务杂志社社长，现任中国税务学会学术委员会副主任。
[2] 2012年、2013年中央电视台连续两年报道该地区温度零下47摄氏度，2015年达零下58摄氏度。
[3] 即搬运工。
[4] 即原始森林中的伐木归集。
[5] 2015年带领《环保税法（征求意见稿）》修订小组重返故地。

的命运。在 1966 年高中毕业 12 年后，他凭实力考上了黑龙江大学经济系，师从我国著名生产力经济学家熊映梧先生。这是一个有着特殊结构的班级，全班年龄最大的 31 岁、最小的 18 岁，60% 的同学带子上学；这是一个阅历丰富的班级，全班 70% 的同学经历过上山下乡的洗礼；这是一个思想活跃的班级，全班如饥似渴地要把失去的光阴追回来，讨论、争议经常把老师"难住"。在这个群体里，涂龙力无疑是优秀的，他善于独立思考、经常提出在当时看来是不可思议的命题。如 1980 年他的世界经济史结业论文选择了"中国应当补上资本主义发展过程这一课"；1982 年他的毕业论文《社会主义存在社会劳动与私人劳动的矛盾》送给时任中央党校副校长、著名经济学家苏星教授时，苏星教授印象深刻并亲笔给这个在校生回了长信，鼓励他继续努力；导师熊映梧教授更是赞赏他对生产力与生产关系、经济基础与上层建筑关系的深刻理解。

三、大海习水

在老三届中涂龙力是刻苦的、努力的，这努力来自他的决心与理念。凭着要给荒废学业的兄弟姐妹补课的决心，带着振兴经济首先要振兴成人教育的理念，1982 年毕业后他选择了方兴未艾的成人教育事业，来到工业交通管理干部学校任教。1983 年他第一个给电大兼职授课，1984 年他又第一个给自考辅导班兼职授课，当时的成人教育犹如大海、无边无沿，在这里，涂龙力先后讲授了经济类、管理类、法律类共 21 门课，包括他在校学过的和在校自学的。五年成人教育的大海习水，为他 1987 年进入税务高等院校后成为税坛名师[①]与"杂家"[②]奠定了坚实的理论基础。

四、初战告捷

在老三届中涂龙力是有实力的，这实力来自他的厚积与自信。1987

[①] 详见宋兰主编：《税务名师经典讲座》，中国税务出版社 2005 年版。
[②] 涂龙力被业内称为税坛"杂家"。详见《税坛春秋》程永昌序，中国税务出版社 2007 年版。

年他应聘进入税务院校的第一堂课是给全国第一期处级干部培训班讲"国民经济计划管理"。当时正值计划经济与市场经济转轨初期，要给税务处级干部讲好这门传统课的难度是可想而知的。凭借五年成人教育的厚积，他牢牢地抓住了授课对象的心理，成功地站稳了讲台。就凭这一堂课他被任命为该校第一届会计系主任。在三年的任期上，他带领这个团队一面抓科研、一面抓创收，以创收促科研。他开创了税务院校会计学科新领域，第一个在全国财经院校开设税收会计、税务会计、税务审计、税收经济活动分析等具有税务院校会计特点的特色课程，一举拿下教委四年一度的优秀科研成果一等奖；他参加了国家税务总局税收会计改革的理论设计，被誉为中国税收会计鼻祖；他是国内最早提出税收筹划的学者之一，他"垄断"了大连市会计专业证书培训市场，为一千多名无专业学历的会计人员取得了上岗证书。为更好地发挥他的能量，学校调任他为教务长。

五、税务院校的一面旗帜

在老三届中涂龙力是成功的，这成功来自他孜孜不倦的坚守、探索与追求。为完成老局长建立中国税务大学的夙愿，他几次放弃了升迁与发财的机会，顽强地坚守，无怨无悔。1989年、1992年他在全国率先主编和开设的税收会计、税务会计课程奠定了他在该学科的领军地位；1998年他主编了至今仍广为引用的专著《税收基本法研究》①，从而奠定了他在税法学界的地位；1999年，他与北京大学法学院刘隆亨教授在扬州税务学院创建了中国税法研究会；2001年至今他每次在中国财税法研究会大会上或主持或点评或大会发言，成为税务院校的领军人物；在中国税务学会学术委员会他是研究部召集人，其贡献受到崔俊慧、钱冠林两届会长的高度赞赏……他是老实办教育、踏实做学问的榜样。

---

① 该书获总局1999年度优秀科研成果一等奖。

六、老骥伏枥

在老三届中涂龙力是高产"作家",这得益于他深厚的理论功底和长期实践,退休后十年间的累累硕果令人折服。这十年,在中国财税法治网发表了9篇有关学习党的十八大、三中、四中、五中全会心得,近10万字;提交中国财税法学年会及相关国际、国内高层论坛论文19篇,近20万字;提交中国税务学会学术委员会的调研报告13篇,近18万字;给全国税务干部开设专题讲座50个,近40万字,还有在媒体公开发表的论文十几篇,近15万字,等等。这些成果还是在许多兼职情况下完成的,其中多篇成果获得了一、二等奖。

七、为改革摇旗呐喊

在老三届中涂龙力是讲真话、讲实话的学者代表之一,这是他运用马列主义基本原理和经济规律对30多年改革的认知。党的十八大之后,他针对生产关系与上层建筑的反作用、保障房变商品房、房价越调越涨、土地财政捆绑地方政府、房产税能否成为地方主体税、中国税收痛苦指数、尚德破产之深思、增值税改革应当先利民、中国财税体制选择、财政支出谁说了算、税收调节分配差距作用、底特律破产之警示、环保税难产之谜、宏观税负孰高孰低、供给侧结构性改革等诸多热点问题旗帜鲜明地阐明了自己的观点。针对社会上对开征房地产税的种种争议,发表了《推进二次土改　创制房地产税　建设地方主体税种——关于房地产税立法与改革的争论》的长篇时评。[①] 同时,还应邀在钓鱼台国宾馆作了题为"房地产税立法与改革若干问题研究"的专题讲演,并回答了媒体与记者提出的相关问题,讲演中的主要观点刊登在《深圳特区报》[②],后被《改革内参》

[①] 详见张木生、涂龙力:《参阅文稿》,2014年6月17日。
[②] 详见《深圳特区报》2015年11月3日和2015年11月10日。

转载。①

2015年以来，我国经济运行驶入下行轨道，运行风险的压力也不断增大。涂龙力充分利用媒体、网络、微信及时发表自己看法，正面解读政策，尖锐指出弊端，受到业内好评。比如，针对2014年11月至2015年1月财政部连续三次调整成品油消费税税率，及时发表了《重大改革必须于法有据——关于成品油消费税税率调整的经济与法律思考》一文，强调即便经济上有一千个理由也不能程序违规的观点。2015年3月15日全国人民代表大会审议通过《中华人民共和国立法法》修改案的第三天他就发表《〈中华人民共和国立法法〉四大亮点》一文，指出新《中华人民共和国立法法》在税收基本制度表述上的缺憾。针对社会上热议的供给侧，他在《坚持供给侧与需求侧的结构性平衡，推进"十三五"时期经济健康增长》一文中指出，供给与需求是经济学中一对最基本的范畴，其他许多概念与定律均由此而派生，比如供求关系决定商品价格规律等；供给与需求关系又是一对经济运行中的矛盾统一体，由供大于求或供小于求的不平衡矛盾达到供求基本平衡是所有国家宏观调控追逐的共同目标；国家宏观调控措施主要从供给侧面发力还是主要从需求侧面发力取决于当时国家经济运行中供求关系的平衡状况。中办、国办下发《深化国税、地税征管体制改革方案》后，他及时表了《从"一户一征"到"一户一管"》一文，提出国税地税征管体制改革应当分两步推进的观点。2016年4月1日，李克强总理考察财政部、国家税务总局后，又及时发表"总理考察释放什么信号？"的微信，指出要全面理解总理"所有行业只减不增"的结构性减税内涵，强调企业不能单纯依赖减税发展，创新才是企业发展之根本。

八、吃亏是福

郑板桥说过"难得糊涂"和"吃亏是福"两句至理名言。在个人利益面前，涂龙力可谓是难得糊涂、甘愿吃亏的典范。在20世纪80年代任会计系主任时，尽管是他率领全系开拓了创收市场，但他却与系里其他同志一样

---

① 详见《改革内参》2015年第18期。

分享成果，从不特殊，办学单位发的奖金他全部给了他的搭档系总支书记；90年代出现出国考察热时，他只为创办中国税务大学出国考察过一次，并且是至今唯一的一次，他把出国机会让给了其他人；扬州税务学院给他分配福利住房被他婉拒，当国家税务总局在大连按当时标准给他购了福利住房时立即主动退还了辽宁税务专科学校的住房（尽管他爱人和女儿还在辽宁工作，可以给女儿留下这套房），从大连调到扬州，再从扬州调回大连，他只有一套住房；90年代调到扬州税院正值艰苦的初创时期，他单身住进条件简陋的学员宿舍，自费购买空调、冰箱、彩电、洗衣机和厨房用具，调回大连时全部留给了学院；为了留下扬州税院是创建中国税法研究会发源地这一历史痕迹，调离扬州时他将副会长一职让给了税院的继任者；在学术委员会工作时被人称"拼命三郎"，只知奉献、不会索取，在研究部工作时他总是为增加凝聚力、提高知名度而建言，评选优秀论文和先进个人时，他却一再坚持自己不参评……这就是涂龙力的人格魅力，这就是为什么他身边总能聚集一大批能人志士，而且这些能人志士虽不是他的部属却甘为其是瞻的秘籍！

　　我之所以为龙力写序，是因为他与潮流不同。

　　潮流是：久旱逢甘霖，现在不同了。好消息，好消息，中国有钱了。大钱需然而降，从校到系到人，层层承包、层层考核、层层验收，填不完的表。校办公司、孵化器，那是杀出重围的一路大军，直奔商道。另一路大军则坚守校园，文化办班。领袖班、总裁班，各种各样的班，面向政府，面向企业，面向和尚道士，面向文物收藏者和古董商，大横幅挂满校园，轰轰烈烈。每个系有每个系的活法，每个人有每个人的奔头。中国是个教育大市场，商机无限。就连咱们的榜样，世界一流大学，他们都眼红了，你瞅我，我瞅你，赶紧到中国抢占市场。各种国际化的班、国际化的校、国际化的研究中心纷纷进驻中国大学。咱们的班也不甘落后，轮到上层次、上规模了。

　　而龙力却逆流而上：别人发财，他不眼红；别人退休安享天伦乐，他却天马行空，或传道授业解惑，或为改革奔走呼告；别人视孔方兄为知己，他却老少边穷讲课一律免费，别人漫天要价，他却严格执行国家规定……

　　《税坛纵横》是作者退休十年充实生活的写照，吾为之动容，付梓之际，作为知己，龙力让我说几句话，义不容辞，欣然命笔，是为序。

2017 年 5 月 18 日

序二

老骥伏枥　税坛春秋又纵横

滕祥志[①]

中国税务学会，囊国朝之英华，集昭代之贤达，所孜孜筹划者，曰国家治理，曰财税改革；涂先生龙力，吐哺握发，延揽英才，长第四学部，凡三年，不遗余力。夫从而游者，曰少英、丁芸、正文、熊伟、丁一、锡忠、轩鸽、明世、天永等，皆明贤俊彦；感其笃诚，咸集麾下，许以驱驰，可谓盛矣，非德隆望尊，何以致之。余承蒙拔擢，或参赞税法，或议论征管，庶竭驽钝，忝列其中，与有荣焉。方今，期会转合，或谓华夏复兴，此其时也。韩昌黎曰："天将择其善鸣者以假之鸣。伊尹鸣殷，周公鸣周。"适逢盛世，赋税度支，要莫大焉，涂先生《税坛春秋》及《税坛纵横》应运而生，非天择其善鸣者耶？

子曰："君子疾没世而名不称焉。"揆诸史，当时显贵，而名不称于后者，往往有之；验于今，当时穷厄，而名竟称于后者，往往有之。时有期会，运有鼗合，古之圣贤君子，居易以俟命，无假外求，孜孜矻矻，尽性而已，何谓也？君子之学，下学而上达，内圣外王，圣学血脉，端在于此。夫内圣阙如，亟欲从事，德薄而位尊，将奚以为？勉强行之，何以观瞻？夫内圣以诚，既深且厚，期之以际会，必有可观瞻者也，古之人岂欺余哉！究其然，在诚与不诚耳。《大学》之旨，诚则明。诚明，则感而遂通，立己立人，达己达人，参天地之化育，窥彻蕴奥，施诸众人，从心所

[①] 中国社会科学院财经研究院税法案例研究室主任，博士后，研究员，中国税务学会学术委员会学术委员，中国财税法研究会常务理事，著名税务大律师。主要研究方向为税收立法理论与实践（中国税务学会上报全国人大预工委《税收征管法》修订建议稿主笔之一）、税法案例评析等。

欲。不诚无物，其此之谓乎！

《税坛春秋》及《税坛纵横》要旨，名贤评述，洋洋大观，可谓备也。志以后学，才力不逮，且以愚钝，虽溢美之词，何增益其立论之高妙，思虑之周详？然则，余观其每立一言，必先躬身入局，反复求问，合诸情实，岂非实事求是之旨欤？故其言也，如骨鲠在喉，剀切允当，慨然以天下自任，信不诬也。论国地税改革，必深入基层，访探实务，斟酌再三，以求确切；论征管改革，必旨归大部制以归其位，以得其正；论执业风险，必倡修法以杜其专断，以防其险；言房地产税，必二次土改以溯其源，以公天下；论税收法治，必倡言税收法定，冀以良法善治。且夫躬身入局，格物致知，剀切情实，不唯书，不唯上，此非先儒下学之旨耶？正心诚意，立论为公，体悟天德，不信私，不信邪，此非先贤上达之旨哉？高屋建瓴，荡胸层云，气盖乾坤，条理畅达，洞烛先机，非国士而何？如此宏文，非君子谁能为之？且夫奔走形势之涂，以求宦达；而或冠带立于朝，跻身荣显；非不能也，实不为也，故君子有所固守，有所取舍，非夫子教子路之旨欤？

太史公著史，博览载籍，未尝不废书而叹也。读其文，欲知其人，古今一也。涂先生，生当国运转圜，少之时，上山下乡，学于农；及长，恢复高考，风云际会，乃入黑龙江大学，学经济；及其壮也，执财税教席，"税务会计"等课，开学界之先河；有顷，长扬州税院，踔厉风发，规模鸿制，意欲创立"中国税务大学"，冀有所作为，然不遇时，殊为憾事；息影林泉，非不愿也，实不能也，钱冠林会长固请，长第四学部，不辞辛劳，时势使然耳。以涂先生财税耆老，一时名儒俊彦，靡然从风，非礼贤下士者，孰能为之？与之相接，声如洪钟，豪气干云，一以贯之，非孟子所谓"吾善养吾浩然之气者"，谁能为之？切磋学术，指点江山，激扬文字，论法案于有司，陈高义于庙堂；燕居宴坐，相谈甚欢，物以类聚，挥斥方遒，引吭高歌于江湖，非萧然物外，豁如君子者，又谁能为之？

读涂先生著述，悟其学术言路，余故知，华夏诚有士也。

太史公曰："夫《春秋》，上明三王之道，下辨人事之纪，别嫌疑，明是非，定犹豫，善善恶恶，贤贤贱不肖，存亡国，继绝世，补弊起废，王道之大者也。"孔子作《春秋》，微言大义，文成数万，义旨三千，为万时制法，七十子未敢赞一辞。曹丕《典论·论文》曰：盖文章，经国之大业，不朽之盛事；年寿荣乐，止于其身，有时而终，未若文章之无穷也。余谓，《税坛春秋》及《税坛纵横》，行文简直，赅切世事，议论鸿富，为一时名作，称誉于当时，必非吾之所期也；见用于当时，切合时务，垂鉴当代，且传诸后世，则必吾之所期也。

《文心雕龙》曰："文以行立，行以文传"，其此之谓乎！

古人之序，或为感言。有感而发，是以为序。

丙申年七月二十八

自序

十年磨一剑

十年前，我退休的那一年，在税务总局杨益民司长、吴新联局长、程永昌社长等友人支持下出版了我的第一部具有史料性质的专集《税坛春秋》，这是我二十多年给全国处级税务干部讲座的真实缩影。《税坛春秋》从200多万字的讲稿中，遴选出十八讲，包括宏观经济与世界经济、财税与金融体制改革、税务会计税收会计改革、税制改革、税收法律等五个模块，值得一提的是，《税坛春秋》每讲标题采用国内少见的楹联形式，一看标题便知内容全貌，老朽才疏学浅，仅这十八讲标题就耗时近一个月，因无样书提供，谨将章回体标题附后，供友人一览。

2017年，是我退休的第一个十年，在张木生、严锡忠、刘天永等友人的资助、中国税务学术委员会第四研究部同仁的支持以及学生的期盼下，第二部专集《税坛纵横》作为《税坛春秋》的姐妹篇就要出版了。这是一部主要记载我退休后十年研究心得的大杂烩，经济、体制、法治均有涉及，如"一房两制""一税一征、一户一管""减税不是供给侧改革的主要内容""应当允许地方财政破产""全面推进'营改增'是一个系统工程""二次土改是房地产税改革与立法的应有之义""中国应当有一部《税收征收大法典》""税制改革的两个基本框架""国地税征管体制改革的两个基本框架与两个基本模式"，等等。

《纵横》与《春秋》有别。第一，《纵横》是民间学术活动，不含任何目的与任务。第二，反映部分集体成果。《纵横》内容包括三部分：一是个人研究成果；二是由我执笔的集体研究成果；三是部分委员个人的研究成果。这种成果是以序言或点评形式展示的。作为第四研究部的召集人，能把自己与同仁的研究融为一体，实为幸事。显然这也是《税坛纵横》的最大特点。

《纵横》既与中国税务学会学术委员会第四研究部鱼水相关，就不得不向读者多说几句。中国税务学会2013年9月在烟台换届时重新组建学术委员会，钱冠林会长亲任学委会主任，学委会下设五个研究部，第四研究部研究方向是税收征管（广义）与税收立法。

四部成立以来已四次"招兵买马"，这是一支结构科学、专业合理的一流智库团队，成员由六部分构成：

一是高校精英。中国财税法学会副会长、中国政法大学财税法研究中心主任、博导施正文教授是国内顶尖的税收程序法专家。真正结识正文缘于一场有关《税收基本法》的两派之争和在《税务研究》上的深度商榷，可谓不打不成交。中国财税法学会副会长、华东政法大学财税法研究中心主任、博导陈少英教授是中国财税法学界极受人尊重的女强人，我们深交于少英承办和主持的、在华东政法大学召开的"房地产税立法国际高层论坛"和"中国财税法首届30人论坛"，少英极富感染力且带病作的开幕词、对财税法学研究的责任心与使命感令我敬佩。中国财税法研究会副会长、武汉大学财税法研究中心主任、博导熊伟教授是我国著名税法理论专家、中国财税法理论的奠基人之一。长江后浪推前浪，熊伟是财税法学会最年轻的70后副会长，他对创建中国财税法学科特别是基础理论学科有突出贡献，全国人大表决通过《中华人民共和国立法法》的最关键时刻，与刘剑文会长一起奋战72小时，功不可没。我与熊伟，一个是40后、一个是70后，但共同的追求消除了我们之间的代沟，他严谨的治学态度、谦虚的处事风格令我刮目，也是深交的基础。研究部副召集人、中国税务学会资深常务理事、首都经贸大学博导丁芸教授长期在中国注税师协会和税务学会任职，是国内为数不多的理论与实务双料税务专家，她积极、主动地配合我的工作，为四部能高质量完成科研任务发挥了核心作用。中央财经大学税务学院党委书记樊勇教授来自税务基层又在总局征管司挂职一年，是理论与实务结合的税坛新锐，他提出的滞纳金管理理论等多项建议被总局草拟税收征管法修订稿时采纳。辽宁税务高等专科学校教学部副部长张久慧教授，这位一直在税务事务所兼职、专攻出口退税业务的专家，其身影遍布全国注税师讲坛。扬州税务学院陈玉琢教授是税务系统顶尖的税务实训专家,他曾在总局稽查局、货劳司等多个部门挂职,是集会计、税制、税务稽查、税收征管于一身不可多得的多栖人才。原长春税务学院税务系主任张松教授是我国最早研究税收基本法的专家之一、曾在总局法规司挂职,2009年就参与张木生和我主持的学委会征管法修订的课题研究。

二是科研精英。中国社科院财税法案例研究中心主任滕祥志研究员是国内罕见的由律师所高级合伙人转身中国顶级科研部门的复合性专家,基于对税收法理的深度探索和丰富的律师实践经验使他在接受修订《税收征管法》建议稿主笔这一艰巨任务时游刃有余,滕祥志在修法过程中的工作效率令人敬佩,该修订建议稿上报全国人大法案室后得到高度评价。而我对他深厚的古文功底更加欣赏和折服。中国社科院法学所丁一研究员是一位研究国际比较税法的专家,她的专著《比较税法》是教学、科研的重要参考工具书,她对税收预先裁定和纳税人权益的研究都有独到见解。

三是税务律师精英。除滕祥志外,四部还有南北两大律师精英:南有严锡忠、北有刘天永。上海左券律师事务所所长严锡忠是中国财税法研究会常务理事、上海财税法学会副会长、上海交大税务研究所副所长、上海税务局法律顾问、上海市政府制定自贸区税收政策参与者之一,锡忠的加盟总会带来前沿的信息与话题,总会引起激烈的大争议。锡忠观点独到、新颖、尖锐、最接地气,比如在修订《环境保护法》研讨会上提出的"环保部门不能作为征收主体,应当定性为提供信息的第三方"的观点是四部上报国务院修订意见稿的核心观点之一,再如在《税收征管法》的讨论中提出的"纳税人权利维护"及"税务师事务所的法律定位"等观点受到上级赞赏。北京华税律师事务所所长刘天永,这位"三师"集一身的法学博士后是全国律协财税法专业委员会副主任兼秘书长,是国家税务总局首批领军人才。四部有天永加盟,接近了地气、提升了人气。刘天永领导的华税2016年再次被国际权威评估机构入选钱伯斯,这也是众望所归。

四是税务司局长精英。江苏省国税局胡道新局长、山东省国税局刘景溪局长、大连市国税局赵恒局长、海南省国税局林明鹊局长、海南省地税局兰双萱副局长、原山西省局长现总局稽查局王学东局长、征管司杨培峰副司长。七位司局长都是学者型人物。他们各有专长,司局长的加盟是四部工作的强大后盾。

五是基层税务精英。多层次多视角是研究的需要，四部有两位来自税务基层的成员。一是黄山市国税局的张立旺，这位当年扬州税院毕业的高材生，毕业后未放弃进修，完成了在职研究生的学习，他在服务中心工作，尽管这样他仍挤牙膏式地坚持科研，发表了许多研究成果，特别是他十几年前就对电子发票有研究，遗憾的是他的研究太超前了，以致未能引起重视，而今天实行的电子发票离他当年的研究还有距离。立旺的加盟犹如一缕清新的空气、一股泥土的清香飘然而至，他的研究虽无鸿篇巨制，却最接地气、急基层之需，这也是我力荐的原因。二是扬州地税的王明世，这位在基层税收不同岗位上滚打了十几年现为扬州税院的挂职教授，借调到税务总局征管司参与了征管法修订建议稿起草的全过程，2015年又参加《征管法实施细则》的修订工作，当江苏省地税局余静处长向我举荐他时，开始我还半信半疑，经过参与2015年向国务院法制办提交《税收征管法》修订建议稿的实地考察，加之2016年出版的专著《税收预约裁定制度》，我被他清晰的思路、流畅的文字、高效的速度所震动，于是决定邀他入围。感谢学会对张立旺、王明世的不拘一格，破格入门。

六是特邀委员。除上述正式委员外，研究部还有一支值得信赖的、始终支持四部的特邀委员团队，主要有全国人大预算工委法案室蔡巧萍处长、中山大学杨卫华教授（一部委员）、杨小强教授（二部委员）、扬州税院副书记（主持工作）副院长曾光辉、扬州税院教学部王建华部长、上海交大海外学院汪蔚青教授、辽宁税专王奇志书记、湖南税专胡绍峰教授；广西汤志水局长、吉林梅昌新局长、云南李鸿文局长、刘卫民局长、德宏州徐翔局长、贵州安顺段铜成局长、曾广处长、重庆南岸倪小康局长和合川盛筱华局长、江西吉安龚云斌局长、九江市国税局夏文川局长、涂新民局长、抚州市国税局葛开珍局长、遂川唐功奇局长、鹰潭李晓琴局长、安徽马鞍山江立中局长、岳西庞云局长、歙县李庆红局长、宁波杨斌局长、浙江金华卢景山局长、绍兴张国伟局长、温州骆建升局长、湖州赵健鸣局长、江苏南通郭瑞龙局长、盐城顾一兵局长、无锡江武峰局长、苏州孟盛华局长、山东菏泽王进局长、临沂程林局长、广东省地税向景所长和温丽萍处长、珠海地税文英副局长、广东省税务学会高峰副会长、佛山国税局潘志豪局长、东莞刘柱新、刘文争局长、河北高莉局长、石家庄王金波局长、吉林梅昌新局长、吉林松原董志局长、郭玉志局长、长白山地税刘局长、吉林省地税局苏秀东处长、上海刘新利局长、陕西省王怀宝会长、原北京市国税局李伟力处长、怀柔张贻民局长、湖北随州赵先锋局长、吉林市地税局刘伟处长、内蒙古国税局郝建军处长、山西省地税局王波冰处长、兰州市国税局梁文波局长、鞍山地税于群局长、湖南湘西文熙局长、内蒙古乌兰察布谢锋局长等等，还有很多局处税务干部不能一一列举。可以肯定，这支队伍还会不断扩大，四部的研究对象决定了需要这样一个网络式平台，只有这样才能广聚信息、最接地气。

还有三位无法归类，却又不可或缺的人物。第一位是中国税务学会分管工作的副秘书长焦端进，他是当然的四部委员，四部的一切活动离不开他。这位曾任总局大企业管理司副巡视员的学者型委员，以他特殊的经历总能高屋建瓴地提出创新性问题，比如，他的"大数据背景下税制、征管、信息'三支箭'系统改革"的创新思维，颠覆了传统改革模式，引起轰动效应。这是2016年四部的核心课题，由他领衔责无旁贷。第二位是西安市税务学会副秘书长姚轩鸽。这位中国税收伦理学的奠基人，以他特殊的阅历、特殊的视角、特殊的性格，把一个个税收问题置于伦理分析的框架，突破了就税制论税制的传统范式，将税制改革提升到了一个新的境界，这不仅令人耳目一新，更是挖掘了深层次的思想根源，开拓了税收研究的新领域。姚轩鸽还是高产作家，其思维之敏捷、笔锋之犀利、落笔之神速，令老朽望尘。第三位是第四研究部的学术秘书高阳博士。他的《部分OECD国家消费税的共性与特征对我国的借鉴意义》被2016年《中国税务年鉴》收录。高阳博士是《国际税收》编辑部的编辑，为展示四部研究成果提供了一个重要窗口；高阳是四部的大内总管，负责所有内外联系、会议接洽、文件起草与送达等等，可以说，没有高阳就没有四部。

最后，我要隆重推介的是第四研究部的强力支持者，原中国税务杂志社社长、现中国税务学会学术委员会副主任张木生君。直接与木生君共事始于2008年，当时中国税务学会崔俊慧会长让木生君和我共同主持"修订《税收征管法》"课题。在两年多的合作时间，我目睹他敏锐的洞察力、犀利的穿透力和决策的果敢力！学会换届后，在木生君的力荐下，新一届会长、学术委员会主任钱冠林又委我以重任。这期间，在木生君倡议和指导下2013、2014连续两年我们在《参阅文稿》上发表了《为了多数人的现代化——一场迟来的财税体制改革》和《推进二次土改、创制房地产税、建设地方主体税种——关于房地产税立法与改革的争论》两篇长达十多万字的时评文章。两篇时评的关键部分都是木生君操刀主笔，全文也由木生君斧正定稿。木生君金戈铁马的笔锋、纵横古今中外的视野、博古论今的文风、高风亮节又心胸坦荡的品格，这些足够老朽余生受用。

以上对四部委员的成果与影响的介绍肯定挂一漏万！工作在这样一个坦诚相待、毫无杂音的环境，周围有这样一群朝气蓬勃的中、青年人相伴，这是老朽退休后最大的幸事，我感觉自己进入了人生的第二春天！

本书最大特点，是本部同仁好友点评与观点展示，按赐墨先后顺序有：丁芸、焦瑞进、姚轩鸽、熊伟、陈少英、兰双萱、王明世、滕祥志、施正文。同仁好友赐墨宝点评是对老朽最大的鼓励与支持，这使文中观点不致以偏概全。这里特别要提出的是，焦瑞进的《大数据时代深化税收改革的思考》代表了"简税制、简征管、信管税"改革的大趋势，值得一读。从这个意义上讲《税坛纵横》又是第四部研究部集体研究成果的汇编。更有价值的是，在国学重起、古文百废待兴之时，祥志君竟通篇古文，洋洋几千字，从孔子《春秋》、孟子所谓"吾善养吾浩然之气者"、曹丕《典论·论文》、韩昌黎的"天将择其善鸣者以假之鸣。伊尹鸣殷，周公鸣周"到《文心雕龙》的"文以行立，行以文传"，足见其国学功底之深厚，老朽深憾不及！

至于内容，由于篇幅较长，正文前安排了观点焦聚，读者可择兴而览。

最后要声明的是，我的次女涂京骞也是我的助手，为完成《税坛纵横》整理了大量资料，近二分之一章节初稿是我指导下她独立完成的。

恳盼友人斧正！

涂龙力
丁酉年于大连龙居园
2962717721@qq.com

丁芸、轩鸽、熊伟、少英、双萱、明世、正文诸君拨冗赐墨，不胜感激！

同仁点评

（按收录时间顺序）

惟其笃行，更弥足珍贵

——学习涂龙力教授新作《税坛纵横》有感

丁 芸

《税坛纵横》是涂龙力教授继《税坛春秋》后推出的又一税收力作。涂教授专注税收理论与实务研究30余年，其学术成果与观点兼具本土情怀与国际视野，以包容的气势把脉时代和洞察世界，又以进步的力量探寻意义和传播价值。这部新作向我们展示的是这位真正自信的智者近十年的思考。

当下的中国经济，正在经历速度换挡、结构调整、动力转换的过程，也正在适应新常态中谋求平衡、协调和可持续。一切发展都与改革相联系，自党的十八届三中全会绘就了全面深化改革的新蓝图以来，深化改革的旗帜在方方面面立体展开。财经领域的改革尤其需要直面问题，从经济发展的动力性、支柱性以及引领性的重大事项改起。深化财税体制改革正是这样一项关乎基础、牵一发而动全身的"重头戏"。然而，财税体制改革毕竟是新的实践，下一步的改革之路如何定位，如何面对和解决经济生活中的热点、重点和难点问题，又如何为经济的提质增效而清路障和添活力，现实呼唤系统而深入的回答。涂龙力教授所著《税坛纵横》紧扣时代主题，注重把握大局，从理论与实践的结合上对上述疑问给予了细致而精准的解答。这部著作集合了涂教授近些年的主要学术观点，作者以其扎实的理论根底、丰富的实践经验、缜密的分析能力以及审时度势的智慧，综合运用规范研究和实证分析相结合的方法，从新一轮税制改革的大势谈起，不仅涵盖财税体制改革的步骤和立法推进，还包含了对增值税、房产税以及地方税体系完善的思考和谋划。作者将顶层设计和具体的税务实践紧密结合，形成两者间的良性互动，多角度、全方位地解读和剖析了当今中国税收理论和实务界的诸多难题。无论是理论的系统性、见解的独到性，还是所提出对策的现实性和可操作性，都将一系列税收问题的研究引向深入。书中或是激扬的文字，或是深邃的经济学智慧，又或是大胆的假设和小心求证，以及近乎大道至简的结论，凝聚的都是涂龙力教授在治学道路中一以贯之的求索和笃行。

全书以评述30年税制变革为起点，贯通今昔，观点新鲜而密集，到处闪现着作者探求真理的魄力和不断突破的创造力，其中许多精彩的观点和论述引人入胜、发人深思。

首先，为夯实税制研究的理论基石，把对税制改革的推进融于理论研究中。一般来说，理论是基于现实需要而产生的，税收实践对理论的需求在于研究政策和为政府财税行为提供论据。相比于经济学、管理学，乃至其他小众的社会学科在过去30年间所发生的巨大变化，税收理论的研究和发展也在不断地完善，但其为税收体制改革服务的力度还有待加强。因此，跟上十八大之后财税体制改革的步伐，必须加速税收理论研究，这也是近年来广大税务界同仁所共同追求的。作者在本书中以专门章节论述现代财政制度，包括税负治理、预算治理、税收治理以及权责治理等。当然不仅仅是对上述制度进行细致总结，作者在论述预算制度时，还创新性地提出了若要解决税收会计与政府会计衔接的问题，应针对税收资金运动中的特点，把应收税金和在途税金的核算采用责权发生制，同时入库税金的核算采用收付实现制，即实现"双轨制"（或联合制），从而确保在当时深化预算制度改革中，新旧会计基础可以顺利衔接。

其次，为税制改革厘清发展脉络，并注入时代精神。涂龙力教授涉及税制改革的论述着墨颇多，功力也更深。作者专注税制改革的本质胜过表象，在其研究中不是单就改革论改革，而是要为税制改革找到原动力。作者认为财税政策与制度是国家重要的政策工具之一，税收制度的改革必须要服从并且服务于宏观经济运行态势及其经济发展战略。落实到今天的经济新常态而言，税制改革就是要为稳定经济增长保驾护航、为推进经济结构和产业结构调整发挥重要作用、为化解金融风险扫清隐患、为缩小贫困差距出谋划策，同时也为推动城乡经济一体化发展服务。这是迄今而言对税制改革最为系统的阐述和最为精准的定位。关于当前税制改革的基本路径，涂龙力教授提出要因循十八届三中全会精神，分别从质和量两方面找到突破口。其一，作者认为完善地方税体系是对本轮税制改革的质的规定，并分析了这种质的规定性所形成的内在逻辑，也就是增值税改革是倒逼完善地方税体系的决定性因素；房地产税和个人所得税是最有可能成为地方主体税的两个税种；消费税征收环节的改革、资源税扩围改革以及环保税的开征都与完善地方税体系休戚相关。当然这些实体税制改革的顺利推进，离不开地方税体制建设，如中央和地方的税收立法和管辖区分、税种分享、收入分割等。地方税的体制改革与实体税制改革相辅相成，缺一不足以构成完善的地方税体系。其二，作者根据税制发展的运行规律，把提高直接税比重作为本轮税制改革的量的规定。这是充分考虑到我国即将进入中上等发达国家阶段的现实后做出的判断，也是对今后税制改革新常态的准确预判。

第三，为立法正名，可谓是在税收领域抓大事、谋大局。作者非常注重法治精神，在很多论述中都流露出对"良法善治"观点的推崇。一是对税收良法给出了明确定义，即按税收法定原则创制的、不违宪法、符合立法宗旨、具有可操作性的税收法律规范体系，并以此为基础再对《中华人民共和国立法法》提出两大建议，包括全面表述税收基本制度，以及完整表述税收实体制度。作者的上述建议充分反映了其对"税收法定"原则的尊重。二是作者从辩证的角度进一步解构税收立法与税制改革的关系。一方面，税制改革与税收立法的过程是同一的，两者分属内容和形式；另一方面，税收立法的质量与效率是评价税制改革的法律标准，为税收立法找到"良法才能善治"的依据。三是作者对创制税收征管法和税收基本法很有感触。他认为《税收征管法》应当是一部广义的税收执法程序法，应当涵盖税务机关的全部税收执法的基本程序，特别是包括税收服务、税务稽查等环节和内容，并提出在条件具备时创制一部《税收征管法典》。此外，作者还认为在当前建设法治中国的时代背景下，要抓住机遇创制《税收基本法》，这是能够引领实体与程序等单行税法的最基本的法律。上述建议在税收立法领域都十分具有战略性意义，这与涂教授长期参与政府领域高层次研讨协商的亲身经历有关，反映了作者能够高屋建瓴、自觉地以全局眼光捕捉和谋划长远问题的内在素养。

第四，对一些问题进行理性的批判，甚至是挑战人们普遍性的认识误区。涂教授在本书中对税收研究中的一些广为关注的热点问题进行了专业性解读，并以批判的精神革故鼎新。如作者明确提出税收优惠是把双刃剑，通过潜心研究发现过宽、过多和过滥的税收优惠可能会因为有悖于税收基本原则和基本国情而产生负面效应。并且，与税收法定原则相呼应的是，税收优惠制度也必须坚持税收制度改革"简税制、宽税基、低税率、严征管"的基本原则，由目前的"多惠制"过渡到"普惠制"。这些观点看似与普遍呼吁的"减税"不同，而事实上正是作者从更深层次把握了税收优惠的本质。如此般"科学的怀疑"，不仅需要非凡的智慧，也需要莫大的勇气。

第五，围绕核心问题大胆预测，找到解决问题的关键点。就当前如何推进房地产税，作者给出了近乎终极的解决办法，也就是通过"一房两制"调整房地产市场产业结构和产品结构，在远期推动城市土地制度的深化改革，其改革方向是土地属权的社会所有、永续使用。这些大胆的设想切中问题要害，充分显示了作者的远见卓识。

以上罗列的只是本书中的几处精华，不一而足。涂龙力教授在税收领域躬身耕耘30余年，以推动中国税收事业发展为己任，取得了一系列卓有成效的建树，是当代税收研究界的旗帜性人物。在新书《税坛纵横》付梓出版之际，向涂教授表示祝贺，并对他"不须扬鞭自奋蹄"的精神钦佩不已。

【专家简介】

丁芸，首都经贸大学税收研究所执行所长、教授，中国税务学会常务理事，学术委员，中国注册税务师学会常务理事，中国财税法学会常务理事，北京注册税务师协会顾问，北京税务学会常务理事，北京国际税收研究会常务理事，北京财税法研究会理事，北京法制研究会理事，近几年承担多项国家级省部级以上课题，并取得了较好的研究成果。包括"促进我国新能源战略发展的财税政策研究""促进北京市文化创意产业发展的财税政策研究""绿色北京视角下促进节能减排的财税政策研究""个人所得税征管效率研究""我国不动产税制改革的目标定位与制度设计""实现北京住宅小康的政策研究"等。在《税务研究》《中国税务》《光明日报》《中国财政》《法学杂志》《中央财经大学学报》等重要刊物上发表论文共数十篇，包括《北京市节能减排现状及财税政策建议》《我国资源税收制度亟待调整和完善》《绿化现有税制和开征新环境税应同时进行》《成品油税费改革成效及下一步改革方向》《我国环境税制改革设想》《燃油税费改革：建立合理的燃油使用价格机制》等。出版专著、教材有《中国土地资源税制优化研究》《城市基础设施资金来源研究》《税收筹划》《税务代理实务》等。

以真克假　乐享华彩

——涂龙力先生《税坛纵横》阅读札记

姚轩鸽

展读涂龙力先生的新文集《税坛纵横》，脑子里浮现的念头是——我和涂先生的相遇相知，最早始于何时何地？记忆中留存的，是在几次学术会议聚餐桌上，他坦荡洪亮的笑声，以及风趣幽默的谈吐。直到2014年笔者的一篇论文有幸入了涂先生的法眼，并被吸纳参与到中国税务学会学术委员会第四研究部团队之后，与涂教授的接触才越来越频繁，关于他的为人处世与治学求道的故事，也知道得越来越多。因此之故，此前关于他的一些比较模糊的形象，也就变得越来越丰满和明晰。

在笔者看来，真诚待人，以真克假，或是涂龙力教授待人处世立身的首要特质。涂教授作为从部队大院里走出来的税务院校领导和学人，有意无意地携带着那个年代、那一代群体的精神与气质，诸如真诚，朴素，实在，以及理想化的情结与情怀，等等。

或许正是因为这些本就稀缺的品质，才助他不论是在内蒙古高寒地区——根河插队、招工，还是在恢复高考后拼搏竞争，之后在黑龙江大学求学深造，或是在辽宁税专治学，从事高教管理，或是筹办扬州税务学院，以及退休后制心一处，全身心投入税制改革科研和高端税务培训工作，等等，他都能以饱满的热情，纯粹的动机，坚忍不拔的毅力，勇于承担开拓的责任，笑迎诸多艰巨的任务，并收获了累累硕果，未虚掷光阴，不枉此生，可乐享华彩人生风光。

做领导，他深得上级领导信任，能不辱使命，集思广益，创造条件也要履行职责；从事院校管理，他虚怀若谷，广纳人才，全力扶助后学，激励鞭策青年教师向善进取；搞科研，他敢为天下先，奠基了《税收会计》《税务会计》学科体系，并率先在税务院校开设了《税收会计》《税务会计》《税务审计》《税收经济活动分析》等创新性课程，培养了一批学科带头人。而离职退休后的涂教授，更是老骥伏枥，志在千里，怜生济世情怀更加浓郁高涨，既关心国家税制改革的大局形势，更关注国家民族未来的命运兴衰，笔耕不辍，探索不止，新锐创见频繁见诸报刊媒体。

同样也是因为这些至今更显稀缺的优秀品质，才使涂教授的人生磊落澄明，虽然离职退休，但却迎来了自我实现与创造性充盈的第二人生。不仅在他周围簇拥集聚了一批学有所长、学有所成的专家学者。而且，还能及时根据高层领导决策的需要，同时针对和社会广泛关注的热点、难点问题，采取联合攻关等形式，高效完成很多有分量、有影响力的研究报告。必须一提的是，涂教授不仅是热情的倡导者和组织者，更是积极的参与者与执笔人，他亲自撰写了很多研究报告或论文。在他离开扬州税务学院十几年间，就已出版了论文集《税坛春秋》，而且又要出版其姊妹篇《税坛纵横》。值得强调的是，收集在两本文集中的这些论文和报告，对中国税制改革曾经、正在或将要产生不容忽视的助推作用。有的已经直达决策层，作为领导决策的参考，实现了成果的及时转化；有的已发表于国内有影响力的媒体，发挥了知识人的价值提醒与告诫作用。而其更大的社会功德与效应，或在进一步的酝酿与扩展中。

最值得晚学敬重的是，涂教授待人真诚率直，以真克假的品质，堪称后学立身的楷模与榜样。坦率地说，对于像笔者这样一个早已习惯了敷衍文化氛围的学人来说，对涂院长身上的这些可贵品质，以及能够独步官界，并有所作为，依然棱角分明如初，始终捍卫自我个性与尊严的传奇式经历，敬慕敬佩之余，更有几分讶异和震惊。其中，固然有知遇之幸，特定时代背景的造就，以及个人能力等原因，但笔者以为，至少应与涂教授心底无私天地宽，真诚率直，以真克假，能够坚守人伦底线的性格与品质有密切的关系。

其次，就涂教授的学术生活方式与成果特质而言，笔者以为，有以下三点不可忽视：

第一，有明确的问题导向意识与经世致用的价值追求。总览涂教授的文集《税坛春秋》，以及即将出版的姊妹篇文集《税坛纵横》，给笔者印象最深的是全书充满强烈明确的问题导向意识。而且所选研究课题，都是涉及税制改革大局的重要问题，是关于税制改革的大方向、大格局、大系统方面的难点、焦点问题。众所周知，党的十八大之后，财税体制改革成了全面改革的重头戏，而涂教授就是在税制改革的上游——税收立法、税收征管机制改革、税收程序制度改革等重要领域设计课题，组织攻关，先后直接参与完成了环保税立法、房地产税立法、增值税立法、国地税改革研究、"互联网＋"环境下税收征管等课题。而且，研究成果深受决策层的重视和肯定。

关于问题导向意识的重要性，马克思曾言："每个时代总有属于它自己的问题，准确地把握并解决这些问题，就会把理论、思想和人类社会大大地向前推进一步。"就是说，如果缺乏强烈明确的问题意识，就不可能发现问题，更不能找准问题，也就谈不上圆满解决问题。毋庸讳言，在转型时期，税制改革面临的矛盾与冲突注定纷繁复杂，更需要有明确强烈的问题导向意识，唯有此，才有助于发现税制改革中存在的主要问题，并且找准税制改革中存在的主要问题及其问题产生的主要原因。质言之，作为服务于税制改革决策的税收科研，如果缺乏强烈明确的问题导向意识，很可能避重就轻，舍本逐末，既发现不了税制改革中存在的深层次问题，也无法找准税制改革中存在的核心问题、根本问题，或者主要问题，自然，也就无法解决这些问题。逻辑上，强烈明确的问题导向意识，也与课题研究的针对性与目的性相伴。目的性与针对性越强，研究成果完成的效率与成果转化的效率就越高，税收研究成果对税制改革的助推作用就越大。

而涂教授身上这种强烈明确的问题导向意识，在笔者看来，应是得益于他经世致用的人生价值取向与学术价值追求。或许在他的潜意识中，总是希望在有限的生命里，尽可能多地做一些于国于民有益的事情。或者说，能够最大限度地为中国税制改革献计献策，使中国税制改革少走些弯路，能有效助推税制改革的文明进程，推进中国税制的现代化转型。或因为这种价值追求与理想，涂教授虽然七十，依然精力充沛，每天四五点钟就起床进入思考与研究状态。而且，几十年来如一日，沉潜其中，乐在其中。同样，还是因为他经世致用的学术价值追求，使他的著述科研生涯，总是善于敢于触及一些涉及税制改革根本要素的问题，甚至敏感问题，绝少技术性、枝节性方面的耗时费力与絮叨套语。自然，他一旦有新的研究成果出炉，多会引导当前税制改革的舆论，产生比较大的学术与社会影响。

第二，善于大局运思，中观筹划。综观涂教授的税收研究成果，另一大特点或在于，他总能从国家税制改革的大局去思考和运思，发现一般性问题、重要性问题，并探寻问题产生的真正原由。同时，一旦进入对策建议环节，涂教授却非常重视现实环境的复杂性与实践领域的可操作性，注重研究成果落地的可能性与实效性，拒绝高蹈虚空的虚言浪语。因此，在大局运思、中观筹划之后，在拟定具体的对策建议之前，他总会不辞劳苦地到基层调研，既到各地税务征管一线进行实地调研，也利用培训讲座的机会，与基层一线征管人员平等交谈，与纳税人交流，了解他们的真实想法，体会他们在实践中遭遇的困难，换位思考他们诉求的合理性，然后才下笔拟定对策提建议。或许还由于涂教授长期在税务机关做领导，与税务局机关各个层次领导接触较多，深度沟通机会较多，经验丰富等原因，他的研究报告联系实际比较紧密，可操作性强，自然容易被决策层关注和认可。

毋庸置疑，大局运思的前提是系统性思维方式的成熟与完善。大局运思意味着，运思者能够全面、历史、动态地看问题，发现问题，寻找问题，并提出解决问题的务实方案。而涂教授在这方面技高一等，反应灵敏，这或许缘于他扎实的经济学基础与基本功训练，超强的学习能力与健全的知识结构，以及善于跳出具体问题，进行跨学科思考，总体驾驭课题的综合素养。比如，涂教授对党的十八大关于全面改革与财税改革部署的解读，对"十三五"规划财税改革条款的诠释，多能大处着眼，承上启下，左右逢源。而且，大多能契合高层意图与精神实质，充满系统性、结构性与前瞻性的智慧。同时在涂教授看来，"十三五"规划有三大财税改革目标，即完善分税制、增强地方活力和为企业减负（税费）。实施途径一是确立合理有序的财力格局，二是建立全面规范公开透明的预算制度，三是改革和完善税费制度，四是完善财政可持续发展机制。具体措施包括：（1）落实法定原则：优结构、稳税负、推法治；（2）建立现代税收制度；（3）实施税制改革：深化增值税、消费税和资源税改革；（4）完善地方税体系（地方税费收入体系）、非税收入管理；（5）改革征管体制、征管方式，提高征管效能；（6）加快信息技术现代化，推广电子发票；（7）加快税收立法（主要是房地产税与环保税）；等等。

第三，勇于创新突破，敢于独立潮头。《税坛春秋》收入涂教授在党的十八大召开以来撰写的财税体制改革、税收立法两大领域的前沿理论与实践问题研究论文、课题报告等几十篇。其中关于"一房两制""从一税一征到一户一管""地方财政该破产就破产""二次土改是房地产税立法与改革的应有之义""'经国务院批准或同意'不是税收基本制度授权立法的正当程序""减税不是供给侧结构性改革的主要内容""国地税征管体制改革的两种模式选择"等观点，立意新颖，突破了仅就税务行业观察思考税收问题的局限性，能够站在国家治理层面，锐意创新，观点独到，引人深思。

而在笔者看来，涂教授最大的学术创新与贡献在于，他能立足党的十八大以来中央关于财税改革决策的总体部署、目标定位与路线图，紧扣国内外的新形势，厘清了十八大以后全面改革与财税体制改革的基本逻辑。同时提醒正确认识税收政策与税制改革在国家发展战略大局中的地位与职能，特别是财税体制改革的基本出发点。还能正确掌握十八届三中全会关于清理、规范税收优惠的要旨，"一房两制"是处理政府与市场关系、调整房地产市场产品结构的大势，以及房地产税立法与改革的难点。而且，值得注意的是，涂教授一再强调指出：税收法定原则既是税法领域的最基本原则，更是推进法治国家、法治政府、法治社会的基本原则；修订《税收征管法》，也是规避税收执法风险的客观要求；从"一税一征"到"一户一管"，这是大部制改革"三权分立"原则的要求，而职能整合型和收入整合型则作为深化国税、地税征管体制改革的两种模式，则是中国历史、地理、社会、体制、制度等综合因素决定的。他同时还指出：深化税制改革应当遵循"简化税制、简化征管、信息管税"三步推进的系统改革思路，这是现代信息技术与税收治理现代化高度融合的大趋势，这些充满原创性，独立税制改革观念潮头的观点，其学术价值，一定会随着时间的推移，逐渐彰显，逐步开花结果。

【专家简介】

姚轩鸽，财税伦理学者，《南风窗》2010年度人物。1962年生，陕西扶风人，1989年毕业于首都师范大学政管系，获双学士学位。现就职西安市国家税务局，任西安市税务学会副秘书长、《西安税务研究》杂志副主编。同时兼任中国伦理学会、中国财税法学研究会理事、中国税务学会学术委员、陕西省伦理研究会副会长、秘书长等职，被广东财经大学、西安财经学院、陕西理工大学等高校和科研机构聘为客座教授和研究员。

已出版《困惑与观照：伦理文化的现代解读》《拒绝堕落：中国道德问题现场批判》以及三卷本税收伦理学文集《税道苍黄：中国税收治理系统误差现场报告》；合著《经济伦理学》。同时出版诗集《醉舟无岸》《暗夜横渡》《初心鹃红》三本。

在《税务研究》《现代财经》《宁夏社会科学》《道德与文明》等专业类学术刊物发表论文70余篇，《分税制改革：反思与抉择》入选2014年度经济文论。在《学习时报》《炎黄春秋》《南风窗》《改革内参》《深圳特区报》《华商报》等国内有影响力报刊上发表专栏时评、随笔等300余篇。

主要研究方向：财税伦理学、伦理学及经济社会协调发展战略问题。

老骥暮年犹伏枥，税坛纵横志千里

——恭贺涂龙力教授七十华诞

熊 伟

涂龙力教授年届七十，已经退休整整十年。但在我心目中，他好像刚刚五十出头，正是年富力强、精力旺盛的时期，完全看不出他的真实年龄。事实上，他在专业探索方面的劲头，一点都不输年轻人。"老骥伏枥，志在千里，烈士暮年，壮心不已"，无疑是对他最好的写照。

第一次知道涂老，源自1998年他和王鸿貌教授主编的《税收基本法研究》。当时他还在扬州税务学院工作，领导着一个研究团队，踌躇满志，意气风发，而我是一个刚入税法之门的新人。这本书虽然是集体创作，但从选题到大纲，再到作者遴选和内容审定，都凝聚了涂老的心血。其所展现的独特视角，为起步不久的中国税法学提供了很好的参照。后续我对该领域之所以产生浓厚兴趣，与这本书的影响有很大的关系。

第一次见到涂老，是在张家界举行的中国法学会财税法学研究会2002年学术年会上。那时，出于对税收教育体制调整的失望，他已经返回辽宁税务专科学校工作，并将精力从行政调整到专业研究，而我当年刚刚评上副教授，对税法开始有了一些感悟和心得。涂老的大会发言观点明确，立场鲜明，始终围绕税法改革，且声音洪亮，中气十足，给人十分强烈的感染力。虽然没有机会单独跟他深入交流，但他心无遮拦的爽朗笑声，单刀直入的话语风格，给我留下了深刻印象。

2004年，中国财税法学教育研究会在广州成立，我担任秘书长，涂老是常务理事。因为会务安排和日常工作的缘故，我们的联系开始变得越来越多。在我的印象中，这是一个十分执着、个性鲜明的老爷子，爱憎分明，从不藏着掖着。虽然从经管、会计转入法律的时间不长，但他对财税法的感悟能力异乎寻常，对政策辨知的敏感度更是常人难以企及。表面上非常复杂的立法和决策过程，他总是能用很简单的话予以解读，且事后往往都能寻到支撑的依据。

涂老爱才，他的周围虽不敢说谈笑皆鸿儒，但的确聚集了众多出类拔萃者。在扬州和大连工作期间，优秀人才团聚其麾下难免是出于组织原因，与他在单位的领导职位多少有些关联。但2007年退休以后，他的学术交往圈子还能如此广阔，就不能不提及其难以抵挡的人格魅力了。在他负责的中国税务学会学术委员会第四研究部中，虽然开始正式委员并不多，但由于他的凝聚力，施正文教授、陈少英教授、杨小强教授、滕祥志研究员、丁一研究员、严锡忠律师、刘天永律师和我等财税法界同仁都先后成为四部学术委员，只要有合适的主题，大家一起参与，其乐融融。

涂老用人不论资历，唯才是举，只要发现有潜质的对象，就会两眼冒光、心生爱意。黄石市地税局的胡邵峰虽工作在基层，但对科研情有独钟。2015年1月，国务院法制办公布《中华人民共和国税收征收管理法草案（征求意见稿）》后，他组织黄石地税的团队成员逐条研究，写出了近十万字的修改建议。我利用会议之机将其介绍给涂老，涂老从此念念不忘，每逢有科研活动，总想通知胡绍峰参加。胡绍峰自觉受宠若惊，但我不以为奇。这就是涂老的风格，像滚雪球一样发展和壮大自己的队伍，不这么做就不是他了。

涂老虽然不是法律专业出身，但经过多年的钻研和交流，对税法的理论体系早已稔熟。尽管如此，他还是时刻保持谦虚谨慎，经常就一些法律问题给正文、祥志和我留言，征求我们的意见和看法，甚至直接就他的理解询问对错，从来不因为我们是晚辈而感觉丢面子。这种忘年交式的温暖，在财税法学界不是孤例，甘功仁教授、汤贡亮教授、徐孟洲教授等，给年轻学者的感受都是如此，涂老的个性尤其典型。可以说，这是我身处财税法大家庭的最大享受。

涂老做事非常勤奋，不论讲学还是写作，总是全身心投入，即便身受糖尿病的困扰，也从未间断。这本即将出版的《税坛纵横》，记载的就是他近十年的所思所想。十年磨一剑。这本书主题广泛，视野开阔，立场鲜明，既包括在各处发表的专题文章，也编入了全国巡讲的课程材料，详细记录了涂老的心路历程，精妙之处颇多，难以一一列举。随着这本书的出版，我们不仅能感受丰富的专业信息，更能体味涂老在学术上孜孜不倦的精气神。相比任何具体的结论或观点，我以为，这才是本书出版的最大价值！

祝福涂老！愿老爷子越活越年轻！

【专家简介】

熊伟，法学博士，武汉大学法学院教授、博士生导师，武汉大学税法研究中心主任，湖北省财税法学研究会会长，中国财税法学研究会副会长，出版专著2本，在《法学研究》《中国法学》等学术刊物发表论文70多篇，代表作有《财政法基本问题》《法治、财税与国家治理》《财政补贴社会保险的法学透析：基于二院分立视角》《财政法基本原则论纲》等。

七秩再吐新蕊，税坛又添华章

——贺涂龙力教授《税坛纵横》出版

陈少英

与涂龙力教授相识多年，其学术精神与道德人品都令人十分尊重，涂教授给我的印象是一直在税法领域孜孜不倦地耕耘。他治学严谨而不失谦恭，研究广泛且不乏精深。先生于古稀之年仍出新作《税坛纵横》，学术研究与探索风头正盛，堪称我等楷模。

我与涂老交情深厚，同为致力于财税领域教育与研究的教师，我们有许多共同之处。我们这一代财税学人一同见证了中国税法学的从无到有和逐渐壮大、发展与成熟，并为此而燃烧了自己大半截的生命。作为教师，我们以培养出高素质的税法人才为使命，所不同的是，我的任务在于面向未来，给学生在校园里播种财税法治的思想火种，而涂老更多的是直面当下，为税务官员和一线执法者普及专业知识和重塑法治精神，其意义和影响可谓善莫大焉；作为一个学者，我们正一起为实现税收法治、深化财税体制改革而奋斗。因此说，我们的关系如同"战友"。涂教授退休之后依旧活跃在学术圈，积极举办或者参与各种学术活动，对事业持之以恒的奉献精神令我钦佩，对老战友矢志不渝的支持更是令我感激——每当华东政法大学财税法研究中心或中国财税法学研究会举办相关学术活动时，给涂老发出邀请信，他总是爽快答应，并根据会议主题撰文参会，会中也是十分积极参与讨论，其观点鲜明，言语直接，颇有个人特色。

我一直教导自己的学生"先做好人，再做好学问"，我总认为身为"师者"不仅仅是"传道授业解惑"，正所谓"十年树木，百年树人"，教导学生成为一个正直善良的人有着比成就一个学科更为重要。涂教授便是这方面的榜样，为人热情正直，真诚善良，爱憎分明。

涂教授即将出版的新作《税坛纵横》是继《税坛春秋》之后又一部

集中反映他研究成果和学术观点的税坛经典，内容包括了涂教授对近年来财税领域的前沿理论与实践问题的精辟指点，以及对党的十八届三中全会以来财税体制改革、财税立法、税收行政管理转型中热点、要点问题的深度省思，于庙堂之上乃决策之镜鉴，于江湖之远乃研究之启迪。欣赏其新作，于字里行间中发现，涂教授作品具有紧扣时代、"资料新、知识新"、观点鲜明、涉猎学科广泛的特点，紧跟政策步伐、注重把握大局、特别注重前沿理论联系当前实际成为本书的亮点。例如，立足进一步深化财税体制改革这一总体部署，结合国内外最近局势，提出进一步深化财税体制改革须解决的八大问题；紧扣目前增值税全面推行的现实，指出财税体制改革分三步走"做蛋糕、分蛋糕、管蛋糕"；针对国地税征管体制改革，提出两种改革模式，即职能整合型模式和收入整合型模式，明确指出国地税征管体制改革的趋势可能是两种模式并存。

涂教授极力倡导税收法定原则，重视法治精神，推崇"良法善治"。在书中他对税收良法给出了明确定义，即按税收法定原则创制的、不违背宪法、具有可操作性的税收法律规范体系。并以此为基础对《立法法》提出两大建议，包括全面表述税收基本制度，以及完整表述税收实体制度，以明确税收基本制度的内容，从而进一步明确我国税收法定原则的边界。税收法定原则既是税法领域的最基本原则，更是推进法治国家、法治政府、法治社会的基本原则。作者从辩证的角度进一步解构税收立法与税制改革的关系。一方面，税制改革与税收立法的过程是同一的，前者是内容，后者是形式，税收立法反映税制改革的要求，同时税制改革也会加速税收立法变革；另一方面，税收立法的质量与效率是评价税制改革好坏的法律标准，只有好的税收法律才能实现"良法善治"。他提出现代化的税收法治包括四个方面的内容：首先是税收法律意识的现代化，认为应当转变传统的依人治税思想和国家权力论的深刻影响，一切税收征收管理活动均以权力为中心。现代税收法律意识的基石是税收法治，征税主体与纳税主体的一切税收行为均必须贯彻税收法定主义原则，不仅如此，税收立法、税收司法和税法监督的所有行为都必须遵从税收法定主义原则，权力必须受到约束否则就会发生权力的滥用。其次是税收法律体系的现代化，包括税法模式现代化和税法结构现代化。再次是税收法律机构和职能的现代化，包括税法机构设置的高效化、税权分配与行使的科学化。最后是税收法律程序的现代化，《税收征管法》应当是一部广义的税收执法程序法，应当涵盖税务机关的全部税收执法的基本程序。

  涂教授有极高的政策辨知敏感度、扎实的理论功底、丰富的实践经验，他通过综合运用规范研究与实证研究方法，高屋建瓴，从顶层设计谈起并结合具体的税务实践，对目前我国增值税、房产税、个人所得税及其他地方财税体制完善发表了自己独特的见解。以房产税为例，他多角度全方位诠释目前房产税收领域的诸多难题：房产税的内涵、向个人住房保有环节征税的政策目标是什么、房地产税能否构成地方政府的主要税收收入来源、房地产产权划分与价值评估问题如何解决、房地产税立法与改革中的体制难题如何破解。涂教授给出自己的解决方案就是通过"一房两制"调整房地产市场产业结构和产品结构，在远期推动城市土地制度的深化改革，其改革方向是土地属权的社会所有、永续使用，观点鲜明，切中要害。

  涂老即将出版的《税坛纵横》，是他十年学术历程的精华浓缩，主题十分广泛，立场鲜明且颇具创新色彩，每一篇都是涂教授倾注生命与激情所作，华彩文章、慷慨激昂。读此书，我能感受到涂老写作之时的心路历程，仿佛与一位老友促膝长谈，同在这个学术圈中，发生的大大小小的事情圈中人都是如数家珍。涂老深知税收法治任重而道远，所以古稀之年，仍旧奋斗在学术前线，即便为疾病所累，仍继续创作，孜孜以求。

  值此涂龙力教授七秩寿诞即将到来之际，《税坛纵横》的出版于涂老自身想必是其学术生涯又一阶段性的总结，于财税学界则更是涂老馈赠的又一瑰宝。在此，我谨以这寥寥笔墨对涂教授为财税学界着下的又一笔浓墨重彩表示感谢，同时祝福涂教授万事和顺，寿比南山！

【专家简介】

  陈少英，女，华东政法大学经济法学院教授、博士生导师，世界税法协会理事，中国经济法学研究会理事、中国财税法学研究会副会长、上海市法学会财税法学研究会会长，华东政法大学财税法研究中心主任。著有《中国税法问题研究》《华侨房地产权益的法律保护》《公司涉税法论》《中国税收守法基本问题》《生态税法论》《中国税法（英文版）》《税法基础理论专题研究》《税收债法制度专题研究》《中国财税法的生态化》

税 坛 纵 横

等著作，主编《税法学教程》《税法学案例教程》《税法学》《国际税法学》《会计法学》等教材以及《东方财税法论丛》（以书代刊）。在《中国法学》《现代法学》《法学家》《法学》《清华法学》《政治与法律》《财政研究》《税务研究》等核心期刊上发表文章100余篇，主持省部级及国家级课题10余项，横向课题若干项。

主要研究方向：财税法、经济法。

纵横春秋　不忘初心

——谈涂龙力老师新作《税坛纵横》稿有感

兰双萱

"一日为师，终身为父。"大约十年前在扬州作为学员有幸聆听涂龙力先生授课，从此对先生执弟子礼，称其为涂老师。我虽才疏学浅，近年却蒙涂老师看重、推荐，跟随他参加一些学术活动，获益良多。涂老师也支持我的工作，拨冗给我们单位作专题讲座，深受欢迎。近期涂老师即将推出新作《税坛纵横》，命我写一书评；我虽诚惶诚恐，惧怕力有不逮，但为遵师命而愿尽"洪荒之力"。

"奇文共欣赏，疑义相与析。"拜读老师大作，掩卷沉思：一个人、一本书、一次讲座为什么会受欢迎和喜爱？有哪些共同的元素？结合与涂老师求学、交往过程，我从《税坛纵横》里真切感受到四种日益稀缺之"气"。一是正气。从最早孟子的"吾善养吾浩然之正气"，到文天祥的《正气歌》，再到"讲正气"的政治要求，为民为国、坚持真理、正义感、气节操守等都是其基本内涵。涂老师在书中论及个人所得税、房地产税的改革阻力来自固化的权贵阶层；跨越"中等收入陷阱"、实现中国梦最大瓶颈在于消除日益扩大的贫困差距；当前深化改革最大瓶颈在于难达共识，中国已到了生产关系严重阻碍生产力发展的最困难时期，必须调整生产关系（深化政治体制改革、特别是坚持制度反腐）以促进生产力的发展；"十三五"时期是中国前途命运的大决战时期，中华民族只有两条路：进，则跨越中等收入陷阱、步入高收入阶段，实现民族复兴的中国梦；退，则落入中等收入陷阱，梦断南柯！字里行间流淌着忧国忧民的浓郁情怀，通篇充满着"为万世开太平"的浩然正气。这一点，既有别于单纯的理论研究学者，更迥异于那些"为富人说话的学者"。二是大气。首先是大处着眼。他强调立足于国际国内形势大局背景看财税改革：中央的战略部署决定了改革的定位与路线图,国内外形势决定了改革的节奏与时间表这是认识党的十八大以来财税体制改革的基本逻辑;税收是国家发展战略大局中的一枚棋子,税收制度改革应当服务、服从这个大局——这是认识税收制度改革的基本出发点。然后在财税改革领域内,他又选择了落实税收法定原则、构建地方税体系、房地产税及个人所得税改革等大问题、紧迫问题、复杂及尖锐问题去一一作答。其次是笔意纵横。与本书题目一致,涂老师在论述中纵横驰骋,直奔主题,不拘细小,粗线条的奔放多于精雕细刻的打磨。宽广的胸怀和视野、时代的问题、无拘无束又挥洒自如的论述表达,使本书更具"大写意"的气象,而不同于一般"工笔画"似的学术论著。三是地气。涂老师先后在最基层和税务系统从事教育培训工作多年,独特的阅历和本色为人决定了他的作品跟他的讲座一样很接地气。一方面,思基层所思。在"高大上"的理论问题之下,他总会延伸到基层关注关心、茫然费解或一筹莫展的实际问题,如地方税体系的构建、征管机构的走向、征管法的修订以及征管改革的深化等。另一方面,表达生动鲜明。用基层爱听的话,说基层爱听的事,尽量少用或不用深奥晦涩的纯学术术语、表达方式。因此,相信本书跟涂老师的讲座一样会受到基层点赞。四是底气。建立在优秀的人格力量、扎实的理论根底、丰富的实践经验基础之上的正气、大气、接地气,决定了涂老师的论述总是很有底气。特别是对诸如房地产税改革、征管机构去向、"经国务院批准或同意"不是税收基本制度授权立法的正当程序以及税收优惠是把双刃剑等论述,不仅敢于率先涉足这些复杂尖锐的问题、发人之所未发,而且观点鲜明,游刃有余,显示出高度自信和感染力。

"桃李不言,下自成蹊。"预祝并相信本书问世后一定会给理论和实务界特别是给税务系统传播更多正能量、理论指引和实操路径,并尽早实现成果转化。预祝并期待涂老师今后创见、佳作不断,惠及更多更广,更多传授、教诲弟子。在涂老师七十华诞之际,以感恩之心,祝福涂老师安康吉祥,阖家幸福!

【专家简介】

兰双萱,现任海南省地方税务局副局长、海南省税务学会副会长。历任山西省国家税务局税收科研所副所长、政策法规处处长、征管与科技发展处处长、海南省地方税务局总会计师。长期从事税收法制和征管工作，曾参与全国人大税收基本法起草小组工作，先后在山西省国家税务局、海南省地方税务局主持开展税收流失测算、房地产和建筑业税收征管、税收法治建设及大企业税收管理等专题研究。

博学之，审问之，慎思之，明辨之，笃行之

——恭贺涂龙力教授七十华诞暨《税坛纵横》出版

王明世

人生七十古来稀，对涂龙力教授来言，却似乎正值风华正茂的岁月，每一次见到涂老，都让我们这些后生油然而生敬意。第一次见到涂龙力教授是在 2014 年底，当时承蒙江苏省地方税务局数据处余静处长介绍，不免有些忐忑，孰料涂院长对我是一见如故，很快切入正题，谈到 2015 年初国务院法制办公布的征管法修订征求意见稿，问我有什么具体的建议和想法，要大胆地说出来、写出来，可以系统梳理出来，供学会参考。果不其然，在 2015 年 1 月涂老主持的北京会上，涂老对征管法征求意见稿相关条款直接点出存在的问题，可谓切中肯綮，要言不烦，这不得不让人佩服涂老深厚的学术功底。

教然后知不足。涂老博学，研究税收几十载，倾情教与学，以学助教，教学相长，以教促研。他敏锐捕捉市场经济大潮中税收教育和研究的重点，研究方向随之不断切换，产品推陈出新，让人耳目一新。从早期的宏观经济与世界经济研究，到财税制度改革、财税法律、体制改革、税务会计，涂老可谓"杂家""税收会计鼻祖"，且通且专，各个前沿方向都搞得轰轰烈烈，涂老默默耕耘，学术研究经历更是我国改革开放以来中国税收教育史的缩影，以老黄牛的坚毅，一往无前的执着，在税收教育的田野里上垦荒，不计个人名利和得失，是我们后生的楷模。兴办中国税务大学曾是涂老的税收梦，尽管没有办成，引为憾事，但税收教育能有今天的成果，点点滴滴凝聚着涂老的辛劳。进入本世纪涂老已 60 岁，本该退休享受岁月，但他又续写税法研究的春天，将视野转到对构建与完善税法部门体系与税法运行体系等方面研究上。不仅于此，着眼于新时期税收征

管，涂老可谓念兹在兹，鲜明地提出了《税收征管法》的定位与方案选择的方向性问题。针对不少人就地方税谈地方税的现状，涂老又提出，要将地方税放到大部制背景下进行研究。"税收政策与税制改革是国家发展战略大局中的一粒棋子，税收改革应当服务、服从——这是认识税收地位作用的基本出发点。税收优惠是把双刃剑——这是理解十八届三中全会关于清理、规范税收优惠的钥匙。""一房两制是处理政府与市场关系、调整房地产市场产品结构的大势，也是社会主义市场经济的本质要求。"这些新颖观点和论断为我们从另一角度分析税收热点问题提供了全新的视角。2015年，涂老参加了中国财税法研究会首届30人论坛，目前已举办了两届，受到财税法界的高度重视，税收智库的影响力越来越大。

敢做春雷第一声。用他自己的话说，敢于吃螃蟹。言人之所未言，言人之所不言，言人之所不敢言。这几年，我国税制改革和征管改革正强力推进，税收征管改革迈入了深水区。涂老作为四部召集人，面对税收征管法修订、税收征管体制改革、金税三期上线，这一系列问题既有理论性，又有实务性，而且相互交织在一起，涂老更是将自己的个人资源私有公用，与自己的门生故旧联络，将课题与实务结合，将四部的职能发挥得淋漓尽致，风生水起。2015年中央提出了深化国地税征管体制改革的重大课题，国地税合作一时成为学术界、实务界和坊间经常讨论的话题，但舆论上已被"合作不合并"话题占据主流，涂老大声疾呼，身体力行，利用多种学术场合，正确诠释中央意图，对深化国税地税征管体制改革提出了独到的深刻见解。为增强说服力，2016年仲夏涂老冒着40℃左右的南方酷暑几下广东，在《广东地税》开辟专栏、《深圳特区报》发声、税校授课、与税务干部座谈，为税务干部下了一场及时雨，释解了税务系统许多的困惑。

等闲识得春风面，万紫千红总是春。涂老喜欢开放搞研究，欢迎反对派，鼓励百家争鸣，百花齐放。我们经常笑称，四部来的都是梁山好汉，避免了学术委员的同质性。涂老也以此自豪，四部望去，各路英豪，有税收实训专家陈玉琢，有税收伦理学者姚轩鸽，有程序法大家施正文，有税收名家樊勇，有税务大律师刘天永，还有严锡忠等税企争议实务处理的律师界名家等等，不一而足，各人都怀有绝技。难能可贵的是，涂老还以巨大的魄力和勇气，打破了税务学会和研究部传统的运行范式，吸收了基层既有实践经验又有理论功底的税务干部，使讨论的内容角度更为多元，剖析更为深入，多元思维的交锋、交流、交融，为学会研讨输送了源源源不断的营养，也取得了丰硕的学术成果。

聚天下英才而用之。涂龙为人热忱，具有爱才，惜才的一颗心。对待年轻有才干的人更是不拘一格，甘当铺路石，在时下物欲横流、金钱至上、网红应接不暇的年代，是多么地难能可贵。他将年青的学术委员推荐到前台，让他们发出自己的声音，在各个层面的研讨会上，千方百计让年轻人有发言的机会，自己甘居幕后，做无名英雄，让人感动。

老骥伏枥，志在千里；天下大事，必作于细。涂老将这两句话神奇地结合到一起，在70岁的年龄，风风火火闯九州，独到的见解、敏锐的思维、等身的专著，试问全国税务界能有几人若此？许多大事小事，涂老都亲力亲为、事无巨细、事必躬亲，思虑时如水银泻地，行动时若快刀斩麻，缜密细致，风格锐利，令我等自叹弗如远甚。无论为人风范、还是学识素养，涂老都是我的老师，给我许多启迪，我是应执弟子之礼的。

值涂龙力教授七十华诞暨《税坛纵横》出版，无以为谢，遂引诗一首，以致敬意：

苍松多寿色，
丹桂逸幽香。
瑶草常年绿，
寒梅更傲霜。

【专家简介】

王明世，男，1974年1月生，江苏高邮人，国家税务总局干部学院兼职教师，国家税务总局税收征管法修订专家组成员，国家税务总局征管制度流程管理人才库成员，中国税务学会学术委员会特邀委员，江苏省红楼梦学会会员。主要研究方向为税收征管程序。近年来，先后主持或参与国家社科基金项目、厅局级课题、国家税务总局教育中心科研项目和国家税务总局干部学院等科研项目，著有《税收预约裁定制度：路径和方法选择》，参编《税收风险管理理论与实务》《纳税评估理论与实务》。在《税务研究》《国际税收》《税收研究资料》《税收经济研究》《中国税务报》等期刊和报纸独立发表、参编、合著论文30多篇。先后被国家税务总局评为"对税收征管法修订工作做出突出贡献的个人""纳税服务工作突出个人"。

与涂龙力教授相识的岁月

——恭贺《税坛纵横》出版与涂龙力教授七十华诞

施正文

自2003年初秋在黄山有幸相识涂龙力教授，至今已近15年了。时光荏苒，岁月匆匆，静下心来，追忆往事，的确堪称是我生活中美好的时光。

我国税法学研究起步较晚，这从我2001年写作税收程序法研究博士论文时，文献资料的匮乏可见一斑。当时能够看到的图书绝大部分是教材，只是对现行政策文件的简单梳理和注释，很难见到学术性的专著。所以当检索到涂龙力、王鸿貌主编的《税收基本法研究》（东北财经大学出版社1998年版）一书时，真如获至宝，眼界为之顿开，精神为之一振，心想博士论文的写作有救星了。这本书立意高远，从建立我国税收基本制度的立法高度，探讨了税收立法的基本问题，试图解决实践中税收制度立法层级不高，纳税人权利保护不够，税权划分不合理等根本性问题，并运用现代税法的理念和学说，对纳税人概念、纳税人权利、税收法定原则、税权划分等基本问题，在当时也是敏感的问题，进行了具有理论深度的分析论证，让人们感觉到税收法学与税收经济学味道是不同的。这本书在当时就是沙漠中的绿洲，就是税法学的破冰之作、奠基之作，也是我博士论文顺利完成的功臣之一，所以引起了我对此书作者的关注和好奇。但有限的资料尚不足以让我清晰地认知这位令人尊敬的作者，只是从对他的名字进行形象解读，觉得此人乃力量型学者或者领导，否则不敢以"屠龙"之力命名。我想持有这种想法的一定不止我一人矣，后来我们这个圈子里的人也经常以此与涂教授本人当面求证，这也是他如此具有魄力的要素之一吧。

第一次与涂龙力教授邂逅，是在安徽黄山召开的中国法学会财税法学研究会 2003 年会上，当时的分组讨论会上，我抛出了博士论文中关于税收基本法的一些观点，主要是关于法律的名称、定位和基本内容等问题。显然我的部分观点并不被所有学者所接受，很快一位声如洪钟、底气十足、气度不凡、派头很大的学者也进行了类似发言，并在若干观点上与我针锋相对。我不得不仔细打量这位"不速之客"，果如其然，原来桌牌上豁然写着涂龙力，再对照日程的介绍，此君为国家税务总局大连税务高等专科学校副校长、国家税务总局扬州税务学院原副院长，这不是我特别想见面考证的涂大人吗？本来特别想当面对他的大作吹捧一番，也表达对他的谢意，但观点的纷争和我当时刚毕业的羞涩，只好遗憾作罢，但我明显感到我们已经在目光中进行深度交流了，他的文如其人的生性已深深印在我的脑海里。

对税收基本法的研究是我财税法学术生涯开端的重点研究主题之一，后来我将对该问题的研究成果，与我国著名财税法学家、中国人民大学法学院的徐孟洲教授合作，在《税务研究》2005 年第 4 期上发表了《税法通则立法基本问题探讨》一文。令我颇感意外的是，涂教授居然马不停蹄地在《税务研究》2004 年第 8 期上，发表了《税收基本法立法若干基本问题研究——兼与施正文、徐孟洲同志商榷》，在若干基本问题上直接与我商榷和交锋。这种直抒胸臆，坚持真理，以学术为本的学风再次深深感染了我。在我国学术界，在期刊中直接点名商榷的论文并不多见，据说当时《税务研究》杂志为此专门慎重研究过，但涂教授坚持用商榷，这样可以把问题的讨论引向深入，而不是各说各的话，或是一团和气。因为真理越辩越明，只有秉持学术自由、独立精神，才能推动学术发展。实际上这两篇文章正是在税收基本法立法中最具代表性的两派观点，深度交锋使对这个问题的认识更加深入，"商榷事件"也被传为佳话。后来在与涂教授的长期接触中，深感他学术观点和学术情怀的直率、创新与独立，这对于在体制内工作的学者来说，实属难能可贵，这也正是学术大家应有的风范。

经过多次学术上的华山论剑，我们终于成了"不打不成交"的朋友，学术活动场合我们的交流更加频繁了。涂教授是税务系统的高级官员和资深学者，资源多、人脉广，深受国家主管部门领导赏识，他也将推动国家的税制改革和税收立法视为己任。2008 年国家税务总局启动了税收征管法修订工作，我有幸作为起草组的专家成员。在涂教授的建议下，中国税务学会也将税收征管法的修订工作列入2009年的重点研究课题，由涂龙力教授挂帅，他邀请我参加课题研究。涂教授学术研究的风格和路径是既注重理论分析，也注重实证研究，他邀请学院派的学者深入调研税务机关和纳税人，几乎走遍了全国所有省份，深入到最基层的税务所，以使立法建议能够落地，这让我们这些在高校工作的学者受益良多。在合作研究中，我亲身感受到涂教授的"拼命三郎"精神，他将税法研究和税收事业视为生命，但凡有工作任务，必须立即付诸实施，绝不拖延或讲条件。记得2009年在合肥召开税收征管法修订座谈会时，我们事先约定好会后去我老家考察参观，让他领略江南水乡的迷人风光，回望三国周瑜故乡的人杰地灵，因为我知道涂老内心深藏着对江南生活的童年眷念。但会议总结时，中国税务学会崔俊慧会长布置给他新的增值税立法课题，涂教授立马坐不住了，在会上当即表态取消去外地调研，打道回府着手新课题的设计和研究工作。我们在感到失望的同时，对他的雷厉风行和敬业精神由衷钦佩。他后来告诉我，他虽然没有当过兵，但从小在军营里长大，军人的纪律和作风在幼年时就扎根在心田。这也解释了为什么国家税务总局和中国税务学会总是把最重要、难度最大的课题交给他主持，而他身体力行的风范，引导和塑造了他领导的团队，一次又一次取得了中国税务学会设立的最高等级的学术奖励。

  正是以刘剑文、涂龙力教授等为代表的学者多年的努力，党的十八届三中全会终于将落实税收法定原则写入决定中，全国人大常委会也制定了到2020年将税种条例上升到税收法律的时间表，开启了史无前例的财税立法高潮。这也是退休后涂龙力教授学术生涯的新征程，为此他说服领导，首次在中国税务学会中成立专司税法研究的第四研究部，并任召集人。他就像当年谋划成立中国税务大学一样，招兵买马，把全国最优秀的税法专家纳入麾下，像陈少英教授、熊伟教授、杨小强教授、丁芸教授、王鸿貌教授、滕祥志研究员、丁一研究员、刘天永律师、严锡忠律师和我等都是四部的学术委员，向东、高阳等编辑担任秘书，先后承担了增值税立法、税收征管法修订、外国税收征管发展趋势研究、房地产税立法、环境税立法、国地税征管体制改革、大数据与税收征管改革等重要立法课题。涂教授亲自设计课题项目、研究内容、研究方法，不仅独立承担研究课题，还对总报告进行深度修改，绝不马虎，令人敬佩！这种精神也潜移默化地熏陶着每个成员，影响和改变着我们的人生。在课题研究中，他关注对国际立法经验的比较研究，立足我国本土国情，统筹兼顾理论与实务、立法与政策、国际与国内、理想与现实、法律与经济等，因此提交的研究报告和立法建议，多次受到国家税务总局、财政部、国务院法制办、全国人大常委会预算工委等部门的高度重视。虽然涂教授多次表达了因年龄想退出一线，但国家财税立法任重道远，四部税法研究也肩负使命，我想只有税收法定原则真正实现之时，税收法治建成之日，才是涂教授考虑退出的正当理由。

涂龙力教授学术视野开阔，知识面广，他在税收经济学、税务会计学和税收法学等众多学科，都取得了公认的建树，成为权威学术大家。正是他很强的问题意识、综合能力，使他的研究成果能够解决实际问题，讲课内容丰富生动，备受各界好评，桃李遍及全国税务系统。我尤其佩服他对政策的敏锐和洞察力，每次中央全会的决定、重要财税文件，他都能在第一时间进行准确、深度解读，广受媒体和公众关注，对推动中央政策和国家立法的贯彻实施做出了重要贡献。他善于和乐于提携新人，是伯乐型的领导和学者，就我所知，王鸿貌教授、张立旺主任、林雄处长、王明世处长等都受益于他的关照和指导。

涂龙力教授视学术和税收为生命，笔耕不辍，作风硬朗，但他不乏生活情调和众多爱好。涂老面孔略显严肃，其实内心深藏一团火，是"玩心"很重的人。2015年夏天在内蒙古呼伦贝尔召开环境税立法座谈会，会后他迫不及待要带我们去他当年知青下放地根河，其寻找当年"小芳"的心情和举止，让我与同行的严锡忠律师、姚轩鸽所长备受感染！涂老是典型的性情中人，每逢佳节和盛事，他的诗人情怀立显，这些他戏称的打油诗，我们并没有感到与专业诗人的差异。涂老是爱美之人，他既热爱江南的小桥流水，也热爱塞北的广袤草原；他喜欢潇洒的帅哥，也爱慕漂亮的美女，他也以此标准挑选他的团队成员；他堪称能歌善舞，工作之余喜欢与大家轻松轻松，看涂龙力教授与陈少英教授PK舞艺是我们快乐无比的经典享受。

这就是涂龙力教授，一个为中国税收教育事业做出奠基贡献的税收教育家，创建了中国税务会计学科的税务会计学家，奠定和推动中国税法学发展的税法学家，也是我亦师亦友、志趣相投、远在异国他乡都眷恋的忘年交好朋友！

2016 年 9 月 10 日写于美国纽约大学（NYU）华盛顿广场

【作者简介】

施正文，我国著名财税法学家、中国财税法研究会副会长、中国政法大学科研处长、财税法研究中心主任、博士生导师、教授、访美学者，中国税收程序法著名专家，代表作《税收程序法研究》，曾参与全国人大、国务院、国家税务总局《税收基本法》《税收征管法》《环保税法》《增值税法》《房地产税法》《个人所得税法》等多项税法的修订与立法。

一房两制，一立两授；一税一征，一户一管

税坛纵横

第一篇

历 史 篇

　　1994年1月1日揭开了中国工商税制改革和分税制财税体制改革的序幕（笔者称为第一轮税制改革）；十年后的2003年，即党的十六届三中全会审议通过的《中共中央关于完善社会主义市场经济体制若干问题的决定》（以下简称《完善决定》）进一步明确了改革的思路和方向（笔者称为第二轮税制改革）；第二个十年后的2013年，即党的十八届三中全会审议通过的《中共中央关于全面深化改革若干重大问题的决定》（以下简称《改革决定》）奏响了全面深化改革的集结号（笔者称为第三轮税制改革）。历史是面镜子。站在第三轮全面深化税制改革的进程中，回顾税制改革历史，特别是回顾第二轮税制改革的历史，有助于扬长避短，少走弯路。

一、党的十六届三中全会关于税收制度改革的总体部署

　　党的十六届三中全会审议通过的《完善决定》中对税制改革提出了明确的思路和方向，包括三个方面的主要内容。[①]

（一）改革的基本原则

　　十六届三中全会提出税制改革的基本原则是"简税制、宽税基、低

---

① 详见涂龙力：《税坛春秋》，中国税务出版社2007年版。

税率、严征管",这一原则与1994年提出的税制改革基本原则"统一税法、公平税负、简化税制、合理分权"存有一定的差别。首先,改革的重点不同。1994年税制改革的重点是建立和规范市场经济条件下的税收制度,而第二轮税制改革的重点是深化与完善适应市场经济的税收制度。其次,改革的内涵不同。1994年税制改革中"简化税制"的内涵多是量的概念,如将30多种工商税收减少到18种。但仍未消除税种重复设置的弊端;而第二轮税制改革更多地包含了质的概念,如合并内外两套企业所得税法、统一城乡税制等等。最后,改革的力度不同。1994年的税制改革仅停留在表层,缺乏深度;第二轮税制改革却涉及许多深层次内容。

(二) 改革的基本步骤

《完善决定》明确指出要"分步"实施税收制度改革和"稳步"推进税收改革。第二轮税制改革与1994年税制改革在具体实施步骤上的最大区别是:1994年税制改革有一个统一明确的实施时间表。即1994年1月1日;而第二轮税制改革则没有一个统一明确的实施时间表。有些税制的微调早已开始实施了,比如,出口退税制度的改革,企业所得税按隶属关系征管模式的改变,等等。

(三) 税制改革的主要内容

第二轮税制改革主要包括以下三个方面的内容:
(1) 改革与完善现行税收制度。包括改革出口退税制度、增值税转型、完善消费税、改进个人所得税。
(2) 统一各类企业税收制度。主要包括统一纳税人的认定标准、税前成本和费用扣除标准、税率、优惠政策等方面的内容。这一政策集中体现在目前两套企业所得税法的统一上。
(3) 完善地方税收制度。主要包括清费立税、逐步实现城乡税制统一、适当扩大地方的税政管理权。

二、"十一五"时期的税制改革与税收立法

（一）税制改革与税收立法的关系

1. 税收制度与税收法律的关系

税收内涵的两重性决定税收形式的两重性。税收的概念具有多元性，它可以从历史、经济和法律等不同层面去理解。迄今为止，我国学界对税收概念的描述大致有权力论、交换（价格）论、分配论、管理论、关系论等几种观点。究其内涵其实质具有两重基本属性：一是政治属性，即税收必须凭借国家权力才能获得。这种权力包括政治权力和财产权力，所谓"强制性""无偿性"正是这种政治属性的外部形式特征。二是法律属性，即税收必须运用法律手段获得，所谓"固定性""公平性"正是这种法律属性的外部形式特征。在这里政治属性可理解为政权，法律属性可理解为法权。税收内涵的两重属性决定了税收形式的两重性。税收形式是指税收的实现形式，即税收实现过程的外在表现。税收形式也具有两重性：一是行政性，即在税收征收过程中必须凭借国家的行政权力才得以实现，其外在表现为各种相关的税收行政制度；二是法定性，即在税收征收过程中必须依照和运用法律才得以实现，其外在表现为各种税收法律、法规和规章。不同经济管理体制下税收两种形式的地位作用和表现方式也不同：在传统的计划经济管理体制下，税收的实现形式以行政性为主，法定性为辅。在这种体制下，税收的实现过程突出税收的行政计划和征税主体的能动作用，以及强制性、无偿性特征。在现代市场经济管理体制下，税收的实现形式以法定性为主，行政性为辅。在这种体制下，税收的实现过程突出税收的法定原则、纳税主体的权益维护和征税主体的行政许可行为规范、税收征收的固定性和公平性。"十一五"时期，我国正处在由传统计划经济管理体制向现代市场经济管理体制转轨的过渡时期，在这个时期，两种税收形式并存并且在税收实现过程中强调行政性具有其客观必然性。

税收法律形式是实现税收的最高形式。在税收实现过程的两种形式中，法律形式是较行政形式更规范、更权威、更有效的形式。首先，从内容角度看，行政形式因其具有临时多变的特点从而较法律形式存有更多的不确定性。其次，从执行角度看，行政形式因其行政级次具有多层性的特点从而较法律形式存有更多的随意性。

2. 税制改革与税收立法的关系

税制改革过程就是税收立法过程。首先，税收与税法是目的与手段、内容与形式的关系。税收是国家为实现其职能依法从课税义务当事人强行、无偿取得的财政收入，而国家取得财政收入的手段具有直接和间接两种基本方式，其中最基本、最直接、最常用、最有效的方式是法律手段。法律是国家权力与意志的表现和实现方式，是国家从纳税主体强制获得财政收入的主要手段。其次，从税收法律的内容与环节考察，税收法律包括税收立法、税收执法、税收司法和税法监督等四个基本环节和内容，其中税收立法是税收执法、税收司法和税法监督的基础与前提。最后，建立社会主义法治国家，税收法治的本质要求加快税收立法的质量与效率。

税收立法的质量与效率是评价税制改革的最终标准。首先，税收法定原则要求税制改革最终要提高税收立法的级次与效率。税收法定原则是税法最基本的原则，有学者称之为"帝王原则"，税收法定原则包括实质原则和形式原则两个层面的基本内涵：税收法定的实质原则可归结为课税要素法定与明确性原则和课税合法性原则，前者是税收立法即抽象税收行为的基本原则，后者是税收执法和税收司法即具体税收行为的基本原则。税收法定的形式原则是"狭义法律"原则，即税收法律的形式应以最高立法机关依据《宪法》和《中华人民共和国立法法》制定的法律为主要形式的原则。按税收法定形式原则来评估，我国目前税收法律仅占广义法律的5%。税收法定原则不仅要求税制改革要遵从实质原则，同时也要求税制改革必须遵从形式原则。其次，中国入世要求税制改革首先要提高税收立法的质量。加入世界贸易组织（WTO）后，中国税制改革的国际化、法治化趋势不可逆转，中国税制改革的国际化表现为中国税法必须与WTO规则接轨并保持一致，这是中国不可推卸的法律义务。最后，提高税收立法的质量与效率是解决税制改革深层次问题的关键。

（二）"十一五"时期的税制改革

"十一五"时期税制改革历经三个基本阶段。

第一阶段即 2006 年，根据国务院、国家发展改革委、财政部和税务总局安排，主要内容有：一是三大税制改革，即增值税、企业所得税和个人所得税的改革难有大的措施出台。增值税转型改革在总结试点基础上研究出台改革方案；两套所得税法的立法方案通过一审；个人所得税改革在调整工薪所得费用扣除标准基础上提出征管模式改革的方案。二是调整和完善消费税改革方案且及时出台并顺利实施。三是加快资源税改革调整步伐。四是出口退税制度在增量改革基础上，为适应转变外贸增长方式和国际贸易新形势适度调整措施出台。

第二阶段即 2007~2008 年，根据"十一五"税制改革要求，该阶段有一些较大改革措施出台。一是增值税转型改革在 2008 年在全国推行试点（按行业），2009 年在全国全面实施。但增值税扩围改革尚难以实施，这必须与营业税改革、地方税体系改革同步进行。二是统一两套所得税法的提案在 2007 年通过，并在 2008 年开始实施，但同时会有过渡性配套措施出台。三是加快房地产税改革试点步骤，在物业税模拟评税试点基础上，2008 年出台改革试点方案。四是个人所得税的征收模式改革，即综合与分类相结合的制度出台试点方案。五是加快营业税作为地方主体税种改革方案的出台与实施，配合增值税的扩围改革。六是加快城市维护建设税独立税种的改革，以及涉及土地资源税收的改革。

第三阶段即 2009~2010 年，根据"十一五"时期国民经济社会发展战略目标与任务和税收改革的总体目标与任务：一是税收体制改革有一定突破性进展。二是税收制度将更朝着国际化、法治化、科学化的方向发展。

（三）"十一五"时期的税收立法

"十一五"时期税收部门制度改革立法的重头戏在税收实体法，而实体法中首要的当属《中华人民共和国企业所得税法》（以下简称《企业所得税法》)及其实施条例和《中华人民共和国增值税暂行条例》(以下简称《增值税暂行条例》)及其实施细则。

《企业所得税法》在历经了十年酝酿,三年大辩论之后[①]终于于2007年3月16日获得通过,并自2008年1月1日起施行。与《中华人民共和国企业所得税暂行条例》和《中华人民共和国外商投资企业和外国企业所得税法》相比,在纳税主体、税率、税基、消除重复征税、税收优惠、反避税、所得税征管等方面具有重大制度创新。

但是,《企业所得税法》在取得积极成果的同时,也存在亟待完善的问题,包括立法原则和立法技术两个层面的问题。比如国务院能否转授立法权、《企业所得税法》的解释权、相关配套法规和部门规章的废止时间、国家与地方两套征税机关的征管权统一划分标准,等等。[②] 尽管《企业所得税法》与《企业所得税暂行条例》相比增加了40个条款,但由于《立法法》关于国务院没有转授立法权规定的限定,财政部和国家税务总局无权制定相关的实施细则,除非国务院另有规定(即在行政法规中转授立法权)。[③]《企业所得税法》中仅有第二十条直接授权财政部与国家税务总局,即第二章应纳税所得额中"规定的收入、扣除的具体范围、标准和资产的税务处理的具体办法"。因此,实施条例承载着重大的历史使命,这对实施条例提出了更高的要求。

增值税是我国最重要的税种之一,在全部税收收入总额中占据了半壁江山。增值税的改革包括四大内容,一是转型,即由生产型转为消费型。二是扩围,即为使增值税链条不中断,应将原征收营业税的交通运输、建

---

① 2004~2006年财政部和国家税务总局的公开表态同商务部和54家在华投资的500强跨国公司的态度截然相反,将"两法合并"这场大辩论推向高峰,争议焦点在"两法合并"能否影响吸引外资政策的连续性和稳定性上。笔者从立法角度曾撰文直书"两法合并"的紧迫性与可行性。详见涂京骞、涂龙力:《统一内外两套所得税制的法律思考》,《美中法律评论》2006年第2期。

② 详见涂京骞、涂龙力:《制定企业所得税法实施条例应注意的事项》,《中国税务报》2007年6月6日第7版;《企业所得税法实施条例任重而道远》,"《企业所得税法》实施问题与配套法规制定"高峰论坛,2007年6月9日北京。

③ 《立法法》规定税收基本制度必须制定法律,在条件不成熟时可先授权国务院制定行政法规,条件成熟后再上升法律,国务院不得转授立法权。实践中,国务院可以"非税收基本制度"为由转授立法权给财政部和国家税务总局,但必须在《企业所得税法实施条例》中明确授权内容、范围和时效。

筑安装和不动产等行业纳入增值税范围。三是纳税范围与环节。四是增值税一般纳税人的确定标准及比重。由于体制层面、制度层面和经济层面影响因素共同作用的结果，使得《增值税暂行条例》上升为增值税法的条件仍不成熟。因此，"十一五"时期国家没有把《增值税法》列入立法规划，而全面推行增值税转型则属于修改《增值税暂行条例》的立法范围。①

三、"十二五"时期的税制改革与立法

2010年10月18日中共中央十七届五中全会通过的《中共中央关于制定国民经济和社会发展第十二个五年规划的建议》（以下简称《十二五建议》）是在全面建设小康社会的关键时刻和深化改革开放、加快转变经济发展方式的攻坚时期提出的，《十二五建议》中有9处明确提到税收改革、税收政策和税收调节。这就为"十二五"时期的税制与体制改革、税收优惠政策的范围以及税收调节的重点指明了方向，也为"十二五"时期税收工作的重点明确了思路。

（一）"十二五"时期税收体制与税收制度改革的主要目标

《十二五建议》在第一部分（4）"'十二五'时期经济社会发展主要目标"中明确提出："财税金融、要素价格、垄断行业等重要领域和关键环节改革取得明显进展。"这里有两点值得深思：第一，财税改革被列为改革开放的"重要领域和关键环节"，而在重要领域和关键环节中又被列为首位。可见深化财税改革在"十二五"时期的经济社会发展中居于举足轻重的位置。第二，财税改革的目标是"取得明显进展"。

（二）"十二五"时期税收管理体制的两大突破

《十二五建议》明确指出"逐步健全地方税体系，赋予省级政府适当

---

① 由中国税务学会："2006年改革与完善税制研究"课题报告《"十一五"时期的税收改革与税收立法》（《扬州税院学报》2006年第1期）节选而成。

税政管理权限"。与中共十六届三中全会《完善决定》相比,对税收管理体制改革这一瓶颈问题更加明确:首先,《十二五建议》首次使用"地方税体系"这一学术概念。地方税体系的建立是税收管理体制核心问题之一,建立科学的地方税体系是税收管理体制改革和税收制度改革的关键,只有抓住和解决这一关键环节,其他问题则可迎刃而解。其次,由《完善决定》的"适当下放地方政府"到《十二五建议》的"赋予省级政府",明确了下放地方政府的级次是"省级"而不包括其他级别的地方政府,使政策更具操作性。最后,由《完善决定》的"税政管理权"到《十二五建议》的"税政管理权限",一字之差可免歧义。下放管理权可理解为无条件的放权,赋予管理权限是有限定的授权,其法律内涵不可同日而语。

《十二五建议》明确提出的"逐步健全地方税体系"和"赋予省级政府适当税政管理权限"对深化"十二五"时期我国财税体制改革和税收制度改革具有深刻理论与现实意义:首先,从理论上讲,随着地方税体系的逐步健全和中央与地方税政管理权的逐步明确,有利于我国税收法律体系的构建(如税收基本法和增值税法的创制以及《税收征管法》的修订均受其制约而难以按计划实施)。其次,从实践上讲,地方税体系的逐步健全和中央与地方税政管理权的逐步明确,有利税收制度的深化改革和税收调控作用的发挥(如房地产税制的修订和调控作用的效果及企业所得税、资源税等税种的改革与完善都不同程度受其影响)。

(三)"十二五"时期税收实体制度改革

1. 增值税与营业税的同步配套改革

《十二五建议》要求"扩大增值税征收范围,相应调减营业税等税收"。这一要求寓意十分丰富:首先,明确了"十二五"时期增值税改革的主攻方向。其次,明确了"十二五"时期增值税改革与立法的步骤。最后,与第二个问题相关联的问题是营业税的取舍问题。对此,《十二五建议》也给了明确答案,"十二五"时期不会取消营业税,只是"相应调减"。从《十二五建议》的字里行间我们不难看出一方面中央高层对增值税扩围改革的决心，另一方面中央对扩围改革的慎重，应当稳步实现"改革取得明显进展"这一改革目标。

2. 消费税改革目标

《十二五建议》为"十二五"时期消费税改革设计的目标是"合理调整消费税范围和税率结构"。显然消费税改革主要内容包括两个方面：第一，调整消费税征税范围。其中包括扩大范围和缩小范围两层含义。第二，调整消费税税率结构。应当达到调节收入分配、节约资源、保护环境等政策目标。

3. 个人所得税制改革目标

《十二五建议》对个人所得税制改革设定的目标是"逐步建立健全综合和分类相结合的个人所得税制度"。坦率地讲，这不是一个新目标，从20世纪90年代提出到2003年党的十六届三中全会写进《完善决定》再到写进"十一五"改革规划历时20多年，《中华人民共和国个人所得税法》（以下简称《个人所得税法》）几经微调仍未"取得明显进展"。受现阶段国情（包括社会的、政治的、经济的、体制与制度的以及征管条件等等）的制约，个税改革不可能一步到位的，《十二五建议》要求"逐步"建立与健全，这符合我国渐进式改革的基本思维范式。

4. 资源税与环境保护税改革目标

从理论上看，环境保护税是一个税收体系，是由若干有助节能环保的税种构成，燃油税、资源税都属于环境保护税这一范畴。从OECD国家环保税实践看，环境保护税主要包括资源税、污染税、生态税、能源消费税、机动车税等。我国开征环境保护税的宗旨是保护环境，是针对污染、破坏环境行为课征的独立税种。《十二五建议》将"十二五"时期资源税、环境保护境税改革纳入费改税的大框架内实施是完全符合我国现阶段国情的。因此，《十二五建议》要求"十二五"时期在"继续推进费改税"的进程中"开征"环境保护税，这是一个有利于改变经济增长方式和可持续发展的重要决策。至于资源税改革，是在新疆资源税改革试点基础上"全面改革"资源税。"全面改革"寓意深远：从内容上看，包括扩大征税范围、从价计税和提高征税标准。从改革地域上看，由新疆到西部十二省区市再到全国，这是一个功在当今、利在后代的举措。

5. 房地产税制改革目标

《十二五建议》的提法是"研究推进房地产税改革"。这一定位应该包括如下含义：首先，改革的内容。与财政部、发改委的关于"房产税"提法相比，《十二五建议》使用了"房地产税"这一概念，"地"字的增加说明中央拟将改革房产税问题一揽子解决：既涉及"房产"的相关税种（如房产税、城市房地产税、契税、营业税、个人所得税等），又涉及"地产"的相关税种（如土地增值税、城镇土地使用税、耕地占用税等），广义的房地产税改革还应包括土地出让金的征收管理、入库分配以及监督使用等内容。其次，改革的步骤。从上述房地产税改革的内容看，这是一项涉及面广、操作复杂、涉及利益格局调整的深层改革不可一蹴而就。因此难以像其他税种改革那样，既不能"合理调整"和"建立健全"，也不能"开征"新税种，更不能"全面改革"，只能"研究推进"。最后，"十二五"时期关于房地产税改革需"研究"的问题还很多。从宏观层面看，第一，要注意协调房地产作为支柱产业的发展和调控过高房价的关系。第二，要注意协调"一房两制"的关系。第三，要注意协调调节高收入强势群体和保护低收入弱势群体的关系。第四，一揽子解决房地产税制的结构与税负。[①]

四、税制改革30年基本评估[②]

伴随着我国社会主义市场经济体制的逐步建立与完善，以及经济持续、快速增长，我国税收制度的改革也与时俱进，经历了起步、完善等改革的不同阶段。总结30多年税制改革的成就与不足具有重要的理论与现

[①] 详见涂京骞、涂龙力：《"十二五"时期的税收改革、税收政策与税收调节》，《扬州税院学报》2010年第2期。

[②] 详见涂京骞、涂龙力：《30年税制改革的基本评估》，《中国财税法研究会大会交流论文集》，2008年，原文4万多字，本书节引部分大纲。

实意义。

(一) 评估税制改革的标准

1. 经济标准

经济决定税收，税收反作用于经济。因此，促进经济平稳持续发展是评价税制改革的经济标准。但是实践中存在一个认识误区，那就是把评价税制改革的经济标准单纯理解为税收收入的增长，即税收收入增长的规模与速度却很少关心税收收入增长的质量。什么是税收收入增长的质量标准？我们认为，至少应包括以下三个方面：一是适度增长标准。经济因素是影响税收收入的根本性因素，税收收入增长的速度与规模会对经济增长产生巨大的反作用，这种作用可能是正面的，也可能是负面的。因此，税收收入的增长应与经济增长保持适度与同步（在比较时应注意口径一致，目前所谓税收收入比GDP超常增长就存在口径不一致等技术因素），税收弹性波动幅度过大均属不正常。二是税负适度标准。税负包括宏观税负（全国）、中观税负（地区与行业）和微观税负（企业），我国税负结构不合理，法定税负明显偏高（与其他国家相比），但名义税负与实际税负差距较大。三是税制结构优化标准。税制结构优化包括直接税与间接税的结构优化、中央与地方税种结构优化、实际税率结构优化以及税收弹性结构优化等内容。

2. 法律标准

推进税收法治的关键，首先是提高税收立法的质量与效率。笔者认为，从税制改革与税收立法的关系层面分析，可以得出这样的结论，那就是税制改革过程就是税收法律的创制过程，即税收立法过程。这是理解税制改革法律标准的重要前提。以此，还可以进一步得出"税收立法的质量与效率是评价税制改革质量与效率标准"的结论。这是因为：第一，税收法定原则要求税制改革提高税收立法的级次与效率。第二，中国加入WTO要求税制改革首先提高税收立法的质量。第三，提高税收立法质量与效率是解决税制改革深层次问题的关键。

3. 社会标准

建立和谐社会是新的历史时期党中央提出的兴国强国之策，因此推进建设和谐社会是评价税制改革的社会标准。具体包括：第一，社会保障标准。建设和谐社会的立足点是要解决关系群众切身利益问题，目前涉及群众切身利益问题集中在就业、就学、就医等问题上，而要解决这些深层次问题的关键是要优先解决社会保障问题，税制改革应促进社会保障体系的完善与健全。第二，缩小收入差距标准。目前，收入差距扩大化已成为引发社会不安定的重要因素，税收改革要促进缩小收入分配差距，调整过高收入。

（二）30年税制改革取得的辉煌成就

1. 税收职能与作用

基本上完成了由社会主义计划经济向社会主义商品经济并最终向社会主义市场经济的转变，税收在国民经济中的地位与作用显著提高，成为组织国家财政收入和调节宏观经济的不可缺少的主要经济手段、法律手段与行政手段。

2. 税收法律体系的建立与不断完善

改革开放30年来，我国税收法律体系历经了恢复与初创、改革与完善、调整与深化几次较大的变化，到目前为止已初步形成了基本适应社会主义市场经济体制、基本满足国家公共服务职能对税收需求（包括财力需求和调节需求）的社会主义税收法律体系。

第一，从制度设计层面看，基本形成了税收部门法律体系和税收体制法律体系相互配套的中国税法体系。第二，从管理级次层面看，基本形成了中央与地方两套税收体系。《国务院关于实行分税制财政体制的决定》明确提出建立"中央与地方税收体系"以来，中央与地方两套税收体系的建立不断调整与完善，尤其是中央税收体系。第三，从税收立法层面看，形成了税收法律、税收行政法规、税收部门规章和税收行政规范性文件相互配套的四级税收法制体制。

（三）30年来税制改革存在的不足

中国改革开放的30年，是旧的计划经济体制向新的市场经济体制转变的30年，也是社会主义发展历史中没有任何成功经验可借鉴、摸着石头过河的30年。因此，在取得伟大成就的同时，存在一些问题是客观的、正常的，这是前进中的问题，发展中的问题，正视并解决这些问题是马列主义唯物论的基本态度，而研究分析问题视角的不同其结论也许会有些差异，这并不妨碍对问题的探讨。

1. 税收制度两个层面的改革不平衡，重税收实体制度改革，轻税收体制制度改革

30年来，税收制度改革存在重实体轻体制的倾向，即税收体制层面的改革远滞后于税收实体层面的改革，这集中体现在分税制财税体制层面的改革上。分税制财政体制实施20多年来，主要存在事权与支出范围的划分不清晰、税种划分不尽合理、基数法未体现公平原则、转移支付制度不规范和税收管理机构不协调等问题。

从税收划分层面看：第一，中央与地方财权与事权不匹配。分税制的一个最基本的前提原则是根据事权来划分财权，而实际上各级政府间是采取简单的行政方法，把税收按比例划拨从而使事权与财权脱节。第二，中央税与地方税划分的比重不尽合理。中央与地方财权与事权的不匹配必然会导致中央与地方税种划分的不合理。第三，地方税因缺乏主体税种而难以形成地方税收体系。分税制财政体制的要求之一是要"建立中央和地方税收体系"，税收体系是主辅税种合理配置形成的税收系统。但由于种种原因短时期还难以建立。第四，税种归属划分不尽合理。1994年国家税收划分为中央税、地方税和共享税，属于不彻底的分税制，归属应该是清晰的，但却存在许多交叉现象，有的地方税成为共享税，有的共享税中一部分成为中央固定收入，从而造成难以征管，甚至发生混库现象。第五，共享税比重过大和划分比例不尽合理。我国设置共享税以来，存在两个比重过大问题：一是共享税占的比重过大；二是中央税占的比重过大。

从税收管理机构层面看，1994年实行分税制时，为配合建立中央与地方两个税收体系而分设了中央与地方两套税收征管机构。但运行中却存在征管权限、隶属关系、纵向与横向管理体制、代征代管、税收定额、政策解释，特别是征管分工等方面许多难以协调的问题，如加大了税收征管成本、降低了税收征管效率、不利于税法的统一等。

2. 税收法制建设的缺陷

从税收立法环节看，主要存在税收立法体制和税收法律体系两个层面的缺陷。

（1）税收立法体制的缺陷。税收立法体制主要包括税收立法权的配置和与之相适应的税收立法机构的设置。如税收立法权纵向、横向配置存在的问题。

（2）税收法律体系的缺陷。税收法律体系是指由不同税收法律部门和不同税收法律级次组合形成的有机联系的整体。如法律体系缺陷集中表现在法律、法规、规章、规范性文件存在结构不合理的问题。

3. 税收基本理论的纷争难以指导税收实践

（1）税收的基本概念与基本职能。关于税收的基本概念及其内涵，长期以来理论界出现许多版本，虽表述大同小异但存在一个共同特点即均从税收经济学角度得出，忽视了法律内涵，这与依法治税、建立社会主义法治国家的要求以及税收主要作为法律手段而不是行政手段或经济手段的要求是相悖的。

（2）宏观税负及其评估。有关我国宏观税负及其现状评估的争论一直没有停止过，研究宏观税负及其对现状做出科学合理的评估对税制改革特别是确立宏观税负水平和具体税种的税率结构具有十分重要的理论与现实意义。

（3）公平原则与效率原则的关系。公平与效率是现代文明社会发展的重要内涵，几乎可以涉及政治、社会、经济、法律等大多数领域，所以，税收法律制度的创制必须遵循这一基本原则。30年来，人们对其的理解却不一致，主要表现在原则的内涵和两个原则的顺序关系（即孰先孰后）上。

（4）税制改革的评价标准。分析评价标准建立评价体系具有重要的理论与现实意义。应当从经济、社会、法律三个层面制定标准。

探索 30 多年财税体制改革的经验，笔者坚持以下观点：

第一，30 多年的财税体制改革，总的评估是七三开，即七分功绩，三分不足。功自不必过嫌，不足则涉及是否能实现改革目标的最后一公里。

第二，这最后一公里的关键，是要解决结构性矛盾。包括宏观层面改革不平衡的矛盾，如政治体制、行政体制、社会体制改革与经济体制改革相对滞后的不平衡矛盾；中观层面改革不平衡的矛盾，如财税收入侧改革与财税支出侧改革不平衡矛盾；微观层面改革不平衡的矛盾，如直接税与间接税改革的不平衡矛盾，等等。

第二篇

税收改革篇（综述）

某项税制改革与立法的顶层设计取决于该项税制改革的定位与立法的宗旨；改革的定位与立法的宗旨又取决于该项税制改革与立法的政治经济社会背景。以增值税改革历程为例，从1994年推行生产型增值税到2004年推行消费型增值税转型改革试点再到2012年增值税扩大征收范围即"营改增"改革试点以及2016年的全面推进"营改增"的试点，无一不是国内外政治经济形势倒逼的结果。因此，探索党的十八届大特别是十八届三中全会以后第三轮税制改革与税收立法及其发展趋势，应当以分析政治经济形势背景为切入点，否则会雾里看花，难以准确把握。

一、第三轮税制改革与税收立法的背景

经济发展阶段决定该阶段的发展战略。分析发展阶段应当从经济周期和中央确定的战略部署两个层面展开。

（一）中国经济发展处于关键的战略发展阶段

根据中央确定的新三步发展战略，即第一阶段2000~2010年，我国由低收入到中等收入阶段，人均GDP要达到4000美元左右；第二阶段2011~2020年，我国GDP增长实现翻番（2015年人均GDP已达7800美元）；第三阶段2050年，中国经济社会要基本实现现代化。

第二篇　税收改革篇（综述）

十八届三中全会通过的《改革决定》指出，中国"发展进入新阶段，改革进入攻坚期和深水区"。

2014年5月1日李克强总理在《求是》杂志发表署名文章指出，中国"已进入只有调整经济结构、转变发展方式才能持续发展的关键时期"。

学界也普遍认为，中国经济处于增速的换档期、增长方式的转型期、前期刺激政策的消化期三期叠加的关键期。这个时期的主要矛盾是经济增长动力不足、深层矛盾凸显、部分资产泡沫风险加剧等。中国经济社会正处于2050年实现现代化承上启下的关键阶段，党的十八大对完成三中全会部署的重要改革任务从而实现中华民族伟大复兴的中国梦将产生深远的影响。

经济周期规律表明，一国在经历了初始发展阶段，特别是在资源红利、人口红利得以充分发挥并实现跨越性高速发展之后，其经济发展必然会进入自然回落周期。中国改革开放30多年以来，正是遵循这一规律，最大限度地发掘了自身的人口与资源等要素驱动型发展优势，从而取得世人瞩目的经济发展速度，30多年来我国经济平均增速为10%左右。当前中国进入或正在进入经济自然回落周期阶段，继续维持高速或超高速增长几无可能，中央将调低经济增长目标，这是遵循经济规律的明智之举。国内外那种唱空中国经济的悲观情绪不是杞人忧天就是别有用心。

我们应当清醒地认识到，人们只能按经济规律办事，而不能有悖经济规律。处在自然回落经济周期阶段的中国经济不可能再维系过去8%以上甚至两位数的发展速度。[①]林毅夫认为中国应该还有将近20年保持8%的经济增长潜力、在未来5~10年中国维持强劲的增长应该是可以预期的观点值得商榷。但是，2014~2015年应当保持7%左右的经济增长速度这一底线，否则党的十八届三中全会提出的全面深化改革目标与任务难以实现和完成。现在要做的是缩小潜在增长率与实际增长率差距，在回落周期实现经济的"软回落"而不是"硬回落"。

历史值得回顾。1997年东南亚金融风暴引发经济大动荡的噩梦至今仍令不少亚洲国家不寒而栗，其时中国虽擦肩而过，但应从中汲取教训。当

---

① IMF预计中国2014年GDP增速为7.5%，2015年GDP增速为7%。（《经济参考报》2014年6月6日第4版）

时笔者曾撰文认为改革开放和发展经济应当保持一定增长速度方可避免对中国的冲击。①

(二) 当前中国经济面临的最大风险

经济社会的不同发展阶段会面临不同性质的阶段性风险。新一届党中央治理国家的最大突破是引入风险治理理念。中国经济面临的最大风险是2020年能否跨越"中等收入陷阱"。

1. "中等收入陷阱"风险普遍存在是世界经济运行的规律

"中等收入陷阱"是2007年世界银行在《东亚经济发展报告》提出后被广泛引用的概念，世界银行根据各经济体按年人均GDP分为低、中、高三档，据2010年标准，低收入档为976美元以下，中收入档为976~11905美元，高收入档为11195美元以上，其中在中收入档中，976~3855美元为中等偏下，3856~11905美元以上为中等偏上。据国际货币基金组织（IMF）的数据，2013年我国人均GDP达5414美元，居世界第89位，属中等偏上国家。所谓"中等收入陷阱"是指追赶型发展中国家人均收入达到中等收入档后，由于不能顺利实现经济发展方式的转变，导致经济增长动力不足，最终出现经济停滞迟迟不能跨进高收入阶段的一种状态。

世界各国经济运行演变的历史表明，经济运行是有规律性的：处于中等收入水平的国家要跨越"中等收入陷阱"、避免经济停滞甚至倒退，就必须通过创新驱动经济增长方式和创新制度安排趋利除弊、化解显性与隐性的各种风险与社会矛盾，实现经济的升级换代，才能最终迈进高收入水平发展阶段。

2. 中国是否存在落入"中等收入陷阱"的风险

中国经济已进入中上等收入水平并且已逼近"中等收入陷阱"是不争的事实。中国经济会不会落入"中等收入陷阱"受到国内外的广泛关注，尽管这种关注的目的不同、所持观点不同。许多国家经历"中等收入陷

---

① 详见涂京骞、涂龙力：《1998：中国经济增长8%》，《扬州税院学报》1998年第2期。

阱"导致经济停滞甚至倒退，无法从根本上把经济从中等收入发展到高等收入水平的悲剧会不会在中国上演？

经济学家刘伟认为中国现在进入中等收入发展阶段，存在着进入"中等收入陷阱"的可能性，应予以警惕。一个国家陷入"中等收入陷阱"主要有四方面原因：首先，是不能保持持续的制度创新，经济和社会发展缺乏持久的动力；其次是技术创新能力不足，不能通过稳定地提高效率来保持经济增长；再次是经济发展失衡导致资源配置恶化和供需失衡；最后是发展中对外部世界的过度依赖，经济活动缺乏内在的稳定性。

笔者认为，作为经济周期规律，中国在完成原始积累之后，已结束了爆发式增长的历史，经济社会进入了自然回落、相对平稳的发展新阶段，即经济发展的"新常态"。在新常态背景下，经济的增长和发展主要不是靠解放旧制度压抑的潜能和人口红利，而是要靠科学技术和经济体制的进一步创新。经济增长逐步从外延型扩大再生产向内涵型扩大再生产转变，这是需要相当长的时间才能实现的。如果我们不能积极、科学地应对，创新经济增长方式、调整经济结构和产业结构、化解财政金融风险、缩小贫富差距化解社会矛盾、处理好人与自然的和谐关系等等，就有可能落入陷阱。

"中等收入陷阱"风险的另一个重要表现是分配不公、贫富差距过大引发的社会矛盾和社会潜在风险。我们应当密切关注和着力解决这一问题，以化解潜在的社会风险。

3. 十八届三中全会设计了跨越"中等收入陷阱"宏伟蓝图

全面深化改革是中国跨越"中等收入陷阱"的华山之路。全面深化改革的内涵是什么？党的十八届中央政治局认为，面对新形势新任务新要求，全面深化改革，关键是要进一步形成公平竞争的发展环境，进一步增强经济社会发展活力，进一步提高政府效率和效能，进一步实现社会公平正义，进一步促进社会和谐稳定，进一步提高党的领导水平和执政能力。十八届三中全会确定的全面深化改革的总目标，全面深化改革的重点与核心，以及全面深化改革的路线图和时间表，为中国经济进入升级版从而跨越中等收入陷阱描绘了一幅务实可行、催人奋进的蓝图。

跨越"中等收入陷阱"应当深化六大体制改革。为了实现全面深化改革的总目标，《改革决定》提出了紧紧围绕使市场在资源配置中起决定性作用深化经济体制改革，紧紧围绕坚持党的领导、人民当家做主、依法治国有机统一深化政治体制改革，紧紧围绕建设社会主义核心价值体系、社会主义文化强国深化文化体制改革，紧紧围绕更好保障和改善民生、促进社会公平正义深化社会体制改革，紧紧围绕建设美丽中国深化生态文明体制改革，紧紧围绕提高科学执政、民主执政、依法执政水平深化党的建设制度改革等六大体制改革。六大体制改革剑指中国逼近"中等收入陷阱"这一现状，剑指"中等收入陷阱"呈现的十大问题，剑指跨越"中等收入陷阱"的战略部署。

（三）经济战略与税收政策

处在经济自然回落周期发展阶段的中国，应当坚守"稳中求进"的战略和"结构性减税"的税收政策。

1. "稳中求进"的宏观发展战略

2012年中央经济工作会确定了今后经济发展政策的总基调是"稳中求进"①，这是在我国经济社会发展处于能否顺利跨越"中等收入陷阱"的背景下提出的具有战略意义的决策。现代世界经济发展史表明，后发国家能否跨越这一陷阱取决两个条件：一是经济条件即经济结构随经济增长方式转变而得到调整和提升，变传统比较优势为创新发展优势。二是社会条件即化解由收入分配差距过大引发的改革动力缺失风险、社会矛盾与不稳定引发的社会风险，等等。中国步入经济自然回落周期阶段同样面临这两个条件的挑战，"稳中求进"是要创造这两个条件，完成中国由中等收入阶段向高收入阶段的历史性跨越。"稳中求进"的内涵包括"稳"与"进"两个方面内容："稳"有四项内容即宏观经济政策稳定、经济发展稳定、物价总水平稳定和社会稳定。"进"是在抓住重要战略机遇期的基

---

① 由于我国已开始步入经济增长的自然回落周期阶段，"稳中求进"的发展战略政策应当不限于2012年而是今后一个历史阶段我国经济发展的总战略，所不同的仅是具体内容而已，如2017年也是稳中求进。

础上有三项内容,即转变经济增长方式取得"新进展"、深化改革取得"新突破"、改善民生取得"新成效"。"稳"与"进"的关系是稳字优先、以稳带进、以进促稳。

2. 结构性减税的税收政策

"稳中求进"需要积极的财政政策。积极财政政策包括积极的财政收入政策和积极的财政支出政策。积极的财政收入政策包括优化政府收入结构、扩大和加强政府收入管理范围等主要内容。结构性减税是实施积极财政政策的重要政策工具包括宏观、中观、微观三个层面的不同内涵。

(1) 宏观层面的结构性减税目标:降低税收依存度。

政府收入一般由三部分构成:一是政府债务收入,包括中央政府发行的中央国债和地方政府发行的地方国债;二是强制性收入主要是税收收入;三是非强制性收入又称契约性政府收入,主要包括资源性收益、国有企业利润和使用费等。宏观层面的结构性减税就是要调整以上三部分收入所占政府收入比重。目前我国政府收入结构不科学集中体现在政府收入对税收收入的依存度上,税收依存度实质是强制性收入占政府收入比重、强制性收入与契约性收入比重问题,实质上又是民众利益与政府利益关系问题。因此,宏观层面结构性减税的政策目标应当是降低政府收入的税收依存度,同时提高非税收入特别是契约性收入占政府收入的比重。主要途径:一是提高资源性收入比重;二是提高国有垄断企业上缴利润、各种国有资产资源使用费比重;三是规范规费收入。

(2) 中观层面的结构性减税目标:调整与优化税制结构。

中观层面结构性减税应当遵循以下指导思想:一是有利于经济增长方式转变和经济结构调整;二是有利于社会管理体制改革和化解社会矛盾、防范社会风险即推进社会经济的包容性增长,这是当前新形势、新问题、新任务决定的。优化直接税与间接税比重,提高直接税占税收总量比重应当是中观层面结构性减税的重要政策目标。

(3) 微观层面的结构性减税目标:深化税制改革和调整税收政策。

微观层面的结构性减税应当通过扶植性结构减税和调节性结构减税两个方面的税制改革和政策调整来实施:扶植性结构减税是指主要通过鼓励性措施为实现宏观经济社会发展目标实施的税制改革与政策调整,扶植性

71

结构减税具有典型的减税特征，属狭义的结构性减税；调节性结构减税是指通过有增有减或亦增亦减的措施实现国家一定时期经济社会发展战略目标的税制改革与政策调整，调节性结构减税具有或增或减或亦增亦减的典型特征，属广义的结构性减税①。调节性结构减税中最典型的增税措施是资源税的改革与政策调整；调节性结构减税中最典型的亦增亦减措施是个人所得税和消费税的改革与政策调整。

实施结构性减税政策，首先要厘清结构性减税政策的两个认识误区。实施结构性减税政策必须首先厘清结构性减税的内涵与外延，否则易生歧义从而影响政策的实施。其次应当把握结构性减税方向与力度。②

二、建立现代财政制度

习近平总书记在《关于〈中共中央关于全面深化改革若干重大问题的决定〉的说明》中指出，财税体制改革的主要目的是完善立法、明确事权、改革税制、稳定税负、透明预算、提高效率，加快有利于形成转变经济发展方式、有利于建立公平统一市场、有利于推进基本公共服务均等化的现代财政制度。这次全面深化改革，财税体制改革是重点之一。

《改革决定》在明确财政职能的重新定位，即财政是国家治理的基础和重要支柱，科学的财税体制是优化资源配置、维护市场统一、促进社会公平、实现国家长治久安的保障之后，指出财税体制改革的总目标是"建立现代财政制度"。现代财政制度，更准确的表述应当是"现代财政治理制度"应当包括现代预算治理制度、现代税收治理制度和现代分税治理制度等三个基本财税制度。

（一）建立健全现代预算制度

《改革决定》在"改进预算管理制度"中明确了"全面规范、公开透

---

① 广义结构性减税包括结构性增税和结构性减税两个层面，如仅为减税则不是结构性减税。
② 详见涂龙力：《经济周期、稳中求进与结构性减税》，《税务研究》2012 年第 5 期。

明的预算制度"和"完善一般性支付增长机制"两个制度。

1. 实行"全口径"预算管理

《改革决定》要求"实施全面规范、公开透明的预算制度"。预算制度改革是财税体制改革的三大核心之首,而"全口径"预算管理则是建立全面规范、公开透明的预算制度的基石。

所谓全口径预算即预算管理的完整性,就是把政府所有收支全部纳入统一管理,构建一个覆盖所有收支,不存在游离于预算外的政府收支,将所有类型的财政资金收支都纳入统一管理体系的制度框架的一种预算管理模式。全口径预算决算,即监督主体通过一系列方法和措施将政府所有的财政收入和支出均纳入预算和决算的法制化运行机制的一种预算管理模式。

十八大明确提出"加强对政府全口径预算决算的审查和监督"。李克强总理的《政府工作报告》也要求"实施全面规范、公开透明的预算制度。着力把所有政府性收入纳入预算,实行全口径预算管理"。预算历来被称为"国家的钱袋子",预算法也素有"经济宪法"之称。在经历了2013年8月的延期之后,十二届全国人大常委会第八次会议最受关注的议程是对预算法修正案草案的审议,这将是新一届全国人大常委会组成以来首次审议预算法修正案草案。人们终于盼到了全国人大常委会第十次会议四审通过《预算法》修订案的利好消息,时隔一个月国务院出台了《关于深化预算制度改革的决定》,决定指出,"着力推进预算公开透明。实施全面规范、公开透明的预算制度,将公开透明贯穿预算改革和管理全过程,充分发挥公开透明对政预算府部门的监督和约束作用,建设阳光政府、责任政府、服务政府。"

2. 建立权责发生制的政府综合财务报告制度是预算会计改革的重大突破

《改革决定》要求"建立权责发生制的政府综合财务报告制度"。我国传统的政府综合财务报告制度采用的是收付实现制,它以现金收到或付出为标准来记录收入的实现或费用的发生,这种会计报告制度,只能报告当年的财政收入、支出及盈余或赤字,不能全面反映各级政府真实的财务状况，尤其不能反映政府债务及其风险程度。权责发生制，是以权利或责任的发生为标准来确认收入和费用的会计制度，这种会计制度能全面、准确地核算与反映政府财务资金的静态和动态运动状况，尤其能够摸清政府"家底"、核算政府债务及其风险程度。所谓权责发生制政府综合财务报告制度，是以权责发生制为会计处理基础、按年度编制的政府综合财务报告的制度，报告的主要内容应当包括资产负债表、收入费用表以及财经状况分析等政府财务报表。权责发生制政府综合财务报告制度，是现代财政制度的重要组成部分，是财政制度创新和融入现代国家治理一系列新理念、新方法的突破，是全面、完整、核算与反映财政资金收支的科学核算方法，是核算、监督与预警政府债务风险的有力工具。

长期以来，我国实行的是以收付实现制为核算基础的预算会计制度。预算会计体系包括税收会计，20世纪80年代末90年代初，我国开始推进税收会计改革。笔者有幸参与了这场意义重大的改革，当年税收会计改革的宗旨是"摸清家底""全面、准确、核算与监督税收资金运动"。通过这次税收会计改革，可以得出以下基本结论：

第一，税收会计有关会计处理基础的改革是半截子改革，不彻底。当时在会计处理基础这一基本理论与改革实践上我们陷入两难：一方面为摸清家底实行源头核算就必须采用权责发生制，否则无法监督与核算"应征数"（即应收税收资金）；另一方面为与预算会计衔接必须采用收付实现制，否则无法监督与核算"入库数"（即入库税收资金）。在这种情况下，我们提出采用"分段处理基础"或"联合处理基础"，即核算应征税收资金、在途税收资金时采用权责发生制，在核算入库税收资金时采用收付实现制。这种"发明"也是倒逼出来的。

第二，在核算"应征数"即核算应收税收资金时必须与企业会计相衔接，否则"应征数"会因核算不准确、不完整而产生税源监督不力，这就引出了"税务会计"的概念及其建立税务会计的必要性。至此，税务会计和税收会计的双重改革才完成了对税收资金全过程的核算与监督。

第三，《改革决定》提出的"建立权责发生制的政府综合财务报告制度"对预算会计制度改革具有重大理论与现实意义，这是预算会计改革的质的飞跃，为税收会计改革特别是防止"以丰防歉"和"收过头税"提供了会计核算的技术支撑。

第四，税收会计改革，特别是由传统的只核算征收数和入库数扩展到核算应征数当时许多人不理解。其主要原因，一是怕暴露"家底"，二是怕影响考核征收率。今天，加强全口径预算管理受到一些既得利益部门的抵制，其主要原因，一是怕暴露部门"家底"，二是怕失去既得利益。从这个意义上讲，建立权责发生制政府财务综合报告制度一是可以搞清"家底"，为建立政府债务预警机制提供真实全面准确的政府财务综合信息支撑，二是为防止"跑步钱进"和权力寻租导致的腐败机制提供制度上的支撑。①

如何"建立权责发生制的政府综合财务报告制度"？

根据财政部的部署，自 2011 年开始，在部分省区市及所属市县进行编制权责发生制政府综合财务报告的试点。2011 年，中国社科院编制并公布了一份国家资产负债表，2012 年，德意志银行大中华区首席经济学家马骏牵头的以复旦大学为主的研究团队、中国银行首席经济学家曹远征牵头的中国银行团队、中国社科院副院长李扬牵头的中国社科院团队等三个团队尝试编制了中国的国家资产负债表。有人认为，三份国家资产负债表不禁让人有些眼花缭乱。三个团队编制国家资产负债表的目的是梳理政府有多少"家底"，能够承受多大程度的债务压力。但是，三份报表在政府的资产、负债方面给出了不同的答案，而在定性中国主权债务前景上，三份报表甚至得出了完全相反的结论。

我们需要什么样的政府综合财务报告？笔者认为，应当遵照《改革决定》要求。一是便于审核预算，即向"支出预算和政策拓展"；二是有利于"建立跨年度预算平衡机制"；三是有利于"建立规范合理的中央和地方政府债务管理及风险预警机制"。其中必须以责权发生制替代收付实现制作为财务会计的处理基础。

（二）现代税收治理制度

现代税收治理制度是现代财政制度的三大支柱之一。2014 年 6 月 30

---

① 详见涂龙力：《关于税收会计改革的几个基本理论问题》，《税务研究》1991 年第 8 期；《论税收会计的学科特点》，《税务研究》1991 年第 11 期；《论税务会计学科建设》，《税务研究》1991 年第 9 期。

日中央政治局通过的《深化财税体制改革总体方案》中,明确了深化税收制度改革的目标:"优化税制结构、完善税收功能、稳定宏观税负、推进依法治税,建立有利于科学发展、社会公平、市场统一税收制度体系,充分发挥税收筹集财政收入、调节分配、促进结构优化的职能作用。"

1. 深化税收制度改革的两个基本框架

《改革决定》阐明了深化税收制度改革的两个基本框架,即完善地方税体系和提高直接税比重。

基本框架一:完善地方税体系。

为什么说完善地方税体系是新一轮税收制度改革的基本框架?

第一,地方税体系不适应当前经济社会发展新形势。

1994 年实行分税制改革时地方税体系建设就"先天不足",当时基于提高中央财政集中度的考虑,将税源充裕、税基较大的主要税种划归中央,即中央得"大头",地方税体系考虑不足。运行 20 年来,地方税的改革又"后天滞后":一是地方财政收入远远无法满足财政支出的需要。2012 年地方本级收入 61077 亿元,支出达 106947 亿元,地方财政自给系数为 0.57。二是地方政府缺乏主体税种,高度依赖共享税。2012 年地方取得的营业税、增值税和企业所得税收入分别是 15543 亿元、6738 亿元和 7572 亿元,三大税种收入之和占当年地方税收收入 47317 亿元的 63.1% 和地方财政收入 61077 亿元的 48.9%。三是税政管理权高度集中在中央,地方缺少必要的税权。因此,完善地方税体系为税制改革的当务之急。

第二,新一轮实体税制改革均与完善地方税体系休戚相关。

《改革决定》中涉及的六项实体税制改革都与完善地方税体系密切关联:一是"推进增值税改革"。增值税改革的最终目标是商品劳务全覆盖即取消营业税,这意味着目前地方税体系中第一大税种将变成共享税从而更加减少了地方税税收规模,从某种意义上讲,"营改增"倒逼中央加速完善地方税体系的进程。二是消费税改革。消费税改革在《改革决定》中阐述最明确、最完整,这意味着消费税改革已达成基本共识,推进速度会加快。《改革决定》中明确提出调整消费税的征收环节。显然,消费税改革与完善地方税体系密切相关。三是个人所得税改革。以"建立综合与分类相结合"的个人所得税制改革从十六届三中全会正式提出已逾 10 年,新形势下对个人所得税改革期以厚望，而改革的方向也与完善地方税体系密切相关。四是"加快房地产税立法并适时推进改革"。是十八届三中全会有关经济体制改革的亮点之一，也是新一轮税制改革最难啃的骨头，加快房地产税立法与改革是完善地方税体系最重要的领域与关键环节，其理论与现实意义十分重大。五是加快资源税改革。当资源税改革被《改革决定》置于"加快生态文明制度建设"的背景下来讨论时，其意义远远超出税制改革本身；当资源税可能被纳入地方主体税种之一时，资源税改革与完善地方税体系的关联度则更加紧密了。六是"推动环境保护费改税"。适时开征环保税由来已久，因争议较大被搁浅数年，基于与资源税改革同样的原因、同样的改革趋势，环保税的开征也与完善地方税体系休戚相关。①

基本框架二：逐步提高直接税比重。

如果说，完善地方税体系是新一轮税制改革的质的要求；那么，逐步提高直接税比重则是新一轮税制改革的量的要求。党的十八大报告在"加快财税体制改革"中明确提出要建立"结构优化、社会公平的税收制度"。结构优化的税收制度包括三层含义：一是税种结构优化，主要指直接税与间接税的结构优化；二是税种归属结构优化，主要指中央税与地方税的结构优化；三是税费结构优化，主要指凡属税收性质的政府基金、行政收费等应当完成费改税的结构转化。《改革决定》将十八大报告提出的"结构优化"进一步明确为"逐步提高直接税比重"。

深化税制改革为什么要"逐步提高直接税比重"？

第一，直接税与间接税不同作用要求科学配置两者比例。

直接税与间接税以税负能否转嫁为划分标准，直接税是指预期税负不能转嫁的、纳税人与负税人一致的税种，包括所得税和财产税；间接税是指预期税负能够转嫁的、纳税人与负税人不一致的税种，包括商品税和其他间接税。直接税较符合现代税法税负公平和量能负担原则，对于社会财富的再分配等具有特殊的调节职能作用；间接税则合乎普遍和效率的原则，对于经济社会发展的影响相对较小。以直接税为主体的税制结构在调

---

① 2016年12月25日，第十二届全国人大常委会第二十五次会议通过了《中华人民共和国环境保护税法》，中华人民共和国主席习近平签署六十一号主席令，该法将自2018年1月1日起施行。

节收入分配差距、发挥税收自动稳定器等方面特点较为突出，但同时征纳双方税收成本较高；以间接税为主体的税制结构在迅速有效筹集财政收入方面特点突出，但同时不能较好体现税负公平和量能负担原则。因此，在十八大提出优化税制结构的背景下，应当科学调整我国直接税与间接税比重。

第二，经济与税制发展规律要求调整直接税与间接税比例。

世界税制发展规律表明，随着经济发展水平的逐步提高，处于不同生产力发展阶段国家的直接税比重呈现由低到高的趋势，而间接税比重则呈现由高到低的趋势。经济发展水平较低的国家，间接税比重要远远大于直接税；而经济发展水平较高的国家，直接税比重要远远大于间接税。这种高收入国家和低收入国家税制结构中直接税与间接税比重失衡，正是目前发达国家有强化间接税而发展中国家有强化直接税趋势的重要原因。税制结构的发展和演变历史还证明，直接税与间接税的配置格局经历了一个由原始直接税为主，到间接税为主，再到现代直接税或现代间接税为主，最后到两者大体均衡的发展过程。按照这一规律，我国正处于间接税比重逐步削减、直接税比重相应上升的过程中。

第三，直接税与间接税比例失调不利于经济社会可持续发展。

我国现行税制中18个税种分为9个直接税税种和9个间接税税种。其中直接税包括企业所得税、个人所得税、房产税、城镇土地使用税、耕地占用税、土地增值税、契税、车船税和车辆购置税；间接税包括增值税、消费税、营业税、关税、资源税、烟叶税、城市维护建设税、印花税和船舶吨税。我国直接税与间接税收入比重大致为3∶7，2012年，增值税、营业税和消费税三大税种合计达58.4%，而所得税仅占25.3%。安体富认为，间接税比重过高存在四大弊端：一是影响企业盈利水平从而影响企业的国际竞争力，同时还会影响居民与工资收入的提高。二是对贫富差距产生逆向调节，因为穷人购买消费品承担的税负与其收入相比要大大高于富人，从而拉大贫富差距。三是鼓励政府片面追求GDP，忽视经济效益和居民收入，不利于转变经济增长方式。四是间接税与价格捆绑在一起易引发通货膨胀。① 2016年年初，中国社会科学院财经战略研究院发布的

---

① 安体富：《逐步提高直接税比重》，《中国税务报》"财税评说"专栏2014年第3期。

《财经政策报告2013~2014》中指出中国"人均税负过万"引发国人的热议,贾康认为,中国税负无法回避,普通民众的税负痛苦感关键由间接税比重过高、税制应有的再分配功能明显偏弱所致。①

逐步提高直接税比重应当抓好两端:一端是直接提高直接税比重。《改革决定》提出的"建立综合与分类相结合的个人所得税"和"加快房地产税立法并适时推进改革"则属直接提高直接税的主要路径。另一端是间接提高直接税比重,即通过降低间接税来提高直接税比重。增值税改革是降低间接税的主要路径。楼继伟表示,增值税全覆盖可减税9000亿元。

2. 清理和规范税收优惠政策是深化税制改革的重要内容

党的十八届三中全会在《改革决定》中对税收优惠政策改革明确提出两条举措:一是清理;二是规范。同时还提出了清理、规范税收优惠的原则与目标,即统一税制、公平税负、促进公平竞争。

为什么在党的重要文件中如此重视税收优惠并提出改革的基本原则与目标?这是因为:税收优惠政策是把"双刃剑",处理不好会产生负能量。以企业所得税优惠制度为例,笔者认为,完善企业所得税优惠制度的意义,首先是以税收法律形式规范企业所得税优惠制度,这对我国企业所得税的税制完善、强化征管、贯彻税收法定原则必将产生积极的深远影响。因为"过宽、过多、过滥"的税收优惠可能产生对税收基本原则以及解决宏观经济与社会深层次矛盾等方面产生负面效应:一是税收优惠"三过"可能有悖税收法定主义。税收优惠制度属税收基本经济制度,根据《立法法》的规定,有关税收优惠制度的立法权当属权力立法机关,应通过税收法律予以明确界定;国务院有关税收优惠制度的税收行政法规必须在授权条件下才能制定并在成熟时应及时由权力机关制定税收法律;国务院不得转授税收优惠制度的立法权。然而,实践中由于权力机关"缺位"和行政机关"越位"造成的税收优惠过宽、过多、过滥的"三过"现象却严重违背了《立法法》的规定,从而可能有悖税收法定主义这一税法最基本的原则。二是税收优惠"三过"可能有悖税收中性原则。首先,税收中性原

---

① 记者张静报道:《间接税比重过高导致"税负痛苦感"高》,《第一财经日报》2014年3月12日A04版。

则要求税收优惠在制度上应该逐渐淡化,直至最终取消税收优惠(当然,这必须建立在税收制度优化的基础之上)。其次,税收中性原则要求税收优惠在内容上逐渐简化。最后,税收中性原则要求税收优惠在范围上逐渐缩小。三是税收优惠"三过"可能有悖税收改革基本原则。1994年和2003年的两轮税收改革时都明确了"简税制、宽税基"的基本原则。"简税制"原则的政策目标是提高税收效率。"宽税基"原则的政策目标是在不增加甚至降低税收负担的前提下,增加财政收入。"三过"的税收优惠可能有悖"简税制"和"宽税基",一方面使税收制度复杂化,另一方面侵蚀了税基。四是税收优惠"三过"可能有悖税收公平基本原则。党的十八大提出"结构优化、社会公平"的税制改革总基调,"三过"的税收优惠制度可能有悖税收公平原则,并产生了许多消极的后果。[①]

如何落实党的十八届三中全会《改革决定》中提出的清理和规范税收优惠政策?

笔者认为,清理和规范税收优惠政策是正确处理政府与市场关系的重要举措。凡是应当由市场配置资源的领域,政府不要通过税收优惠手段厚此薄彼、有碍公平;尽量减少税收优惠政策,通过科学的税制改革达到国家的政策目标;落实税收法定原则,坚持税收优惠法定程序,从制度上禁止税收优惠的寻租行为。首先,彻底清理。一是应当清理那些与原则相悖的税收优惠政策特别是未经国务院批准的区域性税收优惠政策。二是应当尽量减少税收优惠政策,减少政府对市场的干扰。其次,法律规范。税收优惠政策统一由专门税收法律法规规定。规范包括两层含义:一是"统一"性和"专门"性。这意味着今后税收优惠政策及其制定具有严肃性、稳定性、权威性等特点,这是针对目前税收优惠政策及制定的临时性、分散性、随意性造成的过多、过滥的时弊制定的新举措。二是法定性。税收优惠政策应当由"税收法律法规规定"。这是税收法定原则的具体贯彻,其实质是通过规定税收优惠政策的立法级次,上收税收优惠的立法权。这意味着今后凡税收优惠政策应当由全国人大常委会制定的税收法律和国务

[①] 以上内容详见2006年在中国人民大学法学院召开的"第二届中日韩税法国际研讨会"上,笔者所作的"完善企业所得税优惠制度的若干思考"的主题发言以及《税务研究》2007年第8期的节选文章。

院制定税收法规来界定，排除了税收部门规章和地方性规章的制定权。

2014年10月8日国务院发布的《关于深化预算管理制度改革的决定》中指出，"全面规范税收优惠政策。除专门的税收法律、法规和国务院规定外，各部门起草其他法律、法规、发展规划和区域政策都不得突破国家统一财税制度、规定税收优惠政策。未经国务院批准，各地区、各部门不能对企业规定财政优惠政策。各地区、各部门要对已经出台的税收优惠政策进行规范，违反法律法规和国务院规定的一律停止执行；没有法律法规障碍且具有推广价值的，尽快在全国范围内实施；有明确时限的到期停止执行，未明确时限的应设定优惠政策实施时限。建立税收优惠政策备案审查、定期评估和退出机制，加强考核问责，严惩各类违法违规行为。"

（三）现代分税治理制度

从党的十六届三中全会的"事权与财权相匹配"到十七届五中全会的"事权与财力相匹配"，再到十八届三中全会的"事权和支出责任相适应"，中国的财税体制改革就一直围绕着这一与政治体制、行政体制密切相关，且受其制约的难题进行着。1994年改革开放后的以"分税制"为基础的第一轮财税体制改革，奠定了中央与地方事权与财权分配关系的基石，但终因推进的是一条不彻底的分税制而"先天不足"，这也为后来处理中央与地方的分配关系留下了后遗症。

党的十八届三中全会《改革决定》提出的"建立事权和支出责任相适应的制度"，是在总结十六届三中全会以来的有关中央与地方分配关系的理论与实践探索基础上提出的，尽管"财权""财力"和"支出责任"从字面上看并无实质性区别，但从具体内容上分析，存在三大亮点。

亮点一：明确事权决定支出责任。

《改革决定》关于中央与地方分配关系的阐述，是根据现代财政理论主张的"按公共产品受益范围确定事权归属"的理念与原则，明确提出将政府事权划分为"中央事权""地方事权"和"中央地方共同事权"三大类。这与国务院颁布的《关于实行分税制财政管理体制的决定》（以下简称《国务院决定》）中只提出"中央税、地方税和中央地方共享税"没相应地明确提出"中央事权、地方事权和地方共同事权"相比，应当说是一大进步，因为从逻辑关系上看，"事权决定财权从而决定分配"。从内容上看，《国务院决定》对中央事权和地方事权的界定从就事论事角度采用正列举方式难免挂一漏万，这给后来权责不清留下了制度隐患。《改革决定》对中央事权和地方事权的界定从公共财政角度采用总括列举方式，这为进一步细化"权力清单"预留了空间。

亮点二：提出委托事权及其程序制度。

《改革决定》亮点还在于提出"委托事权"的概念及其操作的基本程序。《改革决定》指出，中央可以通过安排转移支付将部分事权支出责任委托地方承担，对于跨区域且对其他地区影响较大的公共服务，中央通过转移支付承担一部分地方事权支出责任。委托事权的提出可以收到一石三鸟之效：一是避免了中央点菜、地方买单的长期困惑地方财政的弊端；二是合理地调整了转移支付结构，特别是为优化专项转移支付提供了路径；三是合理地处理了地区经济发展关系，减少了协调成本，有利于突破地方间利益的束缚。

亮点三：实体税制和体制税制的改革同步推进。

深层次的实体税制改革，无一不受体制税制的制约。增值税改革的最大难度不是制度和技术层面，而是"营改增"后中央与地方税收收入的分配，即体制税制的约束，目前维持营业税改增值税后分配关系不变的过渡性做法实乃权宜之计，并非长久之策。增值税改革如此，消费税等其他实体税制改革也面临同样的难题。

《改革决定》指出，结合税制改革，考虑税种属性，进一步理顺中央和地方收入划分。这要求实体税制改革必须与体制税制同步推进，否则会产生相互影响、相互制约的负能量。"考虑税种属性"就是要利用"营改增"这一契机，重新确定地方主体税种，进一步确定中央税和地方税。"进一步理顺中央和地方收入划分"就是要在确定中央税和地方税的税种属性前提下，"结合税制改革"实现十八届三中全会提出的"保持现有中央和地方财力格局总体稳定"的基本原则。这是一幅精心设计的税制改革和体制改革同步推进的路线图。

探索党的十八大，特别十八届三中全会的部署，笔者坚持以下基本观点：

第一，党的十八大以来确定的全面深化改革的战略战术部署，是一幅宏伟蓝图，令人欢欣鼓舞。由于改革已步入深水区，压力与反压力的博弈比以往任何时期都要激烈。因此，要有持久战准备。

第二，党的战略部署确定以后，关键是要不拘一格，启用政治立场坚定、改革思路清晰、执行能力果断的一代新人，排除绊脚石，摘除肠梗阻。

第三篇

税收改革篇（实体税制改革）

实体税收制度改革是税收制度改革关键之一。其中，增值税改革既是实体税收制度改革的核心，也是财税体制改革突破口；房地产税改革涉及千家万户，既是直接税改革的难点，也是社会关注的焦点。

一、增值税的改革与立法

第三轮实体税制改革的起点是增值税改革，因此，能否完成党的十八届三中全会提出的财税体制改革的任务和战略目标，首先取决于增值税的改革与立法。

（一）增值税改革与立法的沿革和国际借鉴

在施行《增值税暂行条例》20多年之后，2016年增值税终于被十一届全国人大常委会第二次列入了当年的一类立法规划（第一次是2010年）。这是我国继企业所得税两法合并后实体税制立法的又一件大事，增值税立法将弥补我国流转税制无法律的空白，是完善税法体系的重要举措。

1. 改革开放以来的三次增值税制度改革

我国增值税改革与立法历经30多年，大致可分为三个阶段：

试点阶段。1981年、1982年财政部在机器机械和农业机具两个行业试行增值税，并发布《增值税暂行办法》，这是我国第一部部门规章级次的增值税立法。1984年8月10日国务院发布了《中华人民共和国增值税条例（草案）》，这是我国第一部行政法规级次的增值税立法。

全面实行阶段。为适应建立社会主义市场经济的需要，1993年12月25日，国务院发布《中华人民共和国增值税暂行条例》自1994年1月1日起全面实施，标志着中国已拉开适应社会主义市场经济的增值税改革的序幕。

改革与完善阶段。随着经济社会的发展和社会主义市场体系的不断完善，我国增值税制度也不断得到完善，其中最重要的改革有三项：

第一，增值税的转型试点与全面施行（但从内容看转型并不彻底）。2004年7月作为降低纳税人税负的改革，国务院先行在东北3省1市8个行业进行增值税由生产型向消费型的转型试点，2007年7月增值税改革延伸到我国中部6省26个城市继续试点，最后在内蒙古继续转型"试点"（尽管过长的试点期被认为是一种变相优惠）。2009年国务院决定在全国全面实施转型，这是中国增值税制度与国际接轨的重大举措，也是增值税制适应社会主义市场经济体系内在要求的重大改革。第二，《增值税暂行条例》修订。2008年11月5日国务院令第538号发布《中华人民共和国增值税暂行条例》（2008年修订）并于2009年1月1日起施行。与此同时，财政部发布了《中华人民共和国增值税暂行条例实施细则》（财政部（93）财法字第38号）与条例同时生效，这标志我国已经完成由生产型增值税到消费型增值税的转型。第三，营业税改征增值税。"营改增"大致经历了以下三个阶段。一是2011年，经国务院批准，财政部、国家税务总局联合下发营业税改增值税试点方案。从2012年1月1日起，在上海交通运输业和部分现代服务业开展营业税改征增值税试点。自2012年8月1日起至年底，国务院将扩大"营改增"试点至8省市。二是2013年8月1日，"营改增"范围已推广到全国试行，将广播影视服务业纳入试点范围。2014年1月1日起，将铁路运输和邮政服务业纳入营业税改征增值税试点，至此交通运输业已全部纳入"营改增"范围。三是2016年3月18日召开的国务院常务会议决定，自2016年5月1日起，中国将全面推开"营改增"试点，将建筑业、房地产业、金融业、生活服务业全部纳入"营改增"试点，至此，营业税退出历史舞台，增值税制度将更加规范。2016年5月1日四大行业全面"营改增"，标志着我国增值税制度改革的基本完成。

2. 国际增值税改革与立法借鉴

增值税1954年始于法国（尽管美国从1911年就开始研究、20世纪50年代在密歇根州进行了早期实践、里根和布什都支持改革，但由于种种复杂的政治、体制和社会等原因至今尚未开征），法国原来实行的营业税，是按每一交易环节销售收入（营业收入）全额来课征的，交易环节越多，税负越重。以全部销售额为课税对象的流转税对专业化协作生产的发展起着阻碍作用。为克服营业税这一重复征收的矛盾，促进社会专业化协作生产的发展，法国于1936年出台了"生产税"，即对产品阶段征税，而其他环节不再征税。1948年，法国对生产税进行改进，恢复对每一交易环节的销售收入（营业收入）全额征税，但同时准予抵扣购进用于生产的原材料等的已纳税款。1954年，法国将增值税的扣除范围进一步扩大到购入固定资产的已纳税款，同时将增值税的征收范围由生产领域扩大到商品批发领域，并正式命名为"增值税"。

1954年法国成功推行增值税后对欧洲和世界各国都生产了重大影响。由于增值税具有税不重征、税收中性的特点，不仅适应社会化协作生产的需要，而且能及时稳定地组织财政收入，从而受到了各国的普遍欢迎。现在世界上已有160多个国家和地区实行了增值税，并且增值税的征税范围进一步扩大到商业零售环节、服务业以及农业生产环节。实行增值税的国家，其增值税制度都是由原来的各种不同形式的多次重复征税的税种转换过来的。

纵观实施的国家，增值税可划分为两种模式即比较完整模式和不完整模式。

比较完整模式。1986年实行增值税的新西兰被认为是比较完整模式的典范，其主要特点是：第一，最大限度地覆盖货物与劳务范围，目前只有特殊行业如金融保险业暂未列入增值税范围（韩国将金融业也列入增值税纳税范围）。第二，简化税制，实行单一税率。第三，遵循国际公认的目的地征税原则和国民待遇原则。第四，合理确认并实行单一标准的纳税人注册和管理制度，将达不到标准的纳税人排除在增值税范围之外。第五，通过立法明确征纳双方的征税权和抵扣权。新西兰实行增值税制度被国际公认为是一种税制简化、征纳成本低、符合市场原则、易于征管的增值税模式,故被誉为是现代增值税的最佳模式,目前已被亚洲、北美南美洲、非洲及南太平洋一些国家采用(各国具体内容大同小异)。

不完整模式。欧盟国家实行的增值税是典型的不完整模式,其主要特点:第一,发布指令要求各成员国普遍采用增值税制且制定了现代增值税的总体框架(这在国际增值税史上具有重要里程碑式意义)。第二,采用渐进式改革路径:在范围上,暂将零售环节排除在体系之外、资本性货物及其他货物排除在抵扣之外;采用妥协政策和延期政策保障改革实施(比如,允许意大利三次延期申请和希腊的两次延期申请,实行四年过渡期制度等)。第三,发布指令实施统一标准税率,标准税率的实施仍保持继续延期的策略。第四,提出并力图解决税收管辖权的国际化和协调问题。

在欧盟国家的税制模式中,对我国最具有借鉴意义的是德国。德国于1968年1月1日正式推行增值税,到20世纪80年代中后期以收入型增值税取代地方营业税。在德国增值税是共享税,按照确定的比例在各级财政部门之间进行分成,这个比例是可以根据实际情况进行调整的。联邦和各州一般每两年进行一次磋商,对各方的财政收支比例充分分析和各方利益后,将对增值税分配比例做出调整。

其他联邦制国家实施不完整模式增值税改革时出现一些新的特点:比如美国是否实施增值税的激烈争议已越出政治、经济范围甚至涉及包括宪法精神、联邦文化在内的深层次问题;再比如印度2005年实行有区别的联邦增值税和邦增值税,中央政府立法中被迫考虑地方政府利益而不得不妥协,目前印度29个邦中反对党执政的7个邦中仍未实行增值税制,其根本原因是地方政府担心地方税收受损和不愿放弃征税权。

欧盟增值税的改革目的是追求更简化、更稳健、更高效。主要改革内容如下:第一,确保增值税制度中性。一是说明公共机构不能再脱离增值税适用范围的理由。二是减少增值税的免税业务,免税违背了宽税基原则。目前欧盟免税仅限:公益活动和金融服务、不动产交易等。许多国家已提出是否应重新考虑对这些活动的免税。三是确保进项税额抵扣权。四是加强国际服务加强合作。第二,减少繁文缛节。一是设置简化增值税义务的行动规划。二是降低小型企业的增值税遵从成本。第三,使增值税制度更加稳健。一是重新审查增值税征收方式,保证所有发票数据及时发送中央数据库。二是保护善意经营者,防止牵涉增值税欺诈。第四,实行现代和高效的增值税管理制度。比如,制定自愿遵守、减少税务机关介入、减少企业行政负担的制度。①

全面推行增值税改革是世界税制发展的方向。增值税对工业生产、批发、零售环节,农业和提供劳务服务实行广泛征收,涉及商品生产、交换、分配、消费的各个领域。这种范围广泛的增值税在消除重复征税方面更具完整性和统一性,可以避免增值税征收抵扣链条的中断或多税并用的复杂性,并有如下特点:第一,按商品整个生产流通全过程设计总体税赋,税率结构简单,且税率较低。通常增值税税率档次设计较少,或采取单一税率,计算简便,并设零税率或低税率,或免税。如韩国对两类纳税方式都实行单一税率10%,对小规模纳税人规定征收税率仍然是10%,没有另行规定。第二,征管机构健全,征管手段先进。很多国家都专门建立了税收计算机中心,负责各种税收的征收、税务资料的储存及查询,通过电脑把税务署内部的工作运转连成一个完整的征管系统。在内部管理方面,税务署实行公务员制度,对各类税务人员的等级、薪金、使用、升降、奖励等有明确规定,并做到严格执行。从技术上、制度上保证了增值税征收的效率和对纳税人的监督及管理。

显然,2012年增值税扩围改革前,中国属于不完整型增值税模式,其主要特点是:第一,征税范围不完整,没有覆盖全部货物与劳务。第二,抵扣范围不完整,没有覆盖全部应抵项目。第三,纳税人存在双重注册标准,增加征纳成本与管理难度。第四,多档优惠税率制度有悖简税制原则与公平原则。②

2016年5月1日推行全面营业税改征增值税以后,我国实行的中国式的现代增值税制度。中国式现代增值税制具有两大突出特点:一是征税范围全覆盖。商品、劳务是否全覆盖是判断增值税先进性的重要标志,特别是金融业,中国增值税制覆盖金融业这一国际公认的第一大难点,优于欧

---

① 见翁武耀:《欧盟增值税的改革方向是追求更简化更稳健更高效》,《中国税务报》2011年4月20日第8版。

② 详见涂龙力、涂京骞:《借鉴国外立法经验,推进我国增值税立法》,《涉外税务》2012年第5期。

盟增值税制。二是不动产进项税额全面抵扣。增值税优于营业税的突出特点是消除重复征税，消除重复征税的关键是不动产抵扣。2016年李克强总理在《政府工作报告》中明确指出，对所有企业新增不动产实施全面抵扣，从而攻克了国际公认的第二大难点。中国完善现代增值税制度的改革，有助于推进深化财税体制改革，有助于推进经济全球化发展，受到国际社会的赞赏。①

（二）深化增值税改革与立法

党的十八届三中全会把深化财税体制改革提到国家治理基础、重要支柱和制度保障的政治高度，而新一届政府则把增值税改革作为深化财税体制改革中牵一发而动全身的突破口，增值税改革承载着十分艰巨的历史重任。

1. 增值税改革与立法内容

增值税立法内容应该包括已经成熟并具备立法条件的增值税基本制度，对于尚不成熟不具备立法条件的增值税基本制度可授权国务院制定税收行政法规，待成熟时再上升为税收法律制度。增值税基本制度包括以下主要内容：

第一，增值税实体基本制度。主要包括增值税纳税人及其认定；增值税征税对象及其确认（尚不成熟不具立法条件的除外）；增值税基本税率的确定；应纳增值税税额的确定，包括进项税额和销项税额的确定；增值税优惠的适用条件及范围；增值税发票的使用与管理（与《发票管理条例》内容协调）；特殊条件下增值税的确定（如进出口货物与劳务增值税的确定等）；增值税征纳双方实体性权力（利）与义务的确定，等等。

第二，增值税程序性基本制度。增值税程序基本制度主要包括增值税纳税义务（即纳税人和扣缴义务人的纳税义务）成立的时间与缴纳的期限；增值税纳税与解缴地点的确认（纳税人和扣缴义务人、同城与异地、

---

① 详见《完善现代增值税制度助推经济全球化发展》，《中国税务报》2017年4月17日头版头条。

总分机构等);征纳双方程序性权力(利)与义务的规定,增值税纳税人救济程序的规定,等等。

2. 增值税改革与立法要处理好的五个关系

(1) 立法与改革的关系

增值税立法不可回避地要处理好与改革试点的关系,笔者认为:第一,征税范围属于增值税税制的基本要素,即《立法法》所指的"税收基本制度"范畴,因此立法时应当明确规定增值税的征税范围,这一范围应当覆盖纳税人在境内发生的所有货物与劳务应税行为。由于有些事项制定法律的条件尚不成熟,因此立法时可以只作原则性表述,采用正列举和兜底立法技术处理,比如,可表述为"在中华人民共和国境内销售货物或者提供加工、修理修配、交通运输、建筑安装等劳务以及提供研发和技术、信息技术、文化创意、物流、租赁、鉴证咨询等现代服务业和进口货物与劳务的单位和个人,为增值税的纳税人"。第二,可充分运用授权技术授权国务院制定税收行政法规以解决目前处于改革试点阶段且不成熟的增值税某些基本制度的立法事项。直接授权已有先例,比如在《企业所得税法》第二十条关于收入、扣除的具体范围与标准、资产等税务处理办法的直接授权,第四十七条关于纳税调整的直接授权等。

(2) 立法级次与操作性关系

短期内我国制定税收法典的条件尚不成熟,解决立法级次与操作性关系问题是税收立法的关键(这在《企业所得税法》和《税收征管法》中尤为突出)。中国税收立法最大特点是法律的原则性强,一部税收法律必须有一部或更多的税收行政法规、十几部或更多的税收部门规章、上百部或更多的税收行政规范性文件才能操作。成熟的增值税基本制度应当在法律中明确界定;尚不成熟的增值税基本制度应当根据授权在税收行政法规中明确界定、成熟时应提升到法律中明确界定;具体操作层面的事项应当制定部门规章,应当最大限度地减少行政规范性文件所占比重。作为一个法律体系,至少《增值税法》及其实施细则应当同步出台,相关部门规章至少应当在法律、法规公布后一个月内及时制定并公布。

(3) 结构性减税、优化税制结构与增值税税负关系

增值税税率设置因涉及增值税税负、直接体现结构性减税的政策力度，是增值税立法最受关注的内容之一。笔者认为，设置税率应考虑如下因素：第一，统一宏观税负水平口径。评价宏观税负的标准有不同口径，站在不同角度、采用不同标准做出判断，自然难以形成共识，如果站在纳税人角度得出相对一致的结论。第二，有利于结构性减税。结构性减税是推进实体经济发展的重要工具，增值税改革是结构性减税的重头戏，2016年增值税改革已减税5000多亿元，2017年将再减负3800多亿元。① 第三，有利于提高直接税比重、降低间接税比重。我国税制结构存在两个问题：一是直接税与间接税、货劳税与所得税比例不协调；二是地方税体系不完善，财产税与资源税比重过低。因此，增值税税负应当有利于优化税制结构，降低增值税税率应当是增值税立法的正确选择。2017年4月19日国务院常务会决定，从2017年7月1日起，将增值税税率由四档减为三档，取消13%这一档税率，将农产品、天然气等增值税税率从13%降至11%。这是优化税制结构和结构性减税的重要举措。笔者认为，随着改革的不断深入与改革条件的不断成熟，增值税总量还会降低，增值税税率应当由三档改为二档。这是因为：第一，是调整与优化直接税与间接税结构的要求；第二，是推进实体经济发展的要求；第三，是适应国际税制改革趋势的要求。

（4）中性原则与调节职能关系

税收具有财政和调节两大基本职能，而财政职能是其首要职能，调节职能受多重因素制约只能是次要基本职能，且不同性质的税种其调节方向与力度亦不相同。增值税是间接税，其税负具有可转移性，因而其基本职能更不是调节经济。营业税改征增值税之所以能减轻税负是因为增值税避免了营业税不能抵扣而重复征税的弊端降低税负，但是一旦企业没有抵扣或少有抵扣，则可能导致营业税改征增值税后税负不降反升，所以国家在试点期要安排过渡政策。进项税额全面抵扣是增值税制较营业税制的优点所在，也是中性原则的基本体现。因此，增值税立法时应当处理好以下两个问题：第一，在确定税率时应当重点测算基准税率，除保留出口零税率以外尽量减少优惠税率。从科学立法的角度看，营业税改征增值税试点中新设置的13%和6%两档税率属过渡性税率，不应当在增值税法中确定，

---

① 详见《国务院推六大减税措施》，《经济参考报》2017年4月20日。

可以运用授权办法在增值税法实施细则中作过渡性设置。从长远趋势看，增值税法中只宜设定基准税率和优惠税率两档。第二，优惠政策不宜设置过多，可以取消。如前所述，与企业所得税等直接税不同的是，增值税是中性税种，中性的原则是公平纳税。增值税这一性质决定该税种设置时优惠不宜过多，税收的优惠政策可体现在直接税税种中。

最后要研究的一个重要问题是，如何从立法角度支持小微企业生存与发展。

扶持中小企业发展一直是税收优惠政策的主要内容之一，而扶持小微企业特别是小微高科技企业的生存与发展更是一个长期的战略问题，客观上就要求调整税收政策制定的基本思路。以往一直采用临时性政策优惠办法，临时性政策优惠是把双刃剑，这种办法的缺陷在于：一是因政策不稳定，影响纳税人长期税收安排；二是加大了税收征管部门的成本与难度；三是为僭越税收优惠审批权[①]和假冒资格逃漏税埋下了隐患。应当变临时性税收优惠为制度性税收优惠，以维护税法的权威性。遵循这一改革思路，增值税立法时可以借鉴新西兰的增值税纳税人单一注册标准的做法，分步减少小规模增值税纳税人数量直至最终取消，将小规模纳税人的增值税税负嫁接到所得税税负中。这种嫁接即变临时性优惠为制度性优惠，可以简化增值税税制，降低征管成本。

但是，根据我国增值税纳税人比重较大的现状，实行完全的单一注册标准条件尚不成熟，需要设置过渡期，为支持小微高科技企业的生存与发展，当前可以操作的办法是根据国家产业政策和"稳中求进"的总基调，立法时可首先将小微高科技企业排除在增值税纳税人范围之外，以制度性优惠替代临时性优惠。

（5）中央与地方关系

如果说，增值税"转型"改革即由生产型转为消费型的性质属于制度性改革，基本不涉及中央与地方的税收收入划分问题，改革与立法的难度相对较小的话，那么，增值税的"扩围"改革即增值税取代营业税的性质则属于体制性改革，涉及中央与地方两个税收体系及两级税收收入的重新划分问题，因此，增值税"扩围"改革与立法要比"转型"改革难度大得多。

[①] 僭越税收优惠审批权屡禁不止的制度根源之一在于临时性优惠政策过多。

《改革决定》对深化财税体制改革提出了"保持现有中央和地方财力格局总体稳定"和"发挥中央和地方两个积极性"的基本原则，这要求增值税的"扩围"改革，要在完善分税制体制框架内，"结合税制改革，考虑税种属性，进一步理顺中央和地方收入划分（尽快将目前过渡性政策上升到稳定的税收法律制度层面）"。

3. 增值税改革与立法应当探讨的几个问题

（1）选择宽税基还是窄税基

增值税最大优点在于有利于整个社会再生产过程的税负公平分配，而基础和前提是整个环节和过程不能中断（即实践中常说的环环相扣），一旦中断某个环节就会使过程陷于混乱导致税负分配不公最终不能体现增值税的科学性和公平性，与增值税立法的宗旨相悖。因此，选择宽税基是增值税科学内涵的应有之意，是增值税改革与立法的目标。

（2）选择单一税率还是多元税率

增值税改革过程中曾设置了17%、13%、11%、3%四档税率，这种多元税率结构在增加了征管复杂程度的同时也为筹划提供了空间。根据党的十八届三中全会《改革决定》，"适当简化税率"这一原则和借鉴国际上先进增值税模式，应该简化税率档次。首先，建议实行单一增值税纳税人制度后取消小规模纳税的税率。其次，取消13%一档税率，将涉农产品、资源能源性产品及其他需扶持的项目统一采取减免方式列举解决，以避免重复优惠，增加征管难度。① 最后，待条件成熟时逐步减少为二档税率。

（3）选择单一纳税人注册标准还是双重标准

目前，我国对增值税纳税人实行一般和小规模双重注册标准和分类管理制度。小规模纳税人多为中小企业，特别是绝大部分为个体农业生产者、城市低收入经营者、个体手工业者和个体服务业经营者，据2009年度全国税收资料调查显示，中小企业增值税已缴税负2.14%，仅低于企业集团的0.44%，企业利润总额同比下降20.68%，其中46%亏损。但中小

---

① 笔者曾在2012年提交税收学术委员会的研究报告中提出建议。2017年4月19日国务院决定于2017年7月1日取消13%的税率。

税坛纵横

企业创造的最终产品和服务价值占全国 GDP 的 60% 左右，缴纳税额占全国税收总额的 50% 左右、吸纳农村转移劳动力和城镇就业 75% 以上，在国民经济增长率中，中小企业贡献率占 75% 以上。笔者认为，增值税改革应当先利民后利国，借鉴国外先进经验实行单一增值税纳税人注册标准，可将小微企业彻底排除在增值税纳税人范围之外。

（4）完全抵扣还是不完全抵扣的选择

笔者曾在 2009 年主持中国税务学会学术委员会的增值税立法课题时建议，完善增值税进项税额全面抵扣机制。这是因为：第一，这是由结构性减税的政策目标决定的。税制改革完善结构性减税政策目标的内核是通过"营改增"降低企业总体税负，如果始得其反则与改革初衷相悖。第二，这是由增值税性质决定的。增值税优于营业税的最大特点是通过抵扣机制消除重复征税，如不能全面抵扣其优点则无法充分发挥，"营改增"将失去意义。因此，破解建筑行业"营改增"进项税额不能全面抵扣这一难题，首当其冲的是要完善增值税全面抵扣制度。当时笔者认为：完善增值税全面抵扣机制客观上具有可行性。这是因为：第一，从法理上讲，凡能证明进项税额真实、完整的凭证都应当视为有效、合法（包括实质合法与取得程序合法）的增值税进项税额抵扣凭证。改变增值税专用发票作为唯一合法抵扣凭证的方法具有法律上的可行性，比如《税收征管法》第三十五条规定的有关税务机关有权核定纳税人应纳税额以及《中华人民共和国税收征管法实施细则》（以下简称《税收征管法实施细则》）第四十七条有关核定方法的相关规定。核定增值税一般纳税人应纳税额的关键环节是核定进项可扣除税额，而核定可扣除进项税额的关键是明确合理合法的核定方法。因此，专用发票核定和其他法律允许的核定都应当是可使用的方法。第二，财政部、国家税务总局决定在部分行业试行农产品增值税进项税额核定扣除办法，为建筑行业部分主要成本支出项目实行进项税额抵扣提供了可操作性的范例。因此，增值税行业"扩围"和增值税抵扣方法"扩围"的改革应当同步进行，否则，建筑行业包括相关行业的"营改增"将因此难以操作，这必将影响全面实施"营改增"的进程。

（5）增值税立法框架选择

根据 IMF 大陆法系国家增值税法范本、OECD 国际增值税指南以及哈佛大学增值税法范本等资料，国际上通行的增值税立法框架大致如下：

第一章　总则（增值税内涵、适用范围）

第二章　纳税义务人（注册标准）

第三章　征税范围（应税交易与免税交易）

第四章　税率（标准税率、低税率、零税率及适用范围）

第五章　应纳税额计算（方法、抵扣权、留抵税款的处理）

第六章　征管程序（纳税时间、地点、有关发票及反避税的特殊规定）

第七章　特殊行业的特别规定

第八章　附则

笔者认为，我国增值税法应当由总则篇、实体篇、程序篇、特别篇和附则等5个板块构成。这种结构，内容重点突出，按实体和程序两大板块安排结构，有利于落实法定原则，有利于界定增值税基本制度与非基本制变。

（三）全面推进增值税改革

1. 李克强总理增值税改革的"五步曲"

2014年5月1日，李克强总理在《求是》杂志上撰文指出，当前的重点是扩大"营改增"。这项改革不只是简单的税制转换，更重要的是有利于消除重复征税，减轻企业负担，促进工业转型、服务业发展和商业模式创新。系统考虑，"营改增"还有五步曲。第一步，2014年继续实行"营改增"扩大范围；第二步，2015年基本实现"营改增"全覆盖；第三步，进一步完善增值税税制；第四步，完善增值税中央和地方分配体制；第五步，实行增值税立法。2014年要走好第一步，除已经确定的铁路运输和邮政业实行"营改增"外，还要将电信业等纳入进来。这是总理对十八届三中全会关于推进增值税改革精神的解读和为增值税改革设计的路线图与时间表，也是今后增值税改革与立法的重要依据。

2. 2015年未能实现"营改增"全覆盖的原因

中央的决策部署决定了财税体制改革的路线图，国内外的环境与制度现状决定了财税体制改革的时间表。从"力争"到"适时"，为何全覆盖一延再延？全覆盖延期受以下因素影响。

(1) 经济下行因素制约

据财政部官网报道，截至 2015 年 8 月，一般公共预算收入 9671 亿元，同比增加 6.2%，支出 102864 亿元，同比增加 25.9%；土地出让金收 1.76 万亿元，同比下降 38.4%。税收同比增长 3.5%，比上月 10.4% 下滑 7.9%，由于实施"营改增"2015 年上半年减 1100 亿元，小微企业减 486.3 亿元，加速折旧（轻工纺织机械汽车）减税 50 亿元，等等。显然，财政收入增速、特别是地方财政收入增速的超预期下滑，增加了政府的财政收支压力，这是影响全面推进"营改增"的宏观经济因素。

(2) 减税压力因素制约

据《经济参考报》报道，2012 年至 2015 上半年"营改增"已累计减税 4848 亿元，全覆盖预计减税达 9000 亿~1 万亿元，剩下的 4 个行业占营业税的 80%，预计每年至少要减税 2500 亿元左右。"营改增"后所有营业税收入仍暂时归地方，也就是说，多出来的 2500 亿元左右的减税都由地方来承担。所以，全覆盖给地方政府带来的额外财政压力，中央政府不得不慎重考虑。

(3) 税制复杂制约因素

相比已经纳入"营改增"试点的行业，四大行业改革的复杂性影响了全面推进的速度：一是四个行业数量大，是已纳试点企业的 2 倍多，需要充分的准备时间。二是消费型增值税制度最复杂的改革是对不动产业征收增值税。具体说，第一，涉及面广；第二，税率设计上存在两难：理论上为保持总收入不降应当定高一点，而经济下行压力又不能完全施行；第三，不动产形态多样化。所以，不动产抵扣要考虑征收范围、政府承受力、抵扣期限与方式，等等。

(4) 征管制度制约因素

征管制约因素包括征管体制、征管制度与征管技术三个层面。首先是征管体制制度层面的制约。营业税与增值税改革前分属地税、国税征管，在征管体制改革尚不明确的前提下，"营改增"后全部交由国家税务局征管，仅交接的工作量就十分庞大，这就是为什么国家税务总局下发合作规范文件、中办国办下发《深化国税、地税征管体制改革方案》[①] 的原因。

---

① 有关国地税征管体制改革详见第四篇。

其次是征管程序制度的制约。四个行业的增值税管理是国际上公认的难点，这些难点因涉及国地税两家征收机构短期难以配套落实到位。比如，纳税人的确认，特别是建筑行业的挂靠和层层发包；纳税义务发生时间的确认，工程结算与财务决算、税法与会计法的差异；土地成本抵扣管理特别是政府收费、银行转账的抵扣凭证；纳税地转移特别是注册地与营业地、外向型施工业务监管等等，征管程序没有完全协调到位是影响全面推进的重要因素。最后是征管技术层面的制约。尽管金税三期工程一直在有序推进，但截至 2015 年底尚未全部上线，这将影响全国国税、地税间的信号交换。

3."营改增"的全面推行

2016 年 3 月 24 日，财政部、国家税务总局正式下发《关于全面推开营业税改征增值税试点的通知》（财税〔2016〕36 号）①，通知决定自 2016 年 5 月 1 日起，在全国范围内全面推开营业税改征增值税试点，建筑业、房地产业、金融业、生活服务业等全部营业税纳税人，纳入试点范围，由缴纳营业税改为缴纳增值税。同时还发布了四个附件以及 2016 年第 13～19 号配套改革的公告。至此，全面推行"营改增"的"两只靴子"全部落地。

（1）总理考察财税机关。2016 年 4 月 1 日，在全面"营改增"倒计时 30 天之际，李克强总理就全面实施"营改增"到国家税务总局、财政部考察并主持座谈会。会上总理讲了四点要求：一是 5000 亿元的减税要减到实实在在、诚信经营的企业中去；二是通过"营改增"把企业基本活动搞清楚，为国家宏观经济决策提供数据支撑；三是这次"营改增"就是要让小微企业得到红利；四是所有行业税负只减不增不是一句空话，要变成实实在在的红包。② 总理讲话释放了最高决策层全面推开"营改增"的决心与信心。就一项具体的税种改革，总理考察财税机关落实情况可谓空前，其重要现实意义至少有三：一是正如总理所言，增值税改革是财税体制改革的突破口，牵一发而动全身。全面推行"营改增"牵动着整个财税

---

① 根据《立法法》规定这个文件应当由国务院下发。
② 详见人民网 2016 年 4 月 5 日。

体制改革特别是现代税制建设的神经,一方面影响和制约税制改革的路线图与时间表,不首先完成这一关键环节的改革,其他税种改革难以推进;另一方面影响和制约中央与地方税收收入分配格局。2015年增值税收入3.1万亿元、营业税收入1.9万亿元,两税种占全部税收收入40%以上,这次新增试点行业的营业税占原营业税总收入80%,全面"营改增"后,中央与地方的分配关系必然面临重大调整。2016年《政府工作报告》明确要求调整增值税在中央与地方的分配比例,而能否全面推开"营改增"是调整分配比例的前提条件。二是牵动国家发展战略和经济运行。总理指出,"营改增"是2016年确保积极财政政策更加有效、着力推进结构性改革尤其是供给侧改革的重头戏,下好这步棋,实体经济就会更好"活"起来。显然,"营改增"不仅影响财税体制改革,更影响国家宏观经济战略的实施和经济的稳定发展。三是彰显中央对改革的决心与信心。社会上曾有人悲观地认为,"营改增"能在七八年内就是两届任期内完成,已经不错了。[①] 国务院决定5月1日全面推行"营改增"和总理考察财税部门,回应了社会关切。

(2) 大数据、云计算等现代高科技信息手段是"营改增"的重要技术支撑,也是宏观经济决策的重要技术支撑。总理在考察时至少释放了两个信号:一是税收管理信息化是提高税收治理能力现代化根本路径,应当引起税务高层的真正重视,落实到体制制度、实体制度和程序制度改革的全过程和各个环节。二是税收要为国家宏观经济决策提供真实、全面的数据信息资料。利用现代信息技术手段改变传统的资料采集、分析比对、传递运用已是当务之急。

(3) 受惠重点应当是诚信经营的企业和小微企业。总理在考察中指出,2016年累计减税5000多亿元,这些税要减到实实在在、诚信经营的企业中去,钱不能被那些假冒伪劣、坑蒙拐骗的人拿走了。这次"营改增"首先就是要让小微企业得到红利,让它们更好地发展,助力整个经济发展。总理在此至少释放了两个信号:一是减税要精准。"精准"是本届政府提出的治国新理念,精准优惠与精准扶贫一样,都是一种政策的具体

---

① 杨芮报道:2013年12月8日在"第一财经年会·金融峰会"上有人表示"能够在2020年前都改完,就很乐观了。预计要花五年到七年才能完成"(见《第一财经日报》2013年12月12日)。

实施方法。那种大水漫灌、天女散花式的粗糙工作作风应当休矣。二是抓大放小。对大企业要实行"诚惠制"即诚信优惠，非诚勿惠；对小微企业要实行"普惠制"即普遍减税[①]。在这里总理还对小微企业寄予厚望，希望它们在国家经济发展中发挥更大作用。

（4）减轻企业税负是结构性减税的核心。总理考察时指出，时间要服从质量，这个质量就是要把"营改增"的红利真正让给企业，所有行业税负只减不增不是一句空话。笔者认为，应当完整理解"只减不增"的内容：第一，"只减不增"是一个宏观概念，"所有行业"不是"所有企业"，更不是某个企业。从宏观总量层面即所有行业来说，"营改增"后宏观税负肯定是"只减不增"。据财政部官网报道，截至2015年年底，"营改增"累计实现减税6412亿元。其中，试点纳税人因税制转换减税3133亿元，原增值税纳税人因抵扣增加减税3279亿元。"营改增"后仅2016年将减税5700多亿元，减负力度是较大。第二，"只减不增"是一个长远概念。从微观层面某一具体企业来说，减负效应不一，这是由不同行业、不同企业的不同特点决定的，其中最重要的是由抵扣数量的差异产生的：不同行业上下游抵扣数量不均衡、企业处在不同的发展周期与阶段等会引起抵扣量的差异，就像当年交通运输行业一样不同企业减负情况不一、甚至个别企业不降反升。因此，不能机械地理解"只减不增"。

全面推行"营改增"的终极目标有二：一是推进经济结构调整、特别是推进第三产业的发展。这是落实国家发展战略、特别是实现"十三五"规划各项目标的必然。二是稳定经济平稳增长、特别是防止经济继续下行的重要举措、更是2020年实现GDP翻番的必然要求。

（四）全面推行"营改增"任重道远

像1994年1月1日推行产品税改增值税一样，全面推行"营改增"时间紧、任务重。最大的压力还是来自制度本身，这是一块硬骨头。以金融业"营改增"为例，这是对中国金融行业的全新挑战，中国很可能是世界经济大国中第一个真正对金融行业实施全面增值税的国家，这无疑开创

[①] 笔者认为对小微企业与其减税不如免税。

税 坛 纵 横

了金融行业税制建设的国际先例，对于一个实行增值税历史不长的大国来说，前无成型的经验可循，① 其难度可想而知。比如，纳税主体如何确定，征税范围如何判断；征税方式如何适用；视同销售规则如何适用；如何区分与判断免税、不征税、暂免征收、暂不征收、非应税项目和零税率；广大纳税人的互联网金融，结构怎么搭，交易怎么做，发票怎么管，是不是有扣缴义务，代收代付如何理解；金融行业的差额征收规则如何适用，进项扣除如何管理；如何区分贷款利息，利息相关的其他费用和与利息无关的咨询费用如何进行税务处理；保险行业的增值税如何处理，过渡政策的适用，混合销售和交易分类规则，如何确定属于非营业行为无须缴纳增值税的交易，重组交易涉及的金融行业增值税，逾期利息的税务处理，等等。其中有些问题属世界性难题，有些问题属操作性难题。此外，建筑业"营改增"操作层面的难度、房地产"营改增"与房地产税法的立法协调等同样难度不小。除了实体制度之外，征管制度的改革与完善程度，也会对全面实施"营改增"会产生重要影响：一是国税、地税征管体制的改革以及国税地税的合作规范都处在落实与磨合初期，这种合作也仅限于纳税服务和信息聚合阶段，"营改增"顺序实施也要以完成工程浩大的国地税的交接环节为重要保障。二是 4 个行业全覆盖具有纳税人面广（1000 多万户）、纳税额巨大（占"营改增"总额的 80%）的特点，陡然增加如此巨大的工作量这对国税征收机构来说，无疑压力倍增，即便是委托地税代征某些环节税款也是杯水车薪，显然，现代信息技术手段的科学运用已成为全面推行"营改增"的重要支撑，而这恰是我们的软肋。营业税曾是地方主体税种，营业税由地方税改为共享税后必然会引发中央与地方税收收入格局的重组：这是完善地方税体系的需要，是稳定中央与地方分配格局基本不变的需要，是调动地方积极性的需要。全面推行"营改增"之后，增值税收入中央与地方五五分成，这是根据财政部公布的 2015 年国内增值税 31109 亿元、营业税 19313 亿元以及前几年情况测算确定的。笔者认为这是一个具有过渡性质的预分方案，是由十八届三中全会和政治局

---

① 理论界推崇新西兰的增值税制模式，笔者不以为然，新西兰多大个国家？还不如我国一个大省大！中国各省经济、行业、水平差异较大，倒不如选一个与新西兰实力相当的地区作一个试点去推行新西兰模式，以观其效。

"630"方案设计的深化财税体制改革的路线图和时间表决定的。第一，现代财政制度包括预算制度、税收制度和分税制度三个组成部分；第二，三个制度改革路线图依次是，先预算制度改革（以《中华人民共和国预算法》修订案四审通过为标志，改革告一段落），再税收制度改革（正在进行时），最后是分税制度（确立增值税分成比例刚启动，还包括即将启动的中央税下调为共享税或地方税）。第三，三个制度存在内在逻辑关系，不能混乱，但不排除过渡性政策设计。特别是税制改革与完善分税制之间逻辑更加严谨。十八届三中全会指出，结合税制改革、根据税收属性确定中央与地方税收收入正是三步改革路线图的应有之义。

全面"营改增"是一个系统工程，完整的增值税改革应当包括实体税制设计、征管体制改革、完善分税制和增值税立法四个环节，四个环节要攻克的难关还很多，"营改增"是第一个环节，后边的路任重而道远。

（五）先改革后立法是否有悖税收法定原则

李克强总理的增值税改革五步曲的路线图显然是按照"先改革后立法"的步骤进行的。有人会问：这是否与十八届三中全会《改革决定》明确提出的"落实税收法定原则"相悖？十八大和十八届三中全会都提出了"完善中国特色社会主义法律体系"的要求，中国特色社会主义法律体系从立法体制上看包括权力立法和授权立法，从内容上看包括狭义法律和广义法律，分析"落实税收法定原则"也应当从这两个层面来理解。

1. 立法体制层面的"法"应当包括授权立法

落实税收法定原则，首先要厘清"法"的内涵与外延。《中华人民共和国立法法》（以下简称《立法法》）第八条［制定法律的事项］明确规定税收基本制度只能制定法律。这说明，落实税收法定原则，就必须创制《中华人民共和国增值税法》（以下简称《增值税法》）。《立法法》第九条［授权］规定："本法第八条规定的事项尚未制定法律的，全国人民代表大会及其常委会有权做出决定，授权国务院可以根据实际需要，对其中的部分事项先制定行政法规。"这说明，授权立法也是落实税收法定原则的应有之义。《立法法》第十二条［授权内容］规定："被授权机关不得将被授予的权力转授给其他机关。"这说明，国务院不得将制定法律事项的授权立法转授给财政部和国家税务总局等机关，非制定法律事项的内容除外。

2. 立法内容层面的"法"应当包括法律和行政法规

从立法内容层面分析，中国特色社会主义法律体系应当包括狭义的法律即全国人大及常委会制定的法律和广义的法律即国务院制定的行政法规和财税部门制定的部门规章。《税收征管法》第三条规定，"税收的开征、停征以及减税、免税、退税、补税，依照法律的规定执行；法律授权国务院规定的，依照国务院制定的行政法规的规定执行。"显然，在《税收征管法》里，制定基本税收基本制度只包括全国人大制定的法律和国务院制定的行政法规，税收部门规章被排除在外。

综上所述，落实税收法定原则中的"法"是指制定税收法律的事项即税收基本制度事项，税收法律和税收行政法规是落实税收法定原则的两种基本法律形式。增值税改革先依据国务院制定的行政法规推进，最后制定增值税法不违背税收法定原则。

应当强调两个原则：一是全国人大或全国人大常委会应当重新授权国务院制定增值税改革的基本制度事项；二是增值税的每一步改革应当以国务院制定的税收行政法规为依据（具体操作层面的规定除外），财政部和国家税务总局不能僭越税收立法权。

二、房地产税的立法与改革

党的十八届三中全会《改革决定》关于完善税收制度的亮点之一，是首次明确提出"加快房地产税立法并适时推进改革"。讨论房地产税的立法与改革，首先应当把握中国房地产市场的特点并在此基础上厘清市场和政府的作用，厘清房地产税的定位与作用，从而才能为房地产税的立法与改革设计路线图和时间表。

（一）中国特色的房地产市场

《改革决定》指出，经济体制改革的"核心问题是处理好政府与市场的关系，使市场在资源配置中起决定性作用和更好发挥政府作用"。因此，把握中国房地产市场的特点并厘清市场和政府的不同作用是加快房地产税立法和改革的逻辑起点。

1. 中国的房地产市场应当是一个二元市场

世界房地产市场发展的历史表明，不论是发达国家的房地产市场还是不发达国家的房地产市场都是一个二元市场，即市场和政府根据各自不同职能共同发挥作用的市场，没有一个国家的房地产市场单独由政府或市场去配置资源，中国亦不能例外。这就是笔者提出的"一房两制"概念的原因[1]，即商品房的资源配置由市场发挥决定性作用；民生房的资源配置由政府发挥决定性作用（为讨论方便，我们将公租房、经适房、廉租房、共有房等统称为民生房，它是一个与商品房相对应的概念，即房地产市场上只有商品房和民生房两大类产品）。显然，房地产市场的供给侧结构性改革即指调整商品房与民生房的供给结构，去库存是指去市场商品房库存。

然而中国的房地产市场却走过一段"从一个极端到另一个极端"的道路。党的十一届三中全会拉开改革开放的大幕以后，直至20世纪90年代末期中国住房制度改革以前，中国基本不存在房地产市场，实行的是单一"福利房"制度。在这种制度框架下，无须市场发挥配置房地产资源的作用，政府和有条件的单位或企业在住房制度中发挥着单一的资源配置，这种单一的"福利房"分配制度因国家财力和企事业单位条件差异产生的住房资源稀缺导致了住房分配的纵横不公平。当时，为发掘市场潜力，政府下决心进行住房制度改革，即住房"商品化"改革。2003年以后的住房分配制度改革由"福利分配的单轨制"变成了"商品分配的单轨制"，使本来应当由市场和政府共同发挥两个资源配置作用的市场，演变成了市场"越位"单一配置房地产资源、政府"错位"单一调控房价的制度。2003年以后，逐渐形成了这样的局面：一方面市场只提供商品房，且商品房越盖越多，"鬼城""空城"遍地开花，到2014年5月库存商品房可能5年也卖不完；另一方面政府调控房价越调越高，中低收入群体"望楼兴叹"。

---

[1] 2009年9月12日笔者在上海交通大学海外学院举办的《税务高层论坛》上首次提出运用"一房两制"、矫整扭曲的房地产市场的对策。当时《中国税务报》曾有配图报道。

这就是住房商品一元化造成的畸形市场。

2. 从"调房价"到"保供给",矫整曲扭

2009年10月,在房价越调越高的形势下,决策层开始意识到应当选择"一房两制"的战略,后来便有了3600万套保障房的决策实施。但是保障房在土地规划、资金筹集、质量监控、分配管理等诸多配套政策与措施等方面未能及时跟进,使得保障房的供给未能适应刚性需求,这也许就是为什么2013年初号称史上最严厉的"新国五条"出台以后,房价仍报复性上涨的基本原因。另一个原因也许是,随着新一届政府抓紧保障房,特别是上万亿棚户房改造紧锣密鼓地落实,随着重视供给侧结构性改革的实施,房地产二元市场机制治国思路的逐步清晰,也许开发商已经敏锐地觉察到这是最后博弈的机会。

3. 商品房市场下行是理性回归,应当用好"两只手"

2014年4月以来,主流权威媒体有关房地产市场下行引发的政府救市、房地产商资金链中断、买别墅送宝马式的促销、土地流拍、银行房贷因风险累积惜贷、地方政府进入2.4万亿元的高峰偿债期等不利于房地产市场的负面新闻连篇累牍。有人要问:中国房地产市场怎么了?真的到了拐点?真的要崩盘?

(1)经济下行,楼市岂能独善其身。如前所述,我国经济运行已经步入自然回落周期,"十二五"末期维持7%以上增速是我们能承受的底线,在此大背景下房地产业岂能独善其身,一枝独秀。2003年国家确定房地产业为国家支柱产业以来,仅仅十多年的时间,我国房地产业经历了爆发性、非理性的跨越式增长,这在支撑GDP持续高速增长、支撑地方政府经济增长和财税收入持续增长的同时,也给房地产业产能过剩、产品结构失衡埋下了隐患。从产品寿命周期的角度看,商品房市场过度地发展也使其过早进入成熟期而步入调整期。因此,商品房产业的下行是经济规律作用的结果。

(2)稳增长要求调整房地产品种结构。稳增长与调结构是孪生子。调结构为的是稳增长,要稳增长就必须调结构,宏观经济运行如此,微观经济运行亦不例外。要保持房地产业的持续发展和稳定增长,就必须调整房

地产的品种结构：压缩商品房、增加民生房。压缩商品房时，主要压缩高档奢侈性商品房、增加中档改善性商品房；增加民生房时，主要增加公租房，重点满足新增就业大学生和符合条件的进城农民工的住房。

（3）充分发挥好市场和政府"两只手"作用。市场的决定性作用和政府更好的作用是"无形手"和"有形手"在房地产市场中不同作用的表现形式。第一，"两只手"分工明确，各有侧重。"无形手"在商品房资源配置中起决定性作用，"有形手"在民生房资源配置中起决定性作用。第二，"两只手"相互配合，缺一不可。在房地产市场上，"无形手"主要调节竞争性领域的资源配置，"有形手"主要调节非竞争性领域的资源配置。但是"两只手"应当同时发挥作用：竞争性房地产市场会受到"有形手"的影响制约，非竞争性房地产市场也需要发挥"无形手"的作用机制。

当前，在商品房市场理性回归阶段，笔者认为，"有形手"不应当过度干预，更不应当盲目"救市"，而是放手让"无形手"去配置资源，在这里"有形手"应当做的，一是根据十八届三中全会精神引导房地产企业尽快调整产业结构和产品结构；二是以解决产能过剩为契机，为房地产企业制定调结构的配套政策和创造宽松的环境条件；三是深化财税体制改革，降低地方政府财政收入对房地产业的依赖程度。

（二）十八届三中全会以前的房产税改革试点

房产税改革始于2003年的党的十六届三中全会。十六届三中全会在《完善决定》中指出，"条件具备时对不动产开征统一规范的物业税。"什么是"物业税"？当年曾引起坊间对"物业税、物业费、房产税"三者关系的热烈争议。国家税务总局分几批部署在几个省市进行"物业税"的"空转"改革试点，试点的重点是房产市值的评估。2011年经国务院常务会议同意在上海和重庆两市开始对个人非经营性住房征收房产税试点。当时的背景引发两大争议：一是由于多年连续出台调控房价政策未果引起国人对房产税试点目的猜测，当时主流观点几乎一致剑指调控房价；二是对沪渝两市以市政府通知形式进行试点的程序是否正当的存疑，主流观点几乎一致剑指程序的不正当性。当年，笔者也参与了这场轰动税法学界和税收理论学界的大讨论。当前，房地产税尚未出台，笔者仍坚持以下意见，现将原报告简录如下：

一、对改革试点的几点建议

（一）尽快启动修订《房产税暂行条例》的立法程序，使改革试点有法且有良法可依

尽快修订《房产税暂行条例》已成大势，这是因为：第一，25年前制定的《房产税暂行条例》已远不适应当前深化改革发展的形势与需要，特别是难以适应当前对房产税赋予的调节土地资源与居民收入分配以及完善地方税收体系新职能的需要。第二，党的十七届五中全会《十二五建议》指出，适当赋予省级政府税政管理权限要在"统一税政"前提下实施。因此，《房产税暂行条例》作为目前统一房产税政的唯一法律应当先行修订，避免各地执行的政策性差距过大（比如渝沪两市方案对存量是否征税的政策就完全不同）而失控。第三，为渝沪两市房产税改革试点正名。第四，为制定中华人民共和国房（地）产税法奠定基础。

（二）修订《房产税暂行条例》应当首先明确的几个基本法律问题

1. 明确界定房产税基本制度的内涵，这是划分中央与省级政府税收立法权纵向配置的前置条件。根据《立法法》有关税收基本制度事项"只能制定法律"的规定，首先应当界定房产税基本制度的内涵。修订后《房产税暂行条例》的实体基本制度应当包括税制基本要素即纳税人（课税对象）、计税依据（税基）、税率（累进税率）、税收优惠（减、免、抵等）。修订后《房产税暂行条例》的程序基本制度除明确规定按《税收征管法》执行外，还应根据房产税特点明确规定税源信息采集、房产市值评估、征缴地点、期限及责任追究等基本程序制度。修订后《房产税暂行条例》的体制基本制度应当包括房产税的立法权在中央与地方的纵向配置、房产税收入在省、县级地府间的分配等。

2. 明确授权的目的、范围，这是规范授权立法的关键。修订《房产税暂行条例》涉及授权事项时要注意明确两点：一是明确授权立法目的即调节分配收入和调节土地资源占用（增加政府收入不能作为当前的立法目标）。二是明确授权范围是非税收基本制度即具体操作办法事项。

3. 明确税收管辖权限，这是防止税收流失的保障。应当将《房产税暂行条例》第九条"由税务机关征收"改为"由地方税务机关征收"。应

当增加"房产税征收管理由国家税务总局负责解释"条款。

4. 对"存量"征税应当制定"特别规定",这是绕开"不溯及既往"法律陷阱的有效办法。修订《房产税暂行条例》时必须对"存量"征税做出特别规定。

5. 通过立法规定对保障性用房的优惠政策,是建立有利于科学发展的税收制度的内在要求。

6. 建立科学、完善的信息采集、纳税评估等法律制度是推进房产税改革的基础性条件。

二、房产税改革及试点的定位与目标

（一）遏制高房价不能也不应是房产税改革的战略目标

笔者认为,近年来房价越调越涨的深层原因是体制与机制层面的,是30多年来改革开放沉积下来的深层体制机制缺陷与矛盾的集中体现,是体制、社会改革严重滞后导致的社会不同阶层利益博弈的产物,这是任何财税、货币等政策手段难以根本解决的,必须标（政策手段只能治标）本（政治、行政、社会等体制层面的改革）兼治才能使房地产市场步入健康发展轨道从而使房价理性回归,不能过度依赖和期望税收的调控作用。"税收万能""税收调控职能第一"的观点不应成为决策机关的理论依据。因此,本轮房产税改革不能把非正常条件下短期调控房价政策作为房产税制改革的战略目标。

（二）增加政府收入不应当成为当前房产税改革的主要政策目标

党的十六届三中全会确定的新一轮税制改革的总体思路是"结构性调整",其中,属于"结构性减税"的主要有农业税、所得税和增值税等税种;属于"结构性增税"的主要有资源税、车购税和房产税等税种。在"结构性增税"改革的实施过程中房产税的改革尤为引人关注（特别是地方政府）,这是因为:第一,随着增值税改革的逐步深入,特别是当增值税与营业税两税合一后,房产税有可能成为地方税收体系中的主体税种;第二,随着房地产行业的超常超速发展（2010年全国房地产开发投资48267亿元同比增长33.2%）,为大幅增加房产税及其相关税收提供了极大空间,从而为房产税成为地方主体税奠定了基石;第三,随着土地资源管理体制改革的深入和土地交易成本的提高（特别是农村土地制度改革）,各级地方政府土地收益空间将会逐渐压缩,利用房产税改革以弥补地租收入的递减将有可能成为新的解决地方财政缺口的重要渠道。在上述条件的综合诱因下，房产税改革有可能成为增加地方政府财政收入的主要政策目标。

（三）房产税改革及试点的长、短期目标

1. 房产税改革的长期战略目标。房产税改革的战略目标是根据房产税的性质、基本职能（功能或作用）和特点来确定的。第一，"正税、明租、清费"是房产税改革的模式目标。第二，财政职能与调节职能并重是房产税改革的职能目标。第三，强化税务行政协助义务与责任、优化纳税环境是房地产税改革的管理目标。

2. 房地产税改革试点的短期目标。中短期目标应根据"十二五"规划和国情现状来确定：第一，"调控第一、财政第二"。第二，加大调节力度，避免"穷人担忧、富人不惧"和照顾既得利益群体。

房产税改革的定位与目标具有阶段性，"十二五"时期，即改革的试点时期，可以将"调节房地产市场"作为短期的改革目标，"十三五"时期，即改革的成熟期可以将"调节收入与资源分配差距和增加地方政府收入"作为长期战略目标，而长、短期目标，因背景不同应有侧重，这符合渐进式改革思路。

三、房产税改革的国际比较与借鉴

（一）房产税及房产税改革的国际比较

1. 德国的供求平衡政策导致十年房价不涨；
2. 美国税收调控政策惠及低收入群体；
3. 波兰运用灵活、差别税率调节房地产市场并惠及贫困家庭；
4. 俄罗斯房产税改革试点的目标、方向与难点；
5. 印度尼西亚灵活的房产税、低收入群体与廉租房的优惠；
6. 新加坡的房地产调控、公寓管理和穷人购房补贴。

（二）房产税及房产税改革的国际借鉴

1. 房产税改革的目标定位。除俄罗斯明确提出房产税改革目的是增加政府财税收入外（经济实力不强国家房产税改革的短期目标大多如此），其他各国都是调节收入（对低收入群体的税收优惠政策本身就是逆向调节收入）和引导房地产市场的理性化、可持续化的发展。因此，在我国综合国力大幅提升，财税收入连年两位数增长的背景下，房地产税改革试点的短期目标应该是将房地产市场引入健康发展轨道（尽管税收作用有限），而不是单纯为了遏制高房价（其实税收治标治不了本）和增加政府收入。

2. "一房两制"是保持供求平衡、抑制房价的根本。"一房两制"是政府和市场共同解决不同层次住房需求的一种住房制度，高收入群体所需豪华性、奢侈性住房找市场，中低收入群体所需廉价性保障性住房找市长。德国58%的租赁率和新加坡80%的公寓率都是保持住房供求平衡的鲜活实例。因此，我国房产税改革应当促进保障性住房的建设与分配。中低收入群体"有房住"和高中收入群体"有住房"的合理结构布局才是抑制高房价从而使房地产业健康发展的治本之策。

3. 多渠道是解决政府建造保障房的重要渠道。无论发达国家还是发展中国家，中低收入群体均占70%以上，仅靠政府一己之力难以满足庞大的住房需求量，必须借助社会各方力量。美国利用私人公司和印度尼西亚利用开发商建造政府公寓的做法值得借鉴。2011年我国计划兴建1000万套保障住房，需1.3万亿元资金，如何开拓多渠道包括利用开发商和社会团体完成这一任务是对各级政府的考量。房产税改革对推进保障房建设是大有作为的，眼睛不能只盯在对个人自有自住非营业性用房的征税上。

4. 惠及低收入群体是房产税改革的应有之义。上述国家的房产税改革也好，调控也罢，有一点是共同的，那就是让低收入群体有房住和买得起房。资本主义国家能做到的惠民之事社会主义国家更应该也必须做到。因此，当前房产税改革应当保证和不伤及中低收入群体的住房利益，对个人自有自住非营业性用房征收房产税更应如此。

5. 房产税及其改革涉及千家万户，处理不好易引发社会问题。上述国家都是通过立法稳定各项房产税政策，比如美国对低收入群体的优惠政策就通过立法成为永久性法令。我国本轮房产税改革及其试点应当启动立法程序后再实施，20世纪80年代出台的《房产税暂行条例》，应当尽快启动修订程序，"十二五"末期应当升格为《中华人民共和国房地产税法》。

四、房产税制度改革的几点具体建议

（一）课税对象：分三步逐渐扩围

第一步：个人所有非营业性住房征税改革试点范围逐步扩大，最迟2012年扩大到全国城镇。首先，对个人所有非营业性住房征收房产税改革的试点城市应具有典型代表意义，特别是那些高房价城市。与北京、南

税坛纵横

京、杭州、深圳、广州等位列全国房价前十位的城市相比，重庆显然不具代表性。因此，2011年一季度末应当将那些房价高企不降、对全国房地产市场影响极大、具有"领头羊"作用的至少十个城市尽快纳入试点改革范围，这对调控房地产市场、总结试点经验具有重要理论与现实意义。另外，对"存量"应当征收。其次，试点范围在2011年第三季度应当扩大到所有省会城市、计划单列市和特区城市，改革要出快拳，避免高房价累及周边城市形成多米诺骨牌效应。最后，最迟2012年上半年在全国实行。从调节贫富差距实现共同富裕、有利于建设科学发展的税收制度的高度要求，房产税改革已不仅是税收制度改革的命题，而是想不想改革的思想政治问题，不能像增值税扩围改革试点那样久试不推！

第二步：取消按房产性质划分征收范围的做法，将城镇所有营业性用房纳入房产税征收范围。现行《房产税暂行条例》第五条除第四款对个人所有非营业用的房产免征房产税外，还规定了其他免征房产税范围。这些免税范围是按房产性质归属来认定的，比如，国家机关、人民团体、军队自用房产等等。众所周知，随着市场经济的不断"扩围"，某些国家机关、人民团体利用"闲置"的地产与房产采用"多种形式"实现"创收"（比如对外承包、租赁、合作等），因此引起的除房产税外的其他税收流失不计其数（如营业税、所得税等）。所以，"十二五"时期应当取消按房产性质划分征收范围，将一切用于经营的用房纳入房产税征收范围。

第三步：在经济发达的富裕农村先行开征房产税试点随着我国城镇化率的不断提高（"十二五"规划确定为51.5%，这意味着全国有一半是"城里人"）、户籍管理制度的深化改革（比如重庆已为200万左右农民工办理城镇户口）、农村社会福利制度的不断完善与落实、农村经济的迅猛发展和共同富裕程度的不断提高（发达地区的农村人均收入超过全国平均水平，比如江苏的乡镇企业）、农村土地管理制度的改革与完善（比如农民土地所有权及有偿转让），等等，农村已今非昔比。这一切为先行在发达富裕农村开征房产税试点奠定了经济基础，而统一城乡税制改革也应当是全面税制改革的应有之义。

（二）计税依据：分步实行纳税评估市场价值

第一步：试点初期，应当坚持"操作第一"原则，计税依据宜粗不宜细。

第二步：试点后期或全面实行时期，应当坚持"公平第一"原则，计税依据应当更趋科学、合理。如果说试点初期为推行一种新制度而不得不坚持"操作第一"原则的话，那么，到了试点的成熟期或全面实行时期则应当坚持"公平第一"这一更加理性的原则。

（三）差别、累进税率：调节资源占用和收入分配。

差别地租是实施差别税率的经济根源；调节收入分配和资源配置是实施累进税率的改革目标，因此在税率设计上必须考虑上述两个基本因素。首先，马克思地租理论。改革房产税时应当充分考虑地理位置形成的极差地租，变"通用"税率为"差别"税率。其次，房产税属于财产税，开征房产税的重要目标是通过税收达到调节房产收入，从而调节收入分配的政策作用。因此，多占资源（包括资金与土地，表现为超大住房面积和豪华建筑）就必须多缴税，权利与义务相匹配天经地义。然而比例税率无法实现这一本质要求，因此，为调节财产占有这一改革目标，应当变一档"比例"税率为五级"累进"税率。

（四）税收给力：惠及保障性用房和中低收入群体

1. 税收优惠给力：掀起全民建造民生房的高潮。一是税收给力，用税收增量换保障，掀起全民建设保障性用房热潮，以解国家之难、人民之急。二是税收给力，"用税收增量换资金"，创造投资热点，引导社会资金及热钱流入保障用房建设，以解资金缺口之急。

2. 税收优惠给力：让中等收入群体"有住房"、让低收入群体"有房住"。[①]

党的十八届三中全会提出"加快房地产税立法并适时推进改革"的任务明确之后，为在我国开征房地产税提供了政策依据。

（三）《改革决定》提出的房地产税立法与改革

党的十八届三中全会《改革决定》中提出，加快房地产税立法并适时

[①] 上文为2011年笔者向中国税收学术委员会提交的课题调研报告。其中，第一部分在2011年上海房产税法国际高层论坛大会作主题讲演并被收录于《东方财税法研究》（法律出版社2013年版），第三部分被《税收研究资料》2012年第7期刊载。本报告获学会2011年度优秀成果一等奖。原文4万多字。

推进改革。如何加快？笔者认为，首先要厘清《改革决定》中"房地产税"和"适时推进"的内涵。其次要厘清房地产税立法与改革的新定位。最后要厘清存量改革与增量改革、私权与公权等几个关系。

1. "房地产税"和"适时推进"的内涵与关系

（1）"房地产税"和"房产税"

《改革决定》中提出的"房地产税"和《房产税暂行条例》中的"房产税"不是同一个概念。房产税是以房屋为征税对象，按房屋的计税余值或租金收入为计税依据，向产权所有人征收的一种财产税。房产税是根据国务院发布的《房产税暂行条例》，从1986年10月1日开始实施的。但《房产税暂行条例》第五条规定"个人所有非营业用的房产""免纳房产税"。2011年，经国务院136次常务会议决定在上海、重庆两地进行对"个人所有非营业用的房产"征收房产税的改革试点。

房地产税的征税范围有狭义、广义之别。狭义的房地产税改革仅指在持有环节对房产所有者和地产使用者统一征收的财产行为税。其中房产所有者是指按法律、法规的规定，经过法定程序取得的房屋产权的所有者；地产使用者是指按法律、法规的规定，经过法定程序取得的土地使用权的使用者。这里的土地使用权包括城镇国有土地和农村集体土地，由于房地产中土地与房屋的实物形态具有不可分离的特点（其价值形态可以分离），故房屋所有者和土地使用者一般情况下是合二为一的，一般产权房均属这种情况。但是，土地使用者和附着在该土地上的房屋产权的所有者或使用者在一些特殊条件下是可以多种形式分离或部分分离的，比如共有产权房（其实小产权房是共有产权房的一种存在形式）、公租房或公租房若干年出售后的改变权属，等等。

广义的房地产税改革包括开发、交易和持有等三个环节。开发、交易两个环节的房地产税改革则应当包括对现行税种的优化整合和调整税费结构，比如将开发环节的土地增值税改成增值税，土地使用税改成房地产税；交易环节的营业税改为增值税或者房地产税；印花税并归契税，个人所得税并归房地产税，以及将各环节的政府基金、行政收费等改为房地产税，等等。因此，广义的房地产税是一个税种系统，符合"简化税制""优化结构"的改革方向，但这是一个长期的战略目标，只能逐步推进改革。

党的十八届三中全会《改革决定》中所提"房地产税"内涵是指包括与房地产开发、交易与持有各环节有关的应缴房产税、地产税、增值税、所得税和印花税等在内的税收体系，其外延还应当包括正税清费的相关税收。这是一个以持有环节为中心的房地产税收体系，这个体系极有可能会占据地方税收收入的半壁江山甚至更多，房地产税立法与改革的现实意义可见一斑。

必须说明的一个被忽略的重要问题是，目前坊间讨论的房地产税立法与改革仅仅停留在城镇居民个人住房范围。其实，房地产涵盖的范围很广，从地域分布角度看，房地产应当包括城镇房地产和农村房地产（特别是随着农村经济的发展、城镇化的推进和深化土地制度改革，村、乡房地产的开发与交易是必然趋势）；从使用性质角度看，房地产税的征收范围除了包括目前热议的居民住宅房地产以外，还应当包括非居民住宅房地产的扩围，这是全面征收房地产税的应有之义。房地产税是第三轮税制改革中最难啃的骨头之一，应当分步实施：第一步，2020年前只能先完成狭义的房地产税改革任务即在持有环节完成房产税和土地使用能的整合改革，同时逐步进行税费调整，为下一完成广义房地产税奠定基础；第二步，2025年前完成城镇广义房地产税改革，同时进行农村房地产税改革试点；第三步，2030年前完成城乡统一房地产税制。

（2）"加快立法"与"适时推进改革"

"加快房地产税立法"与"适时推进改革"关系的实质是立法与改革的关系，处理好两者关系事关房地产税立法与改革的路线图和时间表，必须首先厘清。

从《改革决定》的字面表述理解，房地产税先立法后改革应当是应有之义，这也是国内主流观点。中国社会科学院财经战略研究院研究员张斌的观点就具有一定代表性，他认为，房地产税改革要立法先行。只有通过人大立法才能顺利推进房地产税改革，主要有以下几个方面的理由：第一，房地产税改革的核心是对居民自用住宅在保有环节征税，涉及千家万户的切身利益。因此，"加快房地产税立法"是"落实税收法定原则"的具体要求。第二，房地产税作为直接税，税负在社会成员间的分配比较清晰。房地产税作为财产税，以财产价值为税基计算应纳税额，税务机关缺乏相应的现金流作为征管对象，需要纳税人自主纳税。在这种情况下，房地产税改革必然要直接面对不同利益主体千差万别且相互矛盾的利益诉求。第三，房地产税改革是完善地方税体系的重要组成部分。未来如果房地产税作为市、县一级基层政府的主体税种，将会对地方政府与纳税人的关系以及地方政府治理模式产生重要而深远的影响。第四，房地产税改革不仅仅是房产税的改革，还应包括城镇土地使用税、耕地占用税、契税和土地增值税等房地产开发、交易和保有各环节、各税种的改革，此外还涉及城市基础设施配套费等收费项目。

笔者主张先厘清《改革决定》关于"加快房地产税立法"中"法"的内涵，以免产生歧义。

有专家认为，我们现在所说的立法，实际的涵盖面，绝对不是只覆盖到称为"法"的这些法律，它实际上是从法律到下一低层级的行政法规、部门规章以及官方确认的规范性文件，它们都是中国现阶段上法律体系的组成部分。并且认为，沪渝两市房产税改革试点所以不违法就是因为有这样一个法规体系和授权链条，而国务院在这个授权之下，又同意在上海、重庆两地，实施"敢为天下先"的房产税的改革试点。[①] 梳理专家的阐述，可以得出以下基本结论：第一，税收立法中"法"的内涵是一个极为广义的概念，这与将红头文件列为"最最广义的税收法律"有异曲同工之处。需要明确的是，如果从我国税法体系特别是税收立法现状和政府行政管理视角看，广义税法概念还要存在一段时间的话，那么，《改革决定》有关推进法治中国建设特别是"落实税收法定原则"精神和法理视角看，广义税法概念则应当纠偏了：至少行政规范性文件应当排除在税法体系之外。第二，即使我们认定20世纪80年代全国人大授权国务院制定房产税暂行条例及实施细则仍然有效，但是根据《立法法》第十条之规定，国务院作为被转授机关也不得将该项权力转授给其他机关。[②]

还有专家认为，"税收法定"的"法"是"税收法定"的核心，仅指狭义的法律，即由最高立法机关通过立法程序制定的法律文件。在我国，

[①] 见贾康：《房产税试点与房地产税立法并不排斥》，《第一财经日报》，2014年4月8日A06版博鳌亚洲论坛特刊。

[②] 贾康的广义法律和转授立法权观点将以后法律章节中评述。

就是指全国人大及其常委会制定的法律，而不包括行政法规、规章及其他规范性文件。在本轮税制改革中，"营改增"和房地产税改革是主要推进方向。相比之下，房地产税立法又显得更重要。"营改增"的主要作用是减轻税负，因此在全国人大正式立法之前，还可以通过国务院修改有关税收法规的形式逐步进行。而房地产税改革是要扩大征收范围，涉及增加纳税人的税负；同时，房地产税是直接税，纳税人对增税的反应最为敏感，必须通过立法来推进改革。应当以程序正当性来保障目的正当性，减小实施过程中的阻力。[①] 综述以上专家的观点，可否得出以下基本结论：第一，税收法定之"法"的内涵系狭义之税法，即权力机关制定的法律，一切非权力机关制定的行政法规和部门规章都属有悖税收法定的立法行为，应当排斥在"法"之外。第二，涉及增加纳税人税负的直接税税制改革只能在制定税收法律之后施行；涉及减少纳税人税负的间接税税制改革在制定税收法律前施行，即可以先制定税收行政法规，包括修订现行税收法规。

对专家第一个结论，原则上我们持相同观点，税收法定的"法"排除一切非权力部门的立法特别是排除规范性文件一直是税法界追求的理想目标，也是税收法治追求的最高境界。但是理想与现实往往有差距。因此，我们理解《改革决定》中要求落实税收法定原则应当有一个过程，我们要做的是努力缩短这一过程。从专家的第二个结论来看，并没有完全排斥授权立法，比如"营改增"就可以在全国人大正式立法之前，通过国务院修改税收法规的形式逐步进行。但是，以税种分类（直接税或间接税）和税负变动（增加税负或减少税负）的双重标准来界定税收立法与税制改革的关系，法理上能否成立值得商榷。两种分别持最最广义的税法观点和最最狭义的观点，其结果从法理和现实角度考量都存有商榷之处。笔者认为，应当全面理解党的十八届三中全会提出的"加快房地产税立法并适时推进改革"的战略任务，提出既落实税收法定原则，又符合我国税收立法现状的可操作性的房地产税立法与改革方案。

因此，笔者提出"一立两授"和"先授后立"两个方案。

"一立两授"是指，根据《立法法》的规定，将房地产税制中已基本

[①] 记者王平访谈实录：《税收法定原则：法治财税与国家治理现代化基础》，《国际税收》2014年第5期。

税坛纵横

达成共识的属于基本制度的事项制定房地产税法,另外全国人大常委会就尚未达成基本共识且制定法律条件尚不成熟的房地产税制中的基本制度事项授权国务院先行制定税收行政法规,待条件成熟后再上升为法律;同时全国人常委会另授权省级人大常委会就房地产税制中的非基本制度事项,即操作细则,制定地方性行政法规。为什么全国人大常委会要实施两次授权?授权国务院是按《立法法》规定,制定法律尚不成熟的基本制度事项,为修订设置空间。授权省级人大常委会制定非基本制度事项有两条基本原因:一是根据《改革决定》关于"直接面向基层、量大面广、由地方管理更方便有效的经济社会事项,一律下放地方和基层管理"以及"逐步增加有地方立法权的较大的市数量"的精神,房地产税属于直接面向基层、量大面广的税种,因此由地方管理即"赋予省级政府税政管理权"[①]更方便快捷、更有利于提高税收征管质量与效率。二是房地产税属地方税,改革后极可能成为地方主体税种之一,授权省级地方政府制定具体实施办法,更便于管理和发挥地方政府推进房地产税改革与立法的积极性。

"先授后立"是指,根据《立法法》精神,在制定房地产税收法律的条件尚不成熟时,先行授权国务院就房地产税制中的基本制度事项修订或重新制定《房地产税暂行条例》,同时授权省级人大常委会就房地产税中非基本制度事项制定《××省房地产税实施细则》。待制定法律的条件成熟时再将行政法规上升为税收法律。

判断目前我国制定房地产税法条件不成熟的主要依据是:

第一,房地产税改革的难度使然。现已达成的共识是,房地产税改革涉及面广,不仅仅是房产税,还应包括城镇土地使用税、耕地占用税、契税和土地增值税等房地产开发、交易和保有各环节、各税种的改革,此外还涉及城市基础设施配套费等收费项目,再加上政府性基金中的城市基础设施配套费以及国有土地出让收入等等。因此,这是一块比增值税还难啃的硬骨头,不是说立就能立起来的。

第二,不经试点的改革难以立法。税收立法不同理论研究,理论研究可以超前,而税收立法不能超越改革实践,特别是在改革的难度较大、争

---

① 十六届三中全会提出"赋予地方政府税政管理权",十七届五中全会又明确提出"赋予省级政府税政管理权"。但是赋权应当在授权条件下实施。

议较多的条件下税收立法更不能超前（当然也不能滞后）。在我国税收立法史上，没有一项争议较大的税收立法是不经过改革实践、不达成基本共识就能立起来的。税收基本法两次流产、《税收征管法》修订两次列入立法规划长达9年至今无果、《预算法》四审才获通过等。当前，在房地产税立法的宗旨和改革的定位、房地产税的征收范围、房地产税要素的确定等一系列重大问题尚未达成共识并且存在较大分歧的条件下，仓促立法的效果难以预测。

第三，税收立法行政化惯性使然。中国税收立法的最大特点是税收立法行政化：从立法程序看，一般情况下先由国家税务总局提出第一方案，在经过了财政部—国务院法制办—国务院的行政体制内部循环后再提交全国人大预算工委法案室；从全国人大和国务院的税收立法分工看，税收立法草案的提交和修改都是国务院，全国人大常委会只负责审议并提出修改意见不负责起草和修改革案。在目前税收立法行政化的惯性作用下，先制定法律或先制定行政法规已不存在实质上的差别。

第四，目前，全国人大常委会不具独立立法条件。我国税收立法的典型特点是行政机关立法、立法机关审议，落实税收法定原则只能是形式上的落实而非实质上的落实，除非立法机关有独立的专门立法机构和独立的专门立法人员。目前负责财税立法的全国人大常委会预算工委，只能牵头组织调研，等待国务院提交立法草案或修正案后按程序组织审议，而不能独立立法，2008、2009两年增值税立法列入立法规划后的流产再次验证了这一事实。

笔者主张：第一，房地产税立法与改革同步推进。一方面，实施"先授后立"的立法步骤；另一方面，抓紧出台改革试点方案，二者同步推进。国务院的《房地产税暂行条例》和各省的《房地产税实施办法》一经出台，房地产税试点改革立即同一时点推进。国务院的《房地产税暂行条例》与各省的《房地产税实施办法》要分工明确、相互协调。国务院的房地产税改革方案应当借鉴增值税五步曲的方案，明确房地产税改革的路线图和时间表。第二，全国人大常委会除了对国务院和省人大明确授权目的与范围之外，要明确授权期限至2020年，即根据三中全会《改革决定》规定的时间表于2020年完成《房地产税法》的创制任务。

2. 存量与增量

（1）征管技术不是开征房地产税存量的瓶颈

一种流行的观点是，在施行房地产税改革试点时建议先征收增量后征收存量。究其原因有二：一是房产税改革涉及利益调整面广且阻力很大，二是税收征管技术与条件尚不具备。

习近平总书记在关于党的十八届三中全会《改革决定》的《说明》中指出，"冲破思想观念的障碍，突破利益固化的藩篱。在深化改革问题上，一些思想障碍来自体制内。思想不解放，就很难看清各种利益固化的症结所在，很难找到突破的方向和着力点，很难拿出创造性的改革举措。因此，要跳出条条框框限制，克服部门利益掣肘。"总书记一语中的。1994年全面税制改革以来，"改增量不改存量"一直是套在改革头上的紧箍咒，20多年来一直未能突破这一条条框框的限制，也未能突破既得利益群体的掣肘。

以征管技术条件不成熟作为推迟房产税改革的观点更值得商榷。自2003年党的十六届三中全会提出适时开征物业税以来，房产税"空转"改革试点也好，房产税"开征"试点改革也好，税务系统探索房产税改革的准备工作就从未停止过。至于谈到涉税房产信息不对称（即个人住房信息联网难度太大）带来的征管技术条件不成熟是房产税改革最大阻力的问题，笔者认为这不是技术问题，而是对改革的态度问题，是既得利益阶层掣肘改革的问题。

（2）存量的考察

迄今为止，主张先征收增量后征收存量观点的专家学者未能给出准确界定二者关系的量化标准。增量是指当年的竣工量还是销售量？当年的销售量是否包括往年未销而当年销售的存量和二手房销售量？等等。其实，房地产增量与存量是一个可以相互转换的动态概念。比如，当年未销的增量对以后的销售是存量，以前的存量如当年已销又变成了当年的增量。试问，难道只能对当年竣工当年销售的所谓增量征税、而对以往竣工当年销售的所谓存量不征税吗？国务院研究室副主任韩文秀认为，"中国已进入存量赶超时代"，存量和流量之间是可以转化的。一方面存量来自流量的积累，另一方面存量也可以衍生出流量。存量问题至关重要，可以从四个方面考察存量：第一，存量有物质形态和价值形态（比如房地产的实物形态是住房，其价值形态可分为历史成本价格和以市值评估的市场价格）。第二，积极存量与消极存量（比如与潜在购买力和现实购买力大致平衡的待售房地产就是积极存量，目前供需结构不合理、价值与价格严重背离从而导致够卖5年的房地产则属消极存量）。第三，升值存量和贬值存量（供小于求且极差地租越高的房地产存量是为升值存量，反之则为贬值存量）。第四，存量临界点和警戒线（据西南财经大学在北京发布的报告称①，2013年，我国城镇住房拥有率为87%，而住房集体空置率为22.4%，这意味着我国城镇空置住房约4898万套。"空城""鬼城"就是突破房地产存量临界点和警戒线的最有力实证）。②

（3）房地产税不征存量只征增量有悖税改原则

自20世纪90年代末期实行住房制度改革以来特别是实行住房"货币市场化"改革以来，由于制度不配套、管理不到位等体制机制原因导致我国住房分配存在许多历史问题。另外，由于投资渠道与投资产品匮乏、中国富豪的保值资产多为囤积房产、中国贪官相当多的资产也是房产等③原因加速了我国贫困的两极分化，这是导致社会矛盾加剧与不稳定的重下要因素之一。不征存量就是保护既得利益群体，从而无法实现邓小平同志提出的"共同富裕"这一改革的总目标；不征存量就是纵容贪腐、推迟存量改革就是为贪腐官员赢得"处理"贪腐成果的时间，从而必然会激起民愤民怨；不改存量就会重走沪渝两市改革的弯路从而无法实现十八届三中全会《改革决定》确定的深化税制改革的战略部署。另外，房地产税只征增量不征存量会使立法与改革失去意义。2013年全国土地出让金超4.1万亿元，其中仅上海市就突破2000亿元，而上海居民新购房征收的房产税仅有1亿多元，是土地出让收入的"九牛一毛"。④ 如果只对增量征税，其结果必然是一方面税收效率低下，一方面民怨难平，最终无法确定房地产

---

① 记者马会：《住房空置率达22.4%是否危言耸听?》，《中国经济时报》2014年6月16日第8版。

② 记者方桦报道：《中国已进入存量赶超时代》，《经济参考报》2014年4月14日第8版，括号内文字为笔者添加。

③ 万科董事会主席王石认为，房地产行业最大的调控是反腐，反腐以后高档房需求立刻减少。有的官员拥有几十套甚至上百套房子。（《法制文萃报》2014年4月16日第2版）

④ 乌梦达：《盘点房地产税立法五大热点》，《新华每日电讯》2012年3月11日。

税的主体税种地位。

(4) 房地产税只征增量不征存量不符合国家治理战略

李克强总理主持召开国务院常务会议时曾提出要优化金融资源配置，用好增量、盘活存量，更有力地支持经济转型升级。盘活存量可一箭三雕：一是充分挖掘资金潜力，加速资金周转，提高资本使用效率；二是增加资金流量，降低金融风险（从税收角度看，可以增加收入减少税收流失）；三是威慑贪腐，清弊兴利。这是新的历史时期治理国家的新思维、新理念和新举措。

笔者认为，第一，房地产税增量改革与存量改革应当同步进行。第二，房地产税存量改革试点应当分三步推进，一是对已完成信息联网的40多个城市，按照先别墅、高档豪华住宅、多套住宅（3套以上）的顺序进行改革试点；二是对全国各城市的别墅、高档豪华住宅、多套住宅征收房地产税；三是在完成别墅、高档豪华住宅征收房地产税的基础上再全面征收房地产税。第三，征收房地产税不能增加普通住房者的税收负担。

3. 房地产税立法与改革的定位

坊间对房地产税立法与改革的定位基本有三种观点：一是调节房产价格；二是调节收入差距；三是组织地方政府财政收入。如果说党的十八届三中全会之前人们对房产税改革的定位认为是调节房价的话，那么，《改革决定》对深化第三轮税制改革的两个基本框架明确之后房地产税立法与改革的定位应当十分清楚了。《改革决定》中提出了第三轮税制改革的两个基本框架即完善地方税体系和逐步提高直接税比重，讨论房地产税立法与改革的定位，应当置于这两个基本框架之下。

第一，应当置于"完善地方税体系"框架下讨论。首先，纵观《改革决定》与以往不同的是，文件只字未提调控房价。这是国家治理经济理念与思路的重大转变，即对房价由"堵"（抑制需求）转为"疏"（增加供给）。十年调控房价的历史证明，堵是堵不住的，只有"一房两制"调整供给结构特别是增加民生房供给才能使房地产市场正常运转，这是供求关系决定商品价格规律决定的。在这种背景下，坚持调控房价的定位显然是违背经济规律的。其次，《改革决定》提出的"推进增值税改革"，特别是"十二五"时期要基本完成增值税改革的路线图，势必冲击本来就改革相对滞后的地方税体系。为落实十八届三中全会提出的发挥中央与地方两个积极性，势必要完善地方税体系以保持增值税全面改革后中央与地方财力格局的总体稳定。最后，完善房产税制度要有利于为地方政府提供持续、稳定的收入来源。显然，稳定地方收入来源从而稳定中央与地方财力基本格局即强化房地产税的财政职能，是本轮房地产税立法与改革的首要定位。

第二，应当置于"逐步提高直接税比重"框架下讨论。首先，十八届三中全会将十八大提出的"结构优化"的税制改革目标具体表述为"提高直接税比重"。这意味着本轮税制改革将在降低间接税比重的同时提高直接税比重，房地产税改革的趋势必然会提高直接税税收收入总量。其次，为保持中央与地方财力格局总体稳定，因"营改增"减少的地方财力应当通过房地产税等其他税收收入得到相应补偿。最后，降低间接税提高直接税应当"逐步"实施，房地产税立法与改革是项复杂的系统工程，不可能一蹴而就。

第三，从推进社会事业改革创新的层面看，房地产税立法与改革的定位还应当置于十八届三中全会《改革决定》中提出的完善以税收等为主要手段的再分配调节机制、加大税收调节力度、建立公共资源出让收益合理共享机制的基本框架下来讨论。

《改革决定》明确指出，应当规范分配秩序，完善收入分配调节机制和政策体系，建立个人收入和财产信息系统……增加低收入者收入，扩大中等收入者比重。笔者认为，除了"有利于为地方政府提供持续、稳定的收入来源"这一主要定位外，另一个重要定位是调节稀缺性土地资源的过度占有和悬殊的贫富差距。应当立足不增加弱势群体税收负担这一基点。根据目前社会消费习惯、消费结构和消费能力，房地产税的课税对象绝不是普通老百姓的基本生存性住房。所以，个人住房征收房地产税的主要对象应当是过多占用土地稀缺资源的超高收入群体，而绝不是低收入弱势群体，这是必须坚守的房地产税立法与改革的底线，否则，中央提出的增加中低收入阶层财产性收入就是一句空话。目前，应当向人们清楚地宣传和解释这一底线。税制改革应当公开透明让普通老百姓明白政府改革的目的，尤其是那些涉及利益格局调整的改革，才能让老百姓积极参与改革，而不是雾里看花、观望甚至反对。

综上所述，房地产税立法与改革的定位应当首先是发挥其财政职能即增加地方政府收入，其次是发挥其调节贫富差距的调节职能。至于市场商品房价格则应当主要由市场决定，政府要做的是保证民生房的刚性需求。

4. 公有产权与私有产权

有一种观点认为，推进房地产税的立法有两个难点：一方面，随着时间的推移，土地价值在升值，而房屋在贬值，税基难以统一；另一方面，土地属于国有，而房屋属于私有，一个统一的税如何对两个不同的纳税主体征收，特别是如何向地产所有者国家征税。这是一个重大的挑战。[①]

且不论房地产税中公权与私权、地价与房价如何分割、如何分离对房地产税立法与改革的理论与现实意义（其实《物权法》中对所有权与使用权分离问题早已涉及），且不论对十八届三中全会提出加快房地产税立法与改革内涵理解的异同，笔者着重从两个方面分析。

（1）对地产所有者国家征税问题

房地产税确实涉及土地产权国有与房屋产权私有两个不同产权主体的征税问题。对此，我们应当从"两权分离"和"两权交换"两个层面分析。

首先，从法理层面分析，所有权与经营权、使用权是可以有条件分离的，无论是私人所有权还是国家所有权。所有权分离有两种基本形式：一是所有权和经营权的"两权分离"，这多表现在国有企业层面。从党的十一届三中全会揭开改革开放序幕之日，特别是"国营"改为"国有"以后，两权分离就成为国企改革的主线，简政放权、减少政府干预、资源配置由市场起决定作用等举措无一不是强化企业的自由经营权。二是所有权和使用权的"两权分离"，党的十一届三中全会肯定了农村集体土地承包制是典型的所有权与使用权的"两权分离"，之后这种两权分离迅速发展成为第二次"农村包围城市"，并成为建立中国特色社会主义市场经济不可或缺的产权经营方式。党的十八届三中全会以来更是进一步完善了这种产权经营方式。比如，党的十八届三中全会提出发展混合制经济就是股份制经济的一种创新。再如，2014年中共中央1号文件已经明确规定，赋予

[①] 《21世纪经济报道》记者报道：《房地产立法遥远　房产税试点存争议》，2013年12月26日。

农民对承包地占有、使用、收益、流转及承包经营权抵押、担保权。在落实农村土地集体所有权的基础上，稳定农户承包权、放活土地经营权，允许承包土地的经营权向金融机构抵押融资。既然两权可以分离，那么对两个主体征税的问题还有疑义吗？其实 1983 年、1984 年的两步"利改税"早已解决了对国有产权征税的最大禁区，今天重提对"国家征税"这一似是而非的问题只能引起无端的纷争。显然，向国有企业征收企业所得税和向国有土地征收房地产税都是向国有产权征税，只是税种不同而已。然而，如何解决土地出让金和房地产税引发的重复计征问题倒是本轮房地产税立法要解决的难题之一。对于如何向地产所有者国家征税问题，有学者提出"以永续使用权和继承权换取征税权"的思路，认为"土地所有制改革的方向，是全部国有（在今天全面深化改革、特别是以人为本的背景下，国有的概念已不科学完整）、永续使用"。在具体操作时，土地权使用者有两种方案可供选择。①

对土地所有制问题，马克思主义有经典表述：土地国有化只是资本主义纲领，土地作为稀缺的不可再生的资源，既不应该私有化，甚至不该国有化，而应该社会化，永续使用。深化土地制度改革（或称二次土改），把土地国家所有改变成社会所有，这是解决土地所有权与使用权分离的一种制度方案，也是突破土地所有制权属关系禁区的路径，尽管推进时还要解决相关的配套改革。其实，在制度和法律上确定城市土地，农村土地都是社会所有、永续使用，所有的问题都可以迎刃而解。这正是李克强总理在 2016 年《政府工作报告》中提出"共有产权房"的理论基础，这是"两权分离"改革的新思路、新模式。正像习近平总书记指出的那样"要有自我改革的勇气和胸怀，跳出条条框框限制"。

在技术层面，房屋产权与土地产权的征税可采取分计合缴方式处理：一方面，购房者在交易环节一次性买断房屋产权，其法律凭证是国家统一印制的房屋产权证书，在持有环节以市场评估值为计税依据逐年上缴一部

---

① 这位学者认为，"对城镇自然人和法人目前使用的城镇国有和有使用权的房地产，以永续使用产权换取政府的征税权。而对不愿意选择政府征税改革的城乡居民和法人，可以保留其到期收回和按未来土地出让金价格重新交纳出让金后再继续使用的体制，但是如果到期后不再继续申请租期使用权的，由政府以成本重置价收购地面建筑物"。详见《中国经济时报》2014 年 1 月 21 日第 6 版《厘清房地产税改革的十个问题》。

分房地产税；另一方面，土地使用权不设年限，在持有环节每年按一定比例上交一部分房地产税即补偿土地成本价格，交易环节也只收当年应缴的土地成本价格（而不是一次性交70年土地出让金）。以上两部分房地产税可分别核定统一缴纳。其中，土地成本价格包括征地成本、补偿以及道路等公共基础配套设施建设成本，土地成本价格中不包括政府债务，这就是目前日本、韩国及中国台湾地区所谓的财务平衡替代土地财政模式。财务平衡模式既可以平抑房价和解决地方政府依赖土地财政的弊端，又可以厘清房地产权中的公权与私权关系。

其次，从经济规律层面分析，所有权和使用权"两权"可以交换且应当遵循等价交换规律。在市场经济条件，土地所有权与土地使用权都是一种商品、一种无形商品。土地所有权和土地使用权的交换应当遵循等价交换规律，在房地产市场上，土地所有权的所有者在保留权属的条件下让渡其土地的使用价值换得土地的价值（即土地出让金）；房屋所有者以土地的价值（等价的交换价值货币）取得有一定期限的土地使用价值。至于换得的期限是70年还是永续使用也是本轮改革要解决的问题之一。所以，房地产税的课税对象不是土地所有权，而是房地产市场上出让土地使用权的交换行为。当然，这种征税不能重复。

对土地所有者国家如何征税的质疑，早在1983年、1984年两步"利改税"以后、特别是后来的股份制都没有产生立法障碍。随着国有企业与其他经济成分组合方式的日益多元化（比如党的十八届三中全会提出的发展混合制），面对两个或两个以上不同纳税主体的征税将成为一种常态。

(2) 如何确认房屋价值和土地价值的变动问题

一般情况下，受资源稀缺和极差地租等因素影响地产价值呈上涨趋势，而受使用年限与折旧等因素影响房产价值呈下降趋势。如何确认二者的价值变动？

笔者认为，在采用公权、私权分计合缴和财务平衡模式条件下不难解决。就技术操作层面而言，只需在购房发票清单中分别列示房屋建造成本和分摊的土地成本即可解决（其中，建造成本指除土地成本以外的成本、费用和利润，分摊的土地成本可暂按70年分摊，70年后可重估一次地价再滚动按年分摊），这与实行价外税时购物发票注明应缴税款并无区别。这一看似复杂的操作，在电子信息应用技术飞速发展的今天完全可以解决。

（四）中国开征房地产税的正当合理性

1. 开征房地产税应当考量正当合理性

武汉大学法学院熊伟教授认为，无论是收入目的税还是调控目的税，它们都触及公民的基本财产权，现代社会政府治理已经不能简单地为自身目的而随意运用税收工具。一项政策工具的最后底线，除了要求这一手段是为了达成某种公共利益外，还应要求它延伸至减少对市场原则的侵害。要使用那些用于限制基本权利的管制手段必须要求它能够达到管制目标，且该目标是正当性，也即政策工具必然具有合理性。何谓正当性的目标？理论界一般认为，只有那些追求公共利益的目标，才是正当性的目标。一项政府管制手段之所以限制基本权利，是基于实现公共利益的考虑。[1] 熊伟教授表述的意思很明确：从法理层面分析，中国开征房地产税应当具有正当性。

自2011年沪渝两地试行房产税改革以来，有人质疑房产税改革试点，甚至认为中国没有必要开征房产税等观点。有人"反对征收房产税，建议不再扩大房产税试点范围"[2]。有人认为"中国没必要搞什么房产税。房产税要不然就是收不上来，要不然征收过程会发生对抗行为，这两种情况必居其一。除非收多少算多少，所以至少相当长的一个时期都没必要。"[3] 有人认为"房产税不符合当前国情，在目前和今后一个相当长的时期内，中国不具备对住宅征收房产税的条件。在中国对住宅在保有环节开征房产税（物业税）的理由都是不能成立的。这种房产税（物业税）不应该出台，即使出台也不可能成功。"[4] 有人认为"房产税从提出至今已经四年，实践证明不应当对住宅开征房产税"[5]。有人"反对用住宅房产税替代土

---

[1] 熊伟：《我国房产税试点改革问题：政策的适用性分析》，《河南社会科学》，2014年4月9日。
[2] 引自2012年10月16日中国新闻网《天下财经》。
[3] 引自2011年12月1日北青网。
[4] 引自2011年1月29日《财经》杂志。
[5] 引自2013年11月15日地产中国网。

地财政"①。

上述观点很明确：中国不具开征房地产税的现实条件。其主要论据如下：第一，从建立地方税体系的角度讲，中国目前和今后一个相当长的历史时期，都不可能使房产税成为地方财政收入的主要来源。出台房产税以抑制需求来控制和降低高档房价格，是完全没有意义也是没有必要的，房产税抑制不了泡沫。第二，美国、日本、中国香港这些国家和地区在发展初期并没有房产税，而是发展到一定的富裕程度以后才设立的。在世界各国取消或降低财产税的浪潮中，如果中国要反其道而行之，作为一个低收入的发展中国家，反而大幅度增加财产税，这绝不是一个好的选择。第三，出台房产税其结果必然是自生自灭。如果对高档住宅在保有环节征收房产税可能会引发难以估量的负面效果：地方政府之间对人才的争夺战略必定会以各自竞相返还房产税的方式，使房产税自生自灭。目前房地产占投资3成以上，对于GDP贡献度很高，如果开征房产税会给经济增长带来直接负面影响，这无可回避。上述认识是从开征房产税（注意：一直讲的是房产税而非房地产税）的定位、国外开征房产税背景与趋势以及开征房产税产生的负面效果等三个层面作为立论依据的。作者不敢苟同。

我们要先统一讨论的口径，否则会因为违背逻辑上的同一律而使讨论无法继续。上述观点说的难成地方税收主要来源的税是指"房产税"，我们根据十八届三中全会精神指的是"房地产税"，一字之差、谬之千里，如前所述，"房产税"和"房地产税"显然不是同一个概念。退一万步讲，即使就是"房产税"也不一定就肯定不能成为地方政府的主要来源之一。据财政部一项研究报告称，房产税按上海试点方案，如果对增量与存量住房按销售总额测算，按0.6税率100%征收的房产税占全国地方性财政总收入比重可达10.33%，按3%税率70%征收的房产税占全国地方性财政性总收入比重可高达36.14%。② 据媒体报道，上海已出现每平方米20万元的豪宅，③ 如增量存量齐征，2018年房产税总量可能是2012年的

---

① 引自大智慧阿思达克通讯社，发布时间：2013年5月21日。
② 财政部课题组：《资源税、房产税改革及对地方财政影响分析》，《经济研究参考》2013年21F-2专辑。
③ 上海远中风华房产项目2006年以来陆续推出单价2.7万至十几万平方米的高价产品计1000套，目前最高20万元。见《第一财经日报》2013年6月5日。

十几倍。如按前节所述的"房地产税"包括开发、交易和持有三个环节调整和整合后的房地产税测算，即便是只有50%的征收率其总额也足以超过2012年1.4万亿元的营业税总额了。因此，改革到位后的"房地产税"而非彼"房产税"，完全可以担当地方政府主要税源的重任。至于讲到的房产税无法以抑制需求来控制和降低高档房价格，特别是抑制泡沫的观点，笔者完全同意，因为如前节所述房地产税立法与改革的目标与定位本来就不是调节房产价格。根据党的十八届三中全会精神，调整商品房房价让市场这只"无形手"去发挥作用，就不用税收这只"有形手"越俎代庖了，十年十调无果的现实已经证明了一个事实：税收调节房价作用具有较大局限性，税收的调控作用不是万能的。

笔者赞同应当根据中国国情制定税收国策而"不能照搬他国经验"的观点。因为中国是一个发展中国家，但同时又是一个特殊的发展中国家，这个特殊表现在以下几个方面：一是从经济总量和人均GDP的角度分析收入并不低，2015年我国已成为最大的发展中国家，经济总量仅次于美国居世界第二位，人均GDP已突破7000美元达到中等偏上的水平。二是从收入分配的角度分析贫富差距已明显跃居世界前列。三是中国人传统的置房置地封建理财观念和现实中理财渠道的匮乏，这使得原本就不发达也不完善的中国房地产市场过早地变味成了投机逐利"不道德"的名利场。

关于开征房产税产生负面效应的观点笔者亦不能完全认同。税收是国家意志表现，任何一个税种的开设都是对所有权的一种剥夺，都会引起纳税人的逆反心理。国家要做的是，以其收税的正当性和"取之于民用之于民"的行为去平慰这种逆反，开征房地产税也像开征其他税种一样，政府要清楚地告诉纳税人正当开征的理由以免产生歧义，如果任由既得利益群体及其代言人控制舆论话语权，当纳税人雾里看花的时候难免人云亦云、随波逐流。诚然，关于开征房产税会给经济增长带来直接负面影响的观点值得当局关注。笔者认为，第一，中央对调整经济结构一直十分关注并一直作为战略调整的重要内容，特别是4万亿元投资带来产能过剩的后遗症已十分严重。房地产市场存量过大倒逼必须调整房地产的产品结构，因此调整商品房结构也是本轮调整产能过剩的应有之义，与开征房地产税不存在因果关系。第二，开征房地产税，通过整合现行税费能进一步简化税制，从而更有利于房地产行业在调结构中健康发展。但是，市场规律的作用结果必然是优胜劣汰，通过重组使我国房地产行业获得更大更健康的发展。第三，开征房地产税特别是提高直接税比重需要一个过程，应当正视房地产泡沫，应当防范房地产价格不理性疯涨引发的系统性风险，引导中国房地产市场健康地发展。

2. 我国开征房地产税具有正当合理性

开征房地产税是否增加纳税人特别是普通老百姓的税收负担，即开征房地产税是否正当合理，这是人们最想弄清楚的问题。税制改革特别是提高直接税的改革涉及千家万户利益，改革的定位应当明确，改革的政策应当透明，改革的道理应当讲清楚，否则难以得到人们的理解和支持，从而让既得利益者浑水摸鱼，增加推进改革的难度。笔者试图从宏观（中央政府）、中观（地方政府）和微观（纳税者个人）三个层面回应这一问题。

(1) 宏观层面正当合理性考量

从宏观全局层面考量，开征房地产税具有其正当合理性：第一，从全面深化改革的性质上看。全面深化改革的重点是经济体制改革；经济体制改革的重点之一是财税体制改革；财税体制改革的目标是要建立现代财政制度；深化税收制度改革是建立现代财政制度的三大支柱之一；完善地方税体系和提高直接税比重是本轮税制改革的两大基本思路；房地产税的立法和改革是落实基本思路的产物。第二，从稳定中央与地方基本格局不变和逐步提高直接税比重的数量上看。逐步提高直接税比重是党的十八大确定的优化税制结构这一税制改革方向的必然要求，在间接税逐步降低的背景下加快房地产税的立法与改革是稳定中央与地方分配格局基本不变的必然结果。房地产税的立法与改革应当遵循稳定宏观税负和稳定中央与地方政府间分配格局这一税制改革顶层设计的基本原则。稳定宏观税负和稳定中央与地方分配格局虽有关联但不是同一内涵：其关联表现在二者都是通过结构性调整达到稳定这一目标；其区别表现在稳定的内涵不同，稳定宏观税负是指国民收入总量与税负比例关系的稳定，稳定中央与地方分配格局是指中央与地方收入分配关系的稳定。因此，从宏观层面分析，只要开征房地产税不影响两个稳定就是正当且合理的。

(2) 中观层面正当合理性考量

从建立地方政府事权与支出责任的中观层面考量，开征房地产税具有其正当合理性。第一，中央与地方政府事权与财力的"剪刀差"越来越大，为理顺二者关系客观上要求根据地方事权调整税收收入分配格局。改革开放以来，中国经济以世人瞩目的高速发展，直至2008年才意识到应当"包容性"发展即经济与社会同步发展，否则会引起社会矛盾的沉积。然而30多年来社会改革，特别是关系民生的改革发展欠下沉重的历史旧账一时难以清偿。地方政府在承接这些事权时大都囊中羞涩，无力承受这巨大的支出责任，土地财政、债务财政就是这样倒逼出来的。第二，税制改革特别是"营改增"倒逼加快完善地方税体系的进程。营业税是地方税第一大税种，近几年每年收入都在1.5万亿元左右，增值税是共享税，全面"营改增"后将减税9000亿元，即便是维持过渡政策"营改增"的收入全部归属地方政府也决非长久之计，这势必推进完善地方税体系的进程。上述两个原因的叠加呼唤加快推进税制改革的顶层设计，呼唤"营改增"后的地方税体系重构，房地产税就是在兵临城下临危受命的。所以，从中观层面看，地方政府收支的"剪刀差"和用于民生欠账支出的正当合理性决定了开征房地产税的正当合理性。

（3）微观层面正当合理性考量

不能笼而统之称开征房地产税会增加纳税人负担，应当引入结构分析的方法。第一，凡有房者均纳税？这是老百姓最希望政府透明的问题，然而十几年来没有任何权威部门站出来表态，这是税法宣传的不足。收就收个明白，不收也讲个清楚，应当负责任地告诉老百姓一个底线：弱势老百姓群体自己的安居房应当是免税的，能住豪华大面积住房的绝不是弱势老百姓群体。应当像个人所得税或像资源性产品那样，采用累进阶梯式税率办法征收房地产税。占用土地资源越多上缴税收越多。房地产税应当包括级差地租。房地产所处地理位置升值空间越大（保障房多在城乡结合处），上交的级差地租则越多。从微观层面看，开征房地产税应当不会增加普通百姓自有住房的税收负担，税收负担与占用土地资源的数量与质量成正比关系的正当合理性决定了开征房地产税的正当合理性。

3. 推进第二次土地改革

"房产税"和"房地产税"的重要区别在于增加了土地税，而土地税不仅指现有的土地使用税和土地增值税，还应当包括农村的土地税问题，这就涉及第二次土地改革问题,因此,房地产税立法与改革必须研究和同步推进土地改革。这在党的十八届三中全会《改革决定》中有专门阐述。《改革决定》指出:"建立城乡统一的建设用地市场。在符合规划和实行与国有土地同等入市、同权同价。缩小征地范围,规范征地程序,完善对被征地农民合理、规范、多元保障机制。扩大国有土地有偿使用范围,减少非公益性用地划拨。建立兼顾国家、集体、个人的土地增值收益分配机制,合理提高个人收益。完善土地租赁、转让、抵押二级市场。坚持农村土地集体所有权,依法维护农民土地承包经营权,发展壮大集体经济。稳定农村土地承包关系并保持长久不变,在坚持和完善最严格的耕地保护制度前提下,赋予农民对承包地占有、使用、收益、流转及承包经营权抵押、担保权,允许农民以承包经营权入股发展农业产业化经营。鼓励承包经营权在公开市场上向专业大户、家庭农场、农民合作社、农业企业流转,发展多种形式规模经营。赋予农民更多财产权利。保障农民集体经济组织成员权利,积极发展农民股份合作,赋予农民对集体资产股份占有、收益、有偿退出及抵押、担保、继承权。保障农户宅基地用益物权,改革完善农村宅基地制度,选择若干试点,慎重稳妥推进农民住房财产权抵押、担保、转让,探索农民增加财产性收入渠道。建立农村产权流转交易市场,推动农村产权流转交易公开、公正、规范运行。"

前中国税务杂志社社长、现中国税务学会学术委员会副主任张木生认为:房地产税立法与改革,应当与土地制度改革相适应,首先应当搞清理论、历史、制度扭曲的原因。党的十八届三中全会对土地制度改革做了全面部署,在政策上取得重大突破。《改革决定》提出的"建立城乡统一的建设用地市场",明确了深化土地管理制度改革的方向、重点和要求。中央经济工作会议、城镇化工作会议和农村工作会议,对土地管理制度改革做出了更明确的部署和安排。土地管理制度改革的推进,既要积极有为,又要审慎稳妥。三中全会对农民宅基地的赋权和农房的赋权差异非常之大,保障农户宅基地益物权,改革完善农村宅基地制度;后者则是"选择若干试点,慎重稳妥推进农民住房财产权抵押、担保、转让,探索农民增加财产性收入渠道"。下一步的关键是如何解决现在已做经营性使用的存量集体建设用地。这应该成为土地制度改革的重点。

当前,土地制度改革面临两难选择。《改革决定》虽然做出了重大决策，但具体如何执行，改革如何落地，依然需要出台具体的、可操作的政策。否则，地方如果拿着《改革决定》条文，贸然推进，以改革之名行损害农民利益之实，那就没有规则，也没有改革。现行土地制度不完善，对农民土地权利的法律保障滞后。

党的十八届三中全会后，集体建设用地改革将面临现实的挑战。比如，在上一轮工业化和城镇化进程中，事实上已有非常大比例的集体建设用地进入市场。集体建设用地合法入市，还需做些什么？第一是确权。为全国立规矩。第二是这些土地必须进入城市规划，拥有合法空间。第三是建立一套地价体系。第四是建立统一、公开的交易市场。对存量集体建设用地，应通过改革的办法解决。核心就是通过一套制度安排，让现实中已用于经营的集体建设用地进入市场。

现实可行的办法是，先从存量集体建设用地开始，把集体建设用地入市这件事做起来。这件事做好了，无论对地方政府，还是对农民，都是双赢。从"长三角""珠三角"等地的情况看来，改革也很急迫。土地用途从农业转向工商业巨大的级差地租，工商业高于农业的高额回报吸引了资本的疯狂。允许宅基地"迁移"，通过城乡土地增减挂钩，地票等变现，土地资本化的闸门洞开，再大的雾霾也挡不住城市化率从改革前的17.9%暴涨至2013年的53.7%，这时立法要跟上。

国家最应干的事是两个"最严格"：第一是最严格的耕地保护制度，无论原先制定的18亿亩耕地红线，还是近期公布的中国耕地还有20亿亩，基本耕地、一般耕地，不许动的一分都不许动。第二是在大数据时代和最先进的卫星遥感技术下，国家完全可以建立最严格的土地规划，最科学的规划，规划不合理，是利益使然。这两个最严格的，风能进，雨能进市场决定性因素不能进。在这两个最严格的前提下，其他一切由市场配置资源中起决定作用。[①]

所以，科学的房地产税制应当是税收制度与土地制度的最优组合，这一组合应当包括税收制度和土地制度两个层面的改革。从税收制度改革层面看，主要是结构性改革，包括税费结构性改革（重点解决费大于税的积

---

① 张木生、涂龙力：《推进二次土改　创制房地产税　建设地方主体税种——关于房地产税立法与改革的争论》，《参阅文稿》2014年6月17日。

弊）和征收环节税负结构性改革（重点降低建设、交易环节税负和提高持有环节税负）。从土地制度改革层面看，主要是解决城乡土地二元所有权问题，而改革的方向应当是：全民所有、永续使用。因此，从某种意义上讲，土地制度改革的进程，是影响房地产税立法与改革最关键的因素之一。

探索税收实体制度改革与立法，笔者坚持以下观点：

第一，实体税制体现一定时期国家发展战略与政策取向，因此，国家对某项实体税制立法与改革的定位，决定了该项实体税制立法与改革的路线图与时间表，当决策层举棋不定时，立法与改革势必没有清晰的路线图与时间表。

第二，当前实体税制立法与改革的难点在直接税，决策层应当快刀斩乱麻、落实党的十八届三中全会部署，加速推进。

第四篇

税收改革篇
（程序制度改革与立法）

　　税收程序制度和税收实体制度是税收执法的两个轮子，二者相互影响、相互制约。党的十六届三中全会《完善决定》提出税收制度改革的"简税制"原则是税收实体制度改革，"严征管"原则是税收程序制度改革。税收程序制度改革包括税收基本程序制度的改革和税收基本程序制度的立法。

一、税收基本程序制度的改革

　　税收基本程序制度受制于国家经济管理体制，随着我国经济管理体制改革的不断深入，税收基本程序制度也与时俱进。迄今为止，我国税收基本程序制度历经了三轮较大改革。

（一）税收基本程序制度的第一轮改革

　　1978年前的计划经济时期，税收基本程序制度实行的是一人进厂、各税统管、征管查合一的模式；1978～1992年经济转轨时期实行的是征管查三分离或征管与检查二分离模式；1992年后社会主义市场经济时期实行的是申报、代理、稽查三位一体的模式。
　　1997年，根据国务院批转的"深化税收征管改革方案"，税务机关进行了第一轮税收征管改革。改革的主要内容是，建立新的征管模式，即以自行申报纳税和优质服务为基础，以计算机网络为依托，集中征收，重点稽查的模式。2003年又修改为，以申报纳税和优化服务为基础，以计算机网络为依托，集中征收，重点稽查，强化征管。

（二）税收基本程序制度的第二轮改革

为了适应经济社会发展的迫切需要，顺应现代信息革命发展潮流的迫切需要，推进税收管理国际化的迫切需要，适应税源状况深化变化的迫切需要，完善现行税务管理方式的迫切需要，2012年国家税务总局进行了第二轮税收基本程序制度的改革。

第二轮改革的目标是：提高税法遵从度和纳税人满意度，降低税收流失率和征纳成本。税收征管改革的基本原则是：依法行政、诚信服务、科学效能、监督制约。

第二轮改革的主要内容：（1）确立以明晰征纳双方权利义务为前提的征管基本程序。包括进一步确立征纳双方遵从税法的权利义务主体地位；规范申报缴税、纳税评估、税务稽查、强制征收、法律救济的税收征管基本程序。（2）优化以纳税人合理需求为导向的纳税服务。包括增强税法的确定性和透明度。纳税服务目标是提高税法遵从度和纳税人满意度，降低税收流失率和征纳成本。主要内容是优化纳税环境、维护纳税人合理要求和合法权益。（3）推行以风险管理为主线的分类分级专业化管理。包括建立税收风险管理流程，将风险管理的理念和方法融入税收征管基本程序；制定税收风险管理战略规划；建立"统筹协调、纵向联动、横向互动、内外协作"的税收风险管理运行机制等。（4）推进税务稽查。（5）完善持续改进的征管绩效评价体系。（6）加强以信息管税为主导的信息化支撑体系。包括强化涉税信息的规范采集和有效获取、深化涉税信息分析应用、搭建信息应用支撑平台等。

本轮税收基本程序制度改革的亮点之一，是明确提出要加快推进《税收征管法》及其实施细则修订进程，并且确定了修订的主要内容：规范税收征管基本程序、完善纳税人权利体系、确立纳税评估法律地位、强化第三方信息报送制度、完善税收债务追征规则、健全争议处理程序、明确电子资料法律效力、强化对自然人的税收征管、做好与新的《中华人民共和国行政强制法》和刑法修正案衔接等方面进行完善。

(三) 税收基本程序制度的第三轮改革

根据党的十八届三中全会《改革决定》中提出的"完善国税、地税征管体制"的重大部署，为了全面推进增值税改革，2015年12月24日中共中央办公厅、国务院办公厅印发《深化国税、地税征管体制改革方案》（以下简称《改革方案》），正式启动了税收基本程序制度的第三轮改革。

税收基本程序制度第三轮改革的实质，是在基本不触动现有征管体制前提下，实施国税、地税的合作征税。合作的要求是，服务深度融合、信息高度聚合、执法适度整合。合作的内容几乎覆盖全部征管程序，包括创新纳税服务机制、转变税收管理方式、深度参与国际合作和信息高度聚合。

第三轮税收程序制度改革具有重要的理论与现实意义。第一，第三轮改革由于涉及国税地税征管体制，这就为深化与完善分税制财政管理体制，从而为完善国税、地税征管体制提供了契机。第二，为推动税收实体制度改革提供了保障。第三，为解决现行征管体制中存在的突出和深层次问题，即职责不够清晰、执法不够统一、办税不够便利、管理不够科学、组织不够完善、环境不够优化提供了路径。

二、税收基本程序制度的立法

《中华人民共和国税收征收管理法》（以下简称《税收征管法》）是我国唯一一部税收征管基本程序法[①]。现行《税收征管法》是由中华人民共和国第九届全国人民代表大会常务委员会第二十一次会议于2001年4月28日修订通过、自2001年5月1日起施行的。2008年《税收征管法》修订列入十一届全国人大常委会立法规划。从2013年6月30日国务院法制

[①] 作者之所以称其为税收基本程序法，一是该法只规定税收程序基本制度事项，具体税种的征收程序事项在实体税法中还有操作性规定；二是税收实体法律中的操作性程序规定不得与该法相悖。

办第一次发布《中华人民共和国税收征收管理法修订草案（征求意见稿）》到 2015 年 1 月 5 日国务院法制办第二次发布《中华人民共和国税收征收管理法修订草案（征求意见稿）》，这期间经过了几次修订。

（一）十八届三中全会前的第一次修订

1. 国家税务总局启动《税收征管法》修订程序

《税收征管法》修订列入全国人大立法规划后，国家税务总局开始了修订工作。

2. 修订《税收征管法》应当首先明确定位

法律定位涉及该法的功能作用、调整对象及内容结构。从某种意义上讲，税收基本法两次列入全国人大立法规划最终无功而返的基本原因之一是税收基本法的定位问题存在严重分歧。[①] 因此，修订《税收征管法》的前提是厘清其定位。

税收程序是指税收征纳主体实施征纳行为，做出征纳决定所遵循的方式、步骤、时限和顺序的相互关系的总和。[②] 税收程序法是指国家权力机关及授权机关（行政机关）依法制定的、旨在调整程序法律关系的法律规范的总称[③]。

税收程序包括三个层次：第一，狭义层次。狭义的税收程序是指税收征纳程序，是征纳主体双方完成税收缴纳活动应遵循的方式、步骤、时限和顺序的相互关系总和。第二，中义层次。中义的税收程序是指除狭义程序外还应包括征纳主体双方实施税收行政复议与救济应遵循的方式、步骤、时限和顺序的相互关系总和。第三，广义层次。广义税收程序是指除中义程序外还应包括税收立法的程序、税收行政诉讼程序、税收司法程序以及税收监督程序等。与之相适应，税收程序法也包括三个层次：第一，

[①] 税收基本法与税法通则的名称之争，其实质是定位之争。
[②] 施正文：《税收程序法论》，北京大学出版社 2003 年版。
[③] 涂龙力、王鸿貌主编：《税法学通论》，中国税务出版社 2007 年版。

狭义的税收程序法即《税收征管法》；第二，中义的税收程序法，即税收执法程序法；第三，广义的税收程序法，即税收程序法。

3. 修改《税收征管法》的国际借鉴

"他山之石，可以攻玉。"借鉴国外税收征管法的构建，有助于我们修订现行《税收征管法》。①

(1) 设置《税收征管法》结构的基本原则

《税收征管法》的结构原则包括职能原则、顺序原则和实体原则。职能原则是指《税收征管法》首先要体现与反映税收征管的基本职能。目前许多国家的征管法都涵盖了税收征管的所有职能。比如，英国的《税收管理法案》包括纳税申报、纳税评估与要求、争议解决、纳税的偿还和对税收违法行为的处罚等。美国的《国内收入法典》包括纳税申报、纳税评估、征收、争议解决、税收违法行为与处罚、纳税人意见反馈等。另外，还规定了税务机关（特别是负有不同征管职能的税务机关）的职能。围绕征管职能创建征管法可以帮助纳税人更好地理解征管法律的规定和征管程序。

顺序原则是指征管法应按征管职能的逻辑顺序和时间顺序来设计结构，这样便于税务机关与纳税人的理解、实施与执行。特别是那些必需的顺序程序。

实体原则是指除职能原则与顺序原则以外，征管法还应规定与税收程序密切相关的一些实体法内容，比如重要的专用术语，纳税人的合法权利、法律责任及处罚等。这种设计更利于适用和符合征管法的整体需要。

(2)《税收征管法》的位置

对于《税收征管法》究竟应放在什么地方，目前有几种模式：第一，将征管法内容包含在实体法内，如澳大利亚的《所得税核定法》。第二，将征管法内容包含在税收法典中，如美国的《国内收入法典》。第三，专门设计税收征管法或税收通则法，如英国的《税收管理法》。第四，在不同的部门法律中同时规定，如澳大利亚的《1953年税收征管法》和《1980年刑事（税收犯罪）法》均涉及税收犯罪的相关规定。

---

① 税务总局政策法规司编译：《税法起草与设计》，中国税务出版社2004年版。

(3) 税收征管法的基本要素

通则性定义条款。设置通则性定义条款有助于避免法律解释上的混乱，但法律传统不同的国家设置不同。比如，英国设置了通用定义条款（英国的《所得与公司税法案》第831条），而法国则没有设置（法国的《税收法典》）；纳税申报、账簿与凭证。许多国家建立了所得税和其他税种的纳税申报制度，纳税申报必须详细提供要求提供的资料，纳税申报的一般规定应在征管法中规定，如德国的《税收通则》，特别规定可在实体法中规定，如美国《所得税法》《公司税法》。法律或法规必须明确纳税人保存确定纳税义务的必要账簿或其他财务记录，如美国《国内收入法典》，加拿大《所得税法》、德国《税收通则》。

税务稽查。许多国家税收征管的行政职能与执行刑法方面的职能是分开的，以保证公民的程序性保护不受损害。税务机关的稽查职能不能依靠警察的调查权，应该在征管法中明确税务机关的调查权。各国普遍做法是将两种职能分开，如税务机关有足够证据证明构成犯罪，案件移送检察机关，启动刑事侦查程序。任何与纳税人发生经济行为的人，或者能提供有关纳税人收入以及纳税申报和账簿、凭证准确性的资料者，税务机关有权向其取证。如美国《国内收入法典第》7609条，加拿大《所得税法》第231.2条。征管法应明确授权税务机关可以使用供选择的几种方法核定应纳税额，包括所得重构、总收入配比，资产配比等特殊推定方法。

争议解决。税务机关在解决争议过程中应当拥有一定自由裁量权，但应减轻行政处罚的自由裁量权，不应有减少应缴利息的自由裁量权。

关于争议中税款缴纳问题各国做法不一，如英、法、德等国允许延期缴纳但意大利则不允许，折中办法是先缴一定比例，如50%。税务复议仍未解决争议时，纳税人在规定期限内可向法院起诉，包括普通法院、税务法院（如美国《国内收入法典》第7441~7475条）、行政法院（如法国）。税务诉讼程序应当赋予纳税人任何可以了解和反驳案件的机会，争议方应充分告知对方所争问题，应在诉讼前交换全部文件资料。不同国家，根据不同的诉讼阶段和法庭性质，证据开示规则亦不相同。比如在美国，税务案件在国内收入局、税务法庭、申诉法院的证据开示规则就不同。在涉及税务行政问题的行政程序或诉讼程序中，纳税人应负举证责任。在一些国家，原则上举证责任由持有方负担，如法国《行政法》。因此，程序法应明确规定纳税人的举证责任，对只有税务机关可得的证据除外。应当假定税务机关做出的税收认定是正确的，纳税人可举证反驳这一假定。税收债务的收取与政府其他债务或一般民事债务是否采用同样的程序或使用税收特别程序应明确规定。

税收保全包括：第一，税收抵押。美国《国内收入法典》第6321条规定，抵押自应征之日或留置存续期间属于纳税人的所有动产及不动产。第二，财产的查封及销售。税收程序法应规定纳税人未能缴纳税款时税务机关可查封财产（见英国《税收管理法》第61条、德国《税收通则》第281条）。另外，还应规定被封财产可以公开拍卖方式出售（见英国《税收管理法》第61条（4）（5）款、德国《税收通则》第298条、美国《国内收入法典》第6335~6336条）。第三，第三人责任。税收程序法应规定政府可通过第三人送达通知查封欠税人的可收债权，并要求第三人直接向政府支付他应付给欠税人的款项（见德国《税收通则》第309条）。第四，分期缴纳及管理。法律应授权税务机关与纳税人达成分期延期缴税协议，但不影响未缴税的应付利息（见美国《收入法典》第6159条）。同时税务机关有权要求法院指定管理人对企业进行管理并缴纳税款。第五，留置权。税务机关对纳税人低于正常价格有欺诈性出让的财产享有留置权（见法国《民法诉讼法》第1167条、美国《破产法》第548条）。第六，妥协与核销。税务机关有权核销死欠，有权与纳税人妥协并免除其部分缴税义务（见美国《国内收入法典》第7122条）。第七，信访办公室。一些国家如澳大利亚、奥地利、丹麦、法国、德国、美国、加拿大、意大利、日本都设有专门的纳税人信访办公室，负责帮助纳税人处理税务机关意见，并直接向税务机关首脑报告。第八，利息。利息与不履行义务的罚款不同，不应放弃且无协商余地，利率应体现成本包括通货膨胀。程序法应对利率做出明确规定，参照央行贴现率、国债利率或其他利率（美国根据国库债务确定）。为防止"从政府贷款"和促进争议的解决，利率应超过经济生活中债务支付的基本利率。第九，纳税人权利。纳税人程序保护可在征管法中单列一节规定，也可放在一部体现功能性的法律中规定。比如，加拿大的《纳税人权利宣言》、法国的《纳税人宪章》、新西兰的《原理申明》、英国的《纳税人宪章》等。

纳税人的主要权利包括：第一，保密权。纳税人有权要求财务信息最大可能的保密（如德国《税收通则》第 30 条、美国《国内收入法典》第 6103 条）。第二，通知权。纳税人有权要求通知对其做的纳税评估、税务诉讼判决或任何其他征税行为，但纳税人可能立即处理或转移财产的例外（同上）。第三，合理审计权。纳税人有权要求审计在合理时间、合理地点和合理范围内进行。第四，解释权。纳税人有权要求对其进行纳税评定方式和理由以及裁决决定的理由做出解释。第五，税务顾问。纳税人有权委托具有某种资格的专业人士代其与税务机关处理税务问题（在美国此项权利由其他法律规定）。第六，记录权。纳税人有权记录与税务机关的会见，并有权对所有诉讼行为记录（见美国《国内收入法典》第 7521 条）。第七，证据公开权。在税务诉讼中，纳税人有权查阅政府证据。第八，听证权。纳税人有权要求裁决前举行听证（同上第 7548 条）。第九，税务申诉权。纳税人有权向一个独立的行政复议部门提起复议和向法院提起诉讼。第十，时效。程序法应规定纳税评定的时效（英国规定不超过 6 年，美国规定不超过 3 年）。但在纳税人有欺诈情况下，该规定不适用（如有欺诈，英国规定可在 20 年内，美国则无期限）。

（4）税收遵从

提高税收遵从度，促进纳税人自觉纳税包括以下两个方面：一是立法公平、平等，易于遵守和难以规避；二是对不自觉履行纳税义务者规定有效的制裁措施。前者基本属于税收实体法的任务，后者基本属于税收程序法的任务。人们不履行纳税义务有两种原因：一是不知如何履行；二是履行义务成本太高。因此，一方面实体法的规定应该使纳税人自觉纳税容易而逃避纳税困难；另一方面，程序法必须立法简化，即减少纳税成本。立法简化可使纳税人容易遵守而不遵守困难。

制裁是促进自觉纳税最受青睐而又最不被理解的手段，制裁包括行政制裁和刑事制裁两种。行政制裁的设计包括：第一，震慑。设计行政制裁应考虑两个目的：一是震慑特定的无益的行为，鼓励有利的行为；二是惩罚其他有害行为。第二，鼓励解决争议。降低或消除拖延纳税争议解决的办法有两种：一是要求纳税人在最开始就缴纳有争议的税款和罚款；二是不要求纳税人在最开始缴纳款项，而是在最终交纳税款和罚款时加收两者利息。不同国家用不同方法应对这一难题，支付的利息也不相同。鼓励解决争议的另一方法是提前解决则降低罚款水平。比如，哥伦比亚规定在行政程序阶段达成协议罚款降低50%，在司法程序达成协议则罚款降低25%。第三，惩治。对故意逃税、欺诈或不计后果的漠视处以额外民事罚款，罚款可按因此造成的短缴税款的比例决定。第四，固定罚款。固定罚款是一种更容易、更可预见和更自觉的方法，当一种行为与短缴税款没有直接关系时可采用这种方法，如疏忽和失误。行政处罚的严厉程度各国亦不一致，但在多数情况下，如美国对因疏忽导致的短缴，罚款不应超过短款的25%，对故意短缴的，罚款不应超过50%。应该提高行政处罚的效力：一是程序法应规定税收优先权，特别是破产法应规定自然人破产不免除纳税义务，在法人重组或终结时纳税义务享有优先权。二是程序法应规定税务机关对纳税人的无担保资产具有自觉的留置权，有权扣发工资和没收财产，并由相关法律规定防止纳税人转移资产。欺诈和偷逃税属刑事犯罪，但也是一种难以证明的犯罪。根据各国的法律传统，刑事处罚条款可在税收征管法中规定，也可在刑法中规定，但刑事程序的一般规定都应适用。

(5) 税收征管人员的处罚

对税收征管人员的处罚也包括行政与刑事两种。包括因疏忽而没能按规定履行程序或未尊重纳税人权利而实施的民事处罚。在纳税人按行政责任的一般法律提出诉讼的情况下，可根据诉讼的损失额来确定处罚。有些国家还规定私人税务代理泄露纳税人机密情报也应受刑事处罚。

4. 修改《税收征管法》的三种方案

根据《税收征管法》的不同定位，修改现行《税收征管法》有大修、中修和小修三种方案可供选择。

第一种方案：大修方案。

根据税收程序法的广义定位，现行《税收征管法》经大修后应更名为税收程序法，其性质属于税收程序的基本法或通则法。税收程序法从税收程序制度角度应涵盖所有税收程序制度，包括：第一，税收立法程序制度。从税收立法级次角度应包括税收法律立法程序、税收行政法规立法程序、税收部门规章立法程序、税收行政规范性文件制定程序等四个层次的立法程序制度。基于目前我国已公布和实行了《中华人民共和国立法法》《行政法规制定程序条例》和《规章制定程序条例》，因此税收程序法重点要解决的是税收行政规范性文件的制定程序制度。第二，税收执法程序制度。从税收执法内容角度应包括税收管理程序、税收确定程序、税收征收程序、税收执行程序、税收检查程序、税收处罚程序、税收救济程序等税收执法程序制度。① 第三，税收司法程序制度。包括税务机关与公安、法院、检察院之间的工作协调程序制度，税务司法机关不作为、重大失误或违法违纪的责任追究程序制度等。

第二种方案：中修方案。

根据税收程序的中义定位，现行《税收征管法》经中修后应更名为税收执法程序法，其性质属于仅规范税收执法行为的税收程序法。因此，与广义的税收程序法相比，只包括税收执法层面的税收程序制度，其基本内容和结构框架与广义的税收程序法基本相同。

第三种方案：小修方案。

根据税收程序的狭义定位，现行《税收征管法》经小修后仍保留原名称，其性质属于仅规范税收管理与征收行为的税收程序法。因此，其基本内容和结构框架可保持现状不再做大的调整，仅对实践中存在的问题做一些适应性修改与补充，比如，某些违法行为的法律责任，与非税收相关法律法规的协调和衔接等。

5. 中国税务学会学术委员会第一次修订《税收征管法》

2008年中国税务学会学术委员会重庆会议决定由张木生和笔者主持《税收征管法》修订课题并列为当年学会重点课题项目。在历经五省六市八县的深度调研，并通过专题座谈会和网上广泛征求修订意见，五易其稿之后，于2010年初完成结项报告，以下内容是当年笔者执笔报告的文字节选部分（原报告还包括具体条文对照修订表，这里未引入）：

一、修改《税收征管法》势在必行

（一）税收征管环境变化要求修改《税收征管法》

（二）与宏观、微观环境的不适应要求修改《税收征管法》

（三）修改《税收征管法》已列入十一届人大立法规划

---

① 施正文：《税收程序法论》，北京大学出版社2003年版，涂龙力、王鸿貌主编：《税法学通论》，中国税务出版社2007年版。

二、修改《税收征管法》的指导思想与目标

（一）修改《税收征管法》的指导思想：三个转变

1. 由强调税收管理向强调管理与服务并重转变。

2. 由满足税收征管行政化管理向突出税收征管法治化管理转变。

3. 由注重税务机关权力和纳税人义务向注重征纳双方权利与义务的法律地位平等转变。

"三个转变"核心是转变税收征管理念，树立管理与服务并重思想，树立税收管理法制化思想，树立征纳双方法律地位平等思想。这是科学发展观的本质要求，是税收征管信息化现代化的内在要求，是提高税收征管质量与效率的必然要求。

（二）修改《税收征管法》的目标：五个协调

1. 税收程序法与税收实体法的协调。

2. 税收法律、法规与其他法律、法规的协调。

3. 税收管理体制制度与税收管理程序制度的协调。

4. 税务机关与其他涉税行政机关、司法机关以及相关经济组织的协调。

5. 税法原则性与操作性的协调。

三、《税收征管法》修改后的总体框架

（一）修改前后总体框架比较

《税收征管法》为6章94条，修改后的《税收征管法》为7章146条，比现行《税收征管法》增加1章，增加54条。

（二）修改前后章节比较

《税收征管法》的修订包括税收基本程序制度、税收管理体制程序制度、税收管理程序制度和税收责任制度四个方面。

四、《税收征管法》修订的主要内容

（一）税收基本程序制度的修订

1. 明确税收程序基本原则。

第一，税收法定原则，这是税收征管最基本的原则。避免税务机关的执法风险。第二，普遍管辖原则。第三，公开、合理原则。第四，税收诚信原则。第五，税法适用原则。

2. 完善纳税人权利。

第一，修订稿第十条增加了纳税人享有的法定义务权、诚信权、自主

税 坛 纵 横

选择申报与缴纳权、平等礼仪权、程序合法权、听证权等六项权利。

第二，修改后的纳税人权利条款，一方面完善了权利体系，比如增加了程序性权利的内容，概括了税收优惠权等；另一方面便于操作，比如明确保密权的使用规定等。

3. 明确了三项基本程序制度。

第一，明确纳税服务。

第二，内设机构与征管模式。

第三，明确税务稽查局的法律地位。

(二) 税收体制程序制度的修订

1. 税收管辖机关。

根据国务院大部制改革方案和"决策权、执行权和监督权"分离的原则，修订稿第六条明确了国家税务总局是主管全国税收征管的最高行政管辖机关，明确这一规定，有利于确立国家税务总局的权限，比如管辖权争讼的最终裁决等。

2. 确立税收管辖权。

税收管辖权是税收管理体制制度的核心制度，在国家和地方两套税收征管机构并存的体制背景下，《税收征管法》必须明确这一事项，以解决实践中因管辖不明、责任不清引发的矛盾与冲突，最终影响征管质量与效率的问题。因此，修改稿在第二章税务管理中专设税收管辖一节以解决上述问题。

3. 税收检查权及其行使。

税收检查权（广义的检查权包括税收检查、税收评估、税务稽查等）是税务机关行使权力组织收入的两大核心权力之一（另一核心权力是税款征收）。

第一，检查权的确立。

修改稿第九十八条首先确立了税收检查权及行使机关的法律地位，这为税务机关行使具体的检查权力提供了法律支持。

第二，直接检查与授权检查。

由于税务机关内设机构与职责分工不同而各地有异，为统一行使税收检查权，修订稿第九十九条明确了直接检查与授权检查的相关规定，区分了检查权的行使机关和授权行政机关，从而明确了税务局和其他税务机构的关系。需要说明的是，纳税评估属广义税务检查权范畴，无论是否独立设置这一机构，其行使的检查权均属授权检查。

（三）税收管理程序制度的修订

1. 税务管理程序制度的修订。

税务管理程序制度主要包括税务登记、账簿与凭证管理和纳税申报等三个程序制度。

2. 税收征纳程序制度的修订。

税收征纳程序制度是税收管理程序制度中的核心内容，根据逻辑关系本次修改在结构上做了较大调整，由原法不分节而细分为四节，包括税款缴纳、税收征收、税收评估、核定与调整、税收优先权等程序制度。

3. 税收保障程序制度的修订。

税收保障是本次修改增设的一章，税收保障程序制度包括税收担保和保全、税收行政强制执行和税务协助等程序制度。

4. 税收检查程序制度的修订。

广义的税收检查包括税收日常检查（含专项检查）和税务稽查。税收检查和税务稽查是广义税收征管中的两个环节，是税务机关职责分工不同的两个职能管理机构，《税收征管法》不应具体规定税务机关的内设管理机构问题，否则将不利于税务机关为适应征管模式与手段变化而适时调整内部管理机构，应该留出这一空间。因此，《税收征管法》所提税务检查应是广义的税务检查。

（四）税收法律责任程序制度的修订

完善、明确税收法律责任程序制度是实施税收征管程序制度的保证。税收法律责任程序制度包括纳税主体法律责任、征税主体法律责任、税收协助的法律责任和税收中介法律责任等程序制度。在税收法律责任程序制度的修订时，修改稿遵循了宽严相济、尊重与维护纳税人权益、公平与效率等基本原则。

1. 纳税主体法律责任程序制度的修订。广义的纳税主体责任包括纳税人、扣缴义务人、代征人、担保人以及相关的第三人等。

2. 征税主体法律责任程序制度的修订。征税主体责任包括不作为责任、违纪违法责任等。

3. 税收协助主体法律责任程序制度的修订。

4. 社会专业中介机构及相关人员的法律责任程序制度的修订。

(五)《附则》的修订

修改稿最后在《附则》中明确了统一全国税收文书样式与格式和明确文书送达期间与时效的两款规定。

这次修订由于宏观条件尚不成熟,许多问题尚未达成共识而中断。

(二)十八届三中全会前的第二次修订

1. 2012年国家税务总局再次提出修订《税收征管法》

2012年7月,国家税务总局在合肥召开全国征管改革会议,会议出台了《关于进一步深化税收征管改革方案(讨论稿)》(以下简称《征管改革方案》)。《征管改革方案》明确要求"加快推进税收征管法及其实施细则修订进程,就规范税收征管基本程序、完善纳税人权利体系、确立纳税评估法律地位、强化第三方信息报送制度、完善税收债务追征规则、健全争议处理程序、明确电子资料法律效力、强化对自然人的税收征管、做好与新的行政强制法和刑法修正案衔接等方面进行完善"。

《税收征管法》是税收执法基本程序法,税收执法程序的核心内容是税收征管基本程序,这是修订《税收征管法》的主要任务。根据《征管改革方案》意见,自主申报程序、纳税评估程序、税务稽查程序、税收强制征收程序、法律救济程序等5个程序属于税收征管基本程序。因此,当年笔者主张修订以下重点内容:

(1) 完善纳税人权利义务体系应当通过设置具体程序制度来落实

纳税人权利与纳税人义务是矛盾统一体的两个方面不能顾此失彼,强调权利时应当顾及义务,强调义务时应当顾及权利。诚然,现行《税收征管法》中纳税人权利体系亟待完善,但《征管改革方案》中只提完善权利体系不提义务体系亦为不妥,应当两者兼顾。第一,在总则中采用正列举方式明确纳税人权利与义务。纳税人享有的14项权利,即知情权、保密权、税收监督权、纳税申报方式选择权、申请延期申报权、申请延期缴纳税款权、申请退还多缴税款权、依法享受税收优惠权、委托税务代理权、陈述与申辩权、对未出示税务检查证和税务检查通知书的拒绝检查权、税收法律救济权、依法要求听证的权利、索取有关税收凭证的权利。同时还公布了纳税人的10项义务，即依法进行税务登记的义务，依法设置账簿、保管账簿和有关资料以及依法开具、使用、取得和保管发票的义务、财务会计制度和会计核算软件备案的义务，按照规定安装、使用税控装置的义务，按时、如实申报的义务，按时缴纳税款的义务，代扣、代收税款的义务，接受依法检查的义务，及时提供信息的义务，报告其他涉税信息的义务。上述14项基本权利和10项基本义务构成了纳税人的基本权利义务体系，在税收基本法未出台之前应当在《税收征管法》总则中采用正列举方式明确规定。第二，应当设置具体程序制度落实纳税人权利义务。完善纳税人权利义务体系仅仅在总则中列举规定"是什么"是难以操作的，应当设置具体的程序制度解决"怎样操作"才能有效落实。比如，在纳税申报程序中，应当明确设置纳税人按时、如实纳税申报的义务，选择纳税申报方式和申请延期申报等权利程序制度；在明确规定纳税人及时提供信息和报告其他涉税信息义务时应当明确设置纳税人享有信息的保密权等权利程序制度；在税款征缴程序中，应当明确设置纳税人按时缴纳税款以及代扣、代收税款等义务和申请延期缴纳税款、申请退还多缴税款等权利程序制度；在税收检查程序中，应当明确设置纳税人接受依法检查等义务和对未出示税务检查证和税务检查通知书的拒绝检查等权利程序制度；在税收救济程序中，应当明确设置纳税人享有的知情权、税收监督权、委托税务代理权、陈述与申辩权、依法要求听证权等税收法律救济程序制度等。

（2）强化信息报送与交换应当设置三大税收协助程序制度

《征管改革方案》明确指出"加强以信息管税为主导的信息化支撑体系"。要求"充分行使法律法规赋予税务机关涉税信息管理权，进一步确立和细化纳税人及其他社会主体信息报送义务，推进部门协作和信息交换，提高涉税信息获取能力和共享程度"。这是修订《税收征管法》的重要内容。第一，应当界定负有信息报送与交换义务的"社会主体"与"第三方"的内涵及外延。《征管改革方案》在提到负有信息报送与交换主体时提到要确立和细化"社会主体"和"第三方"的义务，这是修订《税收征管法》时应当明确界定的。我们认为，除纳税人以外，负有信息报送义务的"社会主体"和"第三方"有狭义和广义之分。狭义的负有信息报送义务的"社会主体"和"第三方"是指与税收征管信息直接相关的行政、社会与司法等部门和其他第三人。比如，与税务登记直接相关联的工商管理机关、与税收优惠资格认定的科技管理等机关行政管理部门；与税收征管密切相关的金融与社会中介等部门；与涉税案件移送、侦察相关的公安机关，与涉税清偿债务相关的人民法院等司法部门；与纳税人具有相当地位的连带纳税人，即对同一纳税义务同时负全部履行义务的人；第二次纳税人，即对纳税人的义务承担补充责任的某些关系人。广义的负有信息报送义务的"社会主体"和"第三方"是指与税收征管信息间接相关的部门与个人，这些信息对有效采集与使用征管信息具有重要辅助作用。比如媒体披露的涉税信息和揭发举报的涉税信息等。第二，应当明确界定税务机关的涉税信息管理权。《征管改革方案》提出"充分行使法律法规赋予税务机关涉税信息管理权"，落实涉税信息管理权的前提是明确界定管理权的内涵与外延。税务机关涉税信息管理权至少应当包括以下三项权力：一是涉税信息请求采集权即税务机关享有向相关组织、机关、单位和个人请求采集和保护涉税信息的权力；二是涉税信息处置权，即税务机关享有对涉税信息调档查阅、录像录音、复制复印、质询相关人员等权力；三是涉税信息处分权即税务机关享有对怠于配合和拒绝配合信息报送、采集与交流的组织、机关、单位与个人处以罚款，建议和纪检监察、司法等部门联合给予行政处分或刑事处罚的权力。第三，制定推进部门协作和信息报送、交换的程序制度。明确报送涉税信息义务主体和税务机关涉税信息管理权之后，修订《税收征管法》的重要任务应当是制定信息报送与交流的相关程序制度，推进部门协作和信息报送与交换。部门协作和信息交换与报送程序应当包括三个主要程序制度：一是行政协作与信息交换报送程序制度；二是社会协作与信息交换及报送交流程序制度；三是司法协作与信息交换及报送程序制度。部门协作与信息报送交换程序制度应当包括以下主要内容：一是享有税收信息管理权的主体资格、涉税信息处置的权力与义务程序；二是报送涉税信息义务主体的信息报送及维权程序；三是负有协作与信息交换义务主体的信息交换及问责程序，等等。

(3) 应当借鉴《行政强制法》修订《税收征管法》

2013年全国人大常委会审议通过了《中华人民共和国行政强制法（修正案）》（以下简称《行政强制法》），当时笔者认为，修订《税收征管法》应当加强与《行政强制法》的借鉴与协调。

第一，借鉴《行政强制法》的立法理念修改《税收征管法》。

一是强制与教育相结合的立法理念。《行政强制法》第一章总则第六条明确规定了"宽严相济"的立法理念即"实施行政强制，应当坚持教育与强制相结合"。这一理念贯彻了《行政强制法》的始终。二是强制措施设定的原则。《行政强制法》第五条明确规定了设定强制措施的审慎原则即"采用非强制手段可以达到行政管理目的的，不得设定和实施行政强制"。显然，强制是最后手段但不是唯一手段，通过教育可以达到行政管理目的就不用采取强制手段。三是以人为本、维护相对人合法权益的立法理念。《行政强制法》第一章总则第一条明确规定了该法"以人为本"的立法理念即"保护公民、法人和其他组织的合法权益"。这一理念同样也贯彻《行政强制法》的始终。

第二，借鉴《行政强制法》原则性与可操作性高度统一的科学立法技术。应当提升已成熟的、可操作性较强的、重要条款的立法级次，明确界定行政强制措施设定权的配置。

第三，借鉴《行政强制法》内容修订《税收征管法》。《税收征管法》中存有许多不明确、不清晰或有争议的内容，应当借鉴《行政强制法》予以修订。包括，借鉴行政复议与行政诉讼程序的相关内容。借鉴查封扣押期限的相关内容。借鉴解除冻结存、汇款时效的相关内容。借鉴强制执行程序的相关内容，等等。

2. 2013年国务院法制办第一次公布《中华人民共和国税收征收管理法修正案（征求意见稿）》

2013年6月30日国务院法制办第一次公开发布《中华人民共和国税收征收管理法修正案（征求意见稿）》。修正案主要内容如下。

第一，与有关法律相衔接。首先，与《行政强制法》相衔接，将"滞纳金"更名为"税款滞纳金"，以与行政强制法中的滞纳金相区别，并完善税收行政强制执行程序和费用承担规定；其次，与刑法相衔接，将"偷税"改为"逃避缴纳税款"，并增加"漏税"的相关规定；最后，与行政许可法相衔接，明确注册税务师和税务师事务所的法律地位。

第二，规定相关方信息报告义务，加大税源监控力度。规定政府部门和有关单位应当及时向税务机关提供所掌握的涉税信息，明确银行和其他金融机构应当提供的涉税信息范围。

第三,增加对个人纳税人的税收征管规定,加大征管力度。规定个人办理税务登记、税务机关建立纳税人识别号制度,将税收保全、强制执行的范围由"从事生产、经营的纳税人"扩大到包括自然人在内的所有纳税人,并规定可以对个人取得收入单位与纳税相关的账簿和资料实施税务检查。

(三) 十八届三中全会后的第一次修订

十八届三中全会特别是具有历史意义的《改革决定》的出台,给全面修订《税收征管法》提供了千载难逢的契机,全面深化改革的总目标即完善国家治理体系和提高治理能力现代化更是为修订《税收征管法》奠定了基石,国家税务总局抓住了这次契机。

1. 《税收征管法修订稿(征求意见稿)》的下发

2014年1月28日,国家税务总局《关于报送税收征管法补充修订内容的函》(税总函〔2014〕50号)报送国务院法制办获得支持。并于2014年7月9日下发"关于征求《税收征管法修订稿(征求意见稿)》(以下简称《总局征求意见稿》)意见的通知"(税总办函〔2014〕577号)。《总局征求意见稿》从以下五个方面说明修订的必要性和重要性:一是推进税收治理体系和治理能力现代化的迫切需要;二是深化税制改革的迫切需要;三是规范税收征管基本程序的迫切需要;四是维护纳税人合法权益的迫切需要;五是完善税收征管法律制度体系的迫切需要。

2. 中国税务学会学术委员会第二次修订《税收征管法》

2014年7月,中国税务学会会长兼学术委员会主任钱冠林决定由学术委员会第四研究部组成《税收征管法》修订课题组[①],要求8月下旬召开专题研讨会,9月中下旬提交修订建议稿上报国家税务总局。时间之紧任务之急,全面修订实属不能,课题组只能根据税务总局征管司提出的七个

---

① 中国税务学会学术委员会下设五个研究部,第四研究部研究方向是税收征管、税收立法及人力资源管理。

重点问题攻关。课题组由第四研究部委员组成，委员按分工提交研究报告，最后由笔者总纂，主要内容如下：

第一部分 修订的指导思想与原则

一、修订《税收征管法》的指导思想

十八大以后，随着国内外政治、经济、科技等环境的变化，特别是税收征管环境和税收管理理念的变化，《税收征管法》应当与时俱进作适应性修订。

（一）修订《税收征管法》的主线

完善税收征管体系和提高税收征管能力现代化是修订《税收征管法》应当始终遵循的最基本原则，也是修订《税收征管法》的主线。

（二）确立税收征管新理念

首先，应当改变征纳双方"管"与"被管"的传统思维定式，平衡征纳双方权力（益）与义务的对等关系。

其次，允许纳税人对非主观故意（例如，对税制理解不准确或计算与技术运用失误或法律适用不当等）产生的过失进行自我纠错。

最后，以优质税收服务提高税收遵从。

二、修订《税收征管法》应遵循的几个原则

除税收法定、公平效率基本原则外，修订《税收征管法》还应遵循以下具体原则：第一，信赖合作原则；第二，诚信推定原则；第三，实质课税原则。

第二部分 《税收征管法》总则部分内容的修订

一、规范使用纳税人概念的内涵与外延

建议按税收义务人性质，规范、统一使用以下三大类概念：

第一类，建议启用"纳税义务人"概念。

纳税义务人应当泛指所有税法规定负有直接纳税义务的纳税人，具体包括法人和自然人。法人是指依法成立的并具有独立支配的财产，独立行使法定权利和承担法律义务的社会组织，如公司、企业、单位等。自然人是指公民、居民个人与家庭等。另外，纳税担保人、商事契约的约定代缴人一旦相应法律关系成立

也是特殊的纳税义务人。

建议，对上述具有直接纳税义务的当事人统一使用"纳税义务人"这一概念。这是因为：一是，目前负有直接缴纳义务纳税人的称谓过多，很不规范，极易产生歧义，导致执法风险；二是，随着税收外部环境的不断变化，新的负有直接缴税义务的当事人会不断出现，将此类性质的当事人概括为"纳税义务人"有利于保留法律空白；三是，使用"纳税义务人"概念突出其负有直接纳税义务的本质特征，这样有利于区别不直接负有纳税义务的其他税收义务人，从而便于分类管理。

第二类，建议启用"税务委托人"概念。

税收实践活动中，因税收委托法律关系的产生出现了代扣代缴委托人、税款代征委托人、税务评估委托人、税务代理委托人等四种税务委托人。

第三类，建议启用"涉税义务人"概念。

能否及时、准确、全面获取第三方涉税信息，已成为深化税制改革（特别是直接税改革）和提高税收征管能力现代化的最大瓶颈。因此，我们建议将第三方统一、规范使用"涉税义务人"这一概念。

涉税义务人是指税务机关依法取得和使用涉税信息时，涉及的所有应当向税务机关提供涉税信息的相关经济组织、政府部门、社会团体和个人的总称，包括银行金融系统、工商行政管理等政府有关部门、公检法、行业协会等负有行业管理与自治责任的社团法人等等。

二、建议将第六章"申报确认"改为"税收评定"

这是因为：第一，"税收评定"只是对纳税申报的形式审计或逻辑审计，评定结果不是终审裁定，更不会对纳税义务人有约束力，换言之，即便是经过了税收评定程序，纳税义务人还是要对自己申报行为的真实性与合理性承担法律责任。第二，税收评定分为"初次评定"和"再次评定"两个程序环节。德国和我国海关把初次评定称为"接受申报"。初次评定只对纳税申报进行形式审计，初次评定不是评定的终结，税务机关仍保留继续评定的权力。再次评定是对纳税申报进行的逻辑审计，是一种目的性评定，对评定中出现的违法犯罪行为应当移送税务稽查部门继续审理。

三、明确稽查局执法主体地位

目前我国税务稽查局已经大量存在，但其在《税收征管法》中却没有明确表述，如不明确，极有可能使稽查局失去执法资格而引发执法风险。

建议修改第十六条：本法所称税务机关是指各级税务局、税务分局、税务所和各级税务稽查局。

四、明确征"费"的法律地位

实践中，税务机关存在代征附加税费的情况，比如教育费附加。对其是否可以适用加收滞纳金、罚款，以及义务人称谓，是否具有税收救济权，均成为问题。实践中，税务机关还接受其他机关的委托，征收费用或者基金，比如陕西的煤炭基金即委托税务机关代征。

为适应未来税制改革需要，应该加进征收附加税费条款、代征基金条款。上述缴费义务人的相应法律责任和法律地位，应当适用《税收征管法》。

第三部分 对几个难点重点问题的修订

一、修订纳税义务人中自然人税收征管

加大对纳税义务人中自然人征税的宣传，对自然人征税不仅只是《宪法》规定，还要强调这是纳税人享受公共服务所应承担的必要成本。市场经济体制下的公共财政以社会契约论为理论基础。公民让渡自己的部分权利，通过国家来实现公共产品的提供，从而国家与公民之间形成了一种平等的法律关系。不论是对于自然人还是法人来说，税收是一种财产权的让渡，它是国民为其私人权益获得国家的安全保障服务以及国家向其提供私人财富创造必备的基础公共工程等外部环境所支付的对价。

英国、德国、美国等发达国家都通过相应的信息提供制度，要求纳税义务人为税务部门提供指定的信息，并通过法律确定信息交流和共享的时间、方式、内容，明确负有信息报告义务的部门，以便于税务部门对纳税人的信息实时监控，若未能按要求报送信息，将受到相应的处罚。

建议修改：对三十四条相关部门配合上，加入约束性条款，如不配合怎么处理，第三十条税务机关使用提取第三方信息是否规定一定层级以上

税 坛 纵 横

税务机关。建议普遍采用源泉扣缴制度（税收征收过程中普遍实行源泉预扣税制度或支付方强制性预扣税制度）；实施离境人员清税制度；实行大额现金交易报告制度；利用税号深层次处理信息（建议制定细则中对纳税人第一次发生纳税义务领取税务登记号的规定要便捷，对于外国短期入境和分散的自然人领取税务登记号要有具体规定）。

二、第四章涉税信息的修改

（一）立法途径选择

一是少数人认为可以由人大以信息法等方式，从国家政府的顶层设计上去解决，靠税务部门去推动《税收征管法》解决问题难度大。二是多数人认为，现在也只能靠修订《税收征管法》的机会去推动信息共享。

（二）修订《税收征管法》应考虑和借鉴的因素

一要借鉴全国已出台税收保障法的省市实践经验。二要借鉴国外成熟同行的做法。三要考虑具体条款规定在《税收征管法》实施细则及可能的专门办法之间的合理分布与组合。四要考虑与相关法律（如《商业银行法》等）的有机衔接。

建议：(1) 简化整合相关条款，不必列举行政机关部门名称，可概括为"涉税义务人"；(2) 要有限制、约束、互惠的相应规定条款；(3) 在诸如"先税后证"等协税控管措施上，也要考虑难以追缴税款等实际情况，不能因此耽误无过错方的合法权益，也要有例外条款，不应绝对化；(4) 一定要明确法律责任，这是保证有效管用的关键所在。

三、增加事先裁定条款

（一）事先裁定制度的引入符合国际税收征管的先进经验与发展潮流

（二）引入事先裁定制度值得肯定，但不宜过于粗疏

建议：(1) 为帮助纳税义务人确定涉税复杂交易的税收后果，增进纳税人权益保护和税法遵从，税务机关逐步建立事先裁定制度。(2) 纳税义务人可以就其拟从事的重大、复杂交易的税收后果向税务机关申请事先裁定。申请应以书面形式提出，并对所申请交易的情况进行全面、完整、准确地描述。信息提交不完整，或者基于假设的交易，以及有替代方案的交易不予裁定。符合裁定条件的，税务机关应在确定的时限内做出裁定，裁定应设适用期限。(3) 裁定对税务机关具有单边拘束力。除非裁定有严重且明显的错误，或者以威胁、欺骗或贿赂等不正当方式取得，以及由不具

资格的税务机关做出,裁定不得被撤销。纳税人因遵从裁定而出现未缴或少缴税款的,免除交纳责任,但实际发生的交易不得实质偏离裁定所针对的交易。(4) 对税法的解释与适用具有普遍重要性的裁定,税务机关应该公开,但应注意纳税人涉税信息的保密。

四、将"申报确认"改为"税收评定"

"申报确认"改为"税收评定"后,对原有内容应当作适应性修订。

(一) 税收评定需要明确界定以下基本事项

1. 税收评定的基本规则体系。

2. 税收评定的方法与期限。

3. 税收评定的程序与法律效果。

因此,建议增加两条具体条款规定:

1. "税务机关对纳税义务人、税务委托人的纳税申报应当在接受申报之日起3个月内进行初次评定,初次评定主要采用形式审查方法。

初次评定后税务机关应当对评定情况记录备查,但纳税义务人要求提供初次评定意见的,应当出具初次评定通知书。

初次评定保留继续审查权力,税务机关不需要为此承担任何证明义务,纳税义务人、税务委托人对初次评定的应纳税款在保留审查权期限内可随时申请取消或修改。"

2. "税务机关发现纳税义务人、税务委托人有不实申报或事后出现了导致税基计算等新的事实,可以进行再次评定。

再次评定,税务机关可以使用约谈、责成提供资料、查阅账簿记录、实地检查等方法。如果使用税务检查手段,即使评定结果没有对初次评定通知书做出修改,该保留审查权也取消。

再次评定时,如果发现纳税义务人、税务委托人有逃避缴纳税款、骗税、抗税等行为的,应当由税务稽查部门立案查处。

再次评定发出通知书后,如果发现纳税义务人、税务委托人有前款所列行为的,税务机关可以通过稽查形式查处而不受保留审查权取消的限制。"

(二) 本章中需要进一步完善的条款

1. 要明确税务机关合理性的证明责任。

2. 要确保税收程序法与税收实体法关于税收利息规定的协调与一致。

五、修订税收滞纳金

修订稿中"按照税款的千分之五按日加收滞纳金"的比例较高,应适当降低。此外,应考虑增加出现不可抗力情况下,应对税收利息和滞纳金给予减免的规定。

建议修改:滞纳金水平的高低取决于我国税收行政督促的力度,与他国比较只能作为参考,如果从降低纳税人负担的角度出发,从技术上可以考虑三种修改方案:方案一是降低千分之五的征收比例,如按日万分之五的比例征收;方案二是考虑按月或按次计征,这样与税收利息按日加收相区别,只要符合公正合理的原则都是可以采纳的方案,选择按日还是其他方式依据是否能够公正合理起到督促作用,而不是照搬别国做法;方案三是规定加收时间以开始实施税收强制(而不是税收强制结束时间)时为截止时间。

六、修订征税权时效

(一)税法时效制度的含义

(二)税收确定时效

1. 确定期间的性质。
2. 确定期间的长度。
3. 确定期间的起算。

建议修改草案第五十七条:

"税务机关对纳税义务人应纳税额的评定应当在5年内进行。

对于逃避缴纳税款、逃避追缴欠税、骗税、抗税,应纳税额的评定期间为20年。

在对纳税义务人实施特别纳税调整时,应当在10年内进行。

纳税义务人、税务委托人在规定申报期间内申报的,纳税评定时效自申报之日起算;纳税义务人、税务委托人未在规定期间内申报或者由税务机关实行核定征收方式的,自税收义务成立之日起算。"

(三)税收征收时效

1. 征收期间的性质。
2. 征收期间的长度和起算。
3. 征收期间届满的法律效果。

建议修改草案第八十六条:

"因纳税义务人、税务委托人过失造成少报、少缴税款的,税务机关在5年内可以要求纳税义务人和税务委托人补缴税款。

纳税义务人、税务委托人逃避缴纳税款、抗税、骗税的,税务机关可以在20年内追征其未缴或者少缴的税款或者所骗取的税款。

纳税义务人、税务委托人按期申报的,征收期间自纳税期限届满之日起算;未在规定期限内申报或者由税务机关核定征收的,征收期间自税收核定生效之日起算。

征收期间届满,税务机关不得再执行,但税务机关行使税收保障受偿权的除外。"

七、修订争议处理

（一）建议修订第九条第七款

纳税义务人、税务委托人对税务机关的具体行政行为,享有陈述权、申辩权;认为税务机关的具体行政行为侵犯其合法权益的,依法享有申请行政复议、提起行政诉讼、请求国家赔偿等权利。

（二）建议修订第一百二十八条

纳税义务人、税务委托人认为税务机关具体行政行为侵犯其合法权益,可以依法申请行政复议。行政复议期间不计税收利息。

（三）建议删除第一百二十九条第四款

第一百三十一条已经明确行政复议期间不停止执行,说明纳税义务人在复议期间就存在缴纳税款的义务,而不是复议结束后。

（四）将第一百三十三条移至第六章税收评定

本章"税务争议",一般应限于复议环节。税务机关依据情报交换信息确定税额的行为,是一个征收行为,而不是争议行为。即使纳税人有异议,也是征收过程中的异议。如果不是对税务机关的决定不服,不构成争议行为。

即便是对税务机关的决定不服,在争议条款中,仅就情报交换作为单独一条,并无特别的意义。何况,复议中,行政相对人并无举证的义务。

（五）建议修改第一百三十四条

对行政复议决定不服的,应当先依照复议机关的纳税决定缴纳或者解缴五分之一以上税款或者提供相应的担保,然后可以依法向人民法院提起诉讼随着财政部"税政决策权"归属的进一步明确,使税务机关的税政决策权画上了句号。

157

纳税义务人、税务委托人对税务机关的纳税决定与处罚决定、强制执行措施或者税收保全措施不服的，可以依法申请行政复议，也可以依法向人民法院起诉。

八、修订税收信用制度

建议修改为税务机关应当建立、健全税收诚信体系和失信惩戒制度，促进税法遵从。纳税信用管理办法由国务院另行规定。

九、修订税务代理

建议修改第一百三十五条 纳税义务人可以委托税务代理人代为办理税务事宜。

律师、注册会计师以及经考核合格人员，可以成为税务代理人。税务代理人应当加入相应的行业管理协会。

税务代理人管理办法由国务院税务主管部门另行规定。[①]

（四）新形势下《税收征管法》的再修订

1. 修订《税收征管法》面临的新形势

一部法律的修订离不开特定的历史环境，同样，特定的历史环境会影响和制约法律修订的内容与进程。新一轮《税收征管法》的修订是在新形势下进行的，笔者所指的新形势具有特定的内涵，即指国务院法制办2015年1月5日发布《中华人民共和国税收征收管理法修订草案（征求意见稿）》（以下简称《国务院第二稿》）以后足以影响征管法修订的特定事件，这种形势呈现以下五大特点：

（1）十八届四中全会提出的全面推进依法治国要求

2014年10月23日十八届四中全会通过的《中共中央关于全面推进依法治国若干重大问题的决定》（以下简称《四中全会决定》）是修订《税收征管法》的纲领性文献，《四中全会决定》明确提出了许多与修订征管

[①] 参加课题组撰稿的四部学术委员有（按撰稿章节顺序）涂龙力、滕祥志、丁芸、兰双萱、丁一、刘天永、樊勇、施正文、严锡忠、张久慧、袁森庚、张立旺，全文由钱冠林会长审定并提出修改意见，涂龙力总纂后上报国家税务总局。

法密切相关且长期以来广为税务执法机关密切关注的重要内容,包括:建设中国特色社会主义法治体系的要求;把所有规范性文件纳入备案审查范围、依法撤销和纠正违宪违法的规范性文件的要求;重要行政管理法律法规由政府法制机构组织起草的要求;对部门间争议较大的重要立法事项引入第三方评估、不能久拖不决的要求;完善执法程序、权责法定的要求;健全依法决策机制的要求;健全行政执法和刑事司法衔接机制、完善案件移送标准和程序,克服有案难移、以罚代刑、实现行政处罚和刑事处罚无缝对接的要求;建立健全行政裁量权基准制度、加强行政执法信息化和信息共享、提高执法效率的要求;明确纪检监察和刑事司法办案标准和程序衔接的要求;健全依法维权和化解纠纷机制的要求,等等。因时间等客观原因,十八届四中全会的上述要求,《国务院第二稿》中未能完全体现和落实,2016年修订时应当坚决贯彻十八届四中全会精神,将党的决定转化为国家意志。

(2) 中办、国办下发《深化国税、地税征管体制改革方案》

中改组审议通过,中办、国办联合下发的《深化国税、地税征管体制改革方案》(以下简称《体制改革方案》)是落实十八届三中全会关于"完善国税、地税征管体制"的重要战略步骤。《体制改革方案》包括国税、地税合作体制和税收征管模式两大内容,其中征管模式中的基本程序主要包括:第一,加强事中事后管理、纳税人分类分级管理、提升大企业管理层级、建立自然人税收管理、税务稽查改革、全面推行电子发票、加快税收信息系统建设、发挥税收大数据服务国家治理作用等转变征管方式的内容;第二,推行税收规范化建设、推进办税便利化改革、建立服务合作常态化机制、建立促进诚信纳税机制、健全纳税服务投诉机制等创新纳税服务机制内容;第三,积极参与国际税收规则制定、不断加强国际税收合作、严厉打击国际逃税避税、主动服务对外开放战略等深度参与国际合作内容。《体制改革方案》是国家税务总局下发的几个工作规范特别是国税地税合作工作规范的升级版,是今后税务机关执法的最高级别的政策依据。因此,《税收征管法》修订案应当与时俱进,充分体现《体制改革方案》的要求。

(3)《中华人民共和国行政诉讼法》修订案的施行

税收执法属行政执法范畴,2014年11月11日全国人大常委会审议通过的《中华人民共和国行政诉讼法》（修正案）（以下简称《行政诉讼法》）将直接影响《税收征管法》的修订，影响的内容主要包括：受案范围扩大（限制竞争、违法集资、摊派、未支低保）；行政机关不得干预阻碍法院立案；可口头起诉（有利于方便当事人）；应当登记立案（减少对原告阻碍）；起诉期限延长到6个月（原3个月）；行政首长出庭（有利于缓解矛盾和解决矛盾）；可跨区管辖（有利于避免当地干预）；不执行可拘留行政机关直接责任人（有利于缓解执行难）；复议机关是共同被告（维持原判的是共同报告，改变决定的复议机关是被告）；明确提出要解决行政争议（过去注重监督和救济功能）等等。为避免两法的不协调，这些内容应当体现在《税收征管法》的修订中。

（4）以"互联网+"为代表的现代信息技术发展对税收征管的新要求

提高税收治理能力现代化对税收征管工作提出的时代要求，税收治理能力现代化至少应当包括税收治理理念的现代化、税收治理制度的现代化和税收治理手段的现代化。信息管税是提高税收治理能力现代化的最重要的治理手段，是实现税收制度现代化的保障。这是以电子商务、电子金融等新业态的迅速发展对税收征管提出的必然要求。信息管税最要紧的是先管好信息，这是重中之重。因此，修订《税收征管法》最重要的任务之一是强化信息管理的基本程序制度和法律责任制度。

（5）国际税收征管协作对税收征管提出的新任务

加快实施"走出去"战略，是我国在新一轮对外开放中的一项重要战略决策。与之相适应，税收征管的国际协作也日益频繁，帮助企业走出去、解决重复征税、防止税收歧视和税收风险等方面，《税收征管法》应当发挥重要作用。如何确定国际税收间的合作和加强国际税收管理的基本程序，这是现行《税收征管法》的空白，在国际税收征管法单行税法目前尚无立法规划的条件下，新一轮《税收征管法》的修订应当填补这一空白，为支持扩大对外开放、鼓励企业走出去提供国际税收服务。

2. 修订《税收征管法》应当增加的内容

（1）应当增加税收征管体制改革的内容

中办、国办联合下发的《体制改革方案》是国家税务总局下发的《国家税务局、地方税务局合作工作规范》的升级版，主要包括国税、地税征管体制改革和税收征管（广义）模式改革两大项内容，其中以税收征管模式改革内容为多。

首先，《体制改革方案》提出的征管体制改革的主要内容。第一，厘清国税和地税、地税和其他部门的税费征管职责划分，着力解决国税、地税征管职责交叉以及部分税费征管职责不清等问题。第二，坚持法治引领，改革创新，发挥国税、地税各自优势，推动服务深度融合、执法适度整合、信息高度聚合，着力解决现行征管体制中存在的突出和深层问题，不断推进税收征管体制和征管能力现代化。第三，税务机关与其他收费（基金）机关税收管辖权的界定，比如《环境保护税法》中税务机关与环保机关的权利、义务、责任与程序。

其次，《体制改革方案》提出征管模式改革的主要内容。第一，创新纳税服务机制。涉及推行税收规范化建设、推进办税便利化改革、建立服务合作常态化机制、建立促进诚信纳税机制、健全纳税服务投诉机制等方面。第二，转变税收管理方式。涉及加强事中事后管理、对纳税人实施分类分级管理、提升大企业管理层级、建立自然人税收管理体系、税务稽查改革、加快税收信息系统建设、发挥税收大数据服务国家治理作用等方面。第三，深度参与国际合作。涉及积极参与国际税收规则制定、不断加强国际税收合作、严厉打击国际逃避税、主动服务对外开放战略等方面。第四，信息高度聚合。涉及创新纳税服务机制中的建立服务合作常态化机制、转变征收管理方式中的加快税收信息系统建设、深度参与国际合作中的不断加强国际税收合作、构建税收共治格局中的推进涉税信息共享等方面。

最后，《体制改革方案》中涉及的法律问题。第一，征管体制改革中涉及的法律问题。国税与地税、地税与收费部门税收管辖权的界定。第二，征管模式改革中涉及的法律问题。这部分应当在修订《税收征管法》中增加的内容最多，主要包括：一是填补空白的内容。比如纳税服务的法律效力、投诉的程序，自然人征收体系，税务稽查主体资格、法定权限、案件移送的程序与责任，国际税收征管程序与责任，税收社会共治中的程序、义务、责任等。二是明确难点的内容。比如纳税服务与依法治税关系、社会共治中信息共享的程序、义务、责任，反避税（比如第三十五条第六款计税依据明显偏低且无正当理由）等等。

上述《体制改革方案》中要求的涉及税收征管基本程序内容，应当在修订《税收征管法》时充分考虑，使税收征管体制改革于法有据。

（2）应当增加与《行政诉讼法》相衔接的内容

法律衔接、特别是不同部门法律之间的衔接，是避免法律冲突、避免执法风险、避免行政复议与诉讼不协调的制度保障。作为税收执法基本程序法的《税收征管法》应当加强与其他部门法律特别是程序性法律的衔接，比如新修订的《行政强制法》《行政诉讼法》以及将要修订的《行政复议法》。基于国务院 2015 年 1 月 5 日发布的《税收征管法》征求意见稿中已增修了《行政强制法》中的相关内容，再修订时主要应当增加与《行政诉讼法》的衔接内容。

需要特别指出的是，《最高人民法院关于适用〈中华人民共和国行政诉讼法〉若干问题的解释》（法释〔2015〕9 号）（以下简称《司法解释》）第二十一条规定：规范性文件不合法的，人民法院不作为认定行政行为合法的依据，并在裁判理由中予以阐明。做出生效裁判的人民法院应当向规范性文件的制定机关提出处理建议，并可以抄送制定机关的同级人民政府或者上一级行政机关。在我国税收执法实践中，大量的各级税务机关（包括国家税务总局）制定的规范文件是基层税务机关执法的主要依据，因规范性文件不"规范"引发的税务诉讼案件也日益增多。修订《税收征管法》时应当高度重视这一普遍现状，与《行政诉讼法》衔接，增加规范性文件的创制、备案、监督、应诉、处理等相关内容①，以规避执法风险。

3. **应当明确税收法律适用**

税收执法实践中，基层税务机关经常遇到的执法风险之一是税收法律与其他部门法律的适用问题，特别是当二者存有异议时税务执法机关很难适应。

在修订《税收征管法》的过程中，笔者一直坚持，在总则中应当明确税收法律与其他部门法律的适用问题。我们认为：一是应当明确在涉税法律事项中，税法规定属于特别规定，其他部门法律属于一般规定。二是当

---

① 可能有人认为这属立法问题，已超出《税收征管法》范围，但征管法是执法基本程序法，从程序角度增加相关内容不是僭越立法权。

税法规定与其他部门法律规定不一致时,应当适用税法规定。这是基于十八届三中全会关于"财政是国家治理的基础和重要支柱,实现国家长治久安的制度保障"。明确税法规定属于特别规定的意义:一是敦促提高税收立法级次。《立法法》规定的法律适用是有前提的,即在同级次法律间才有特别规定与一般规定的适用问题,否则,下位法与上位法不一致时的适用原则只能是下位法服从上上位法。二是有利于化解税收执法风险。只有落实税收法定原则,提高税收立法级次,才能化解税务机关因法律适用不当而产生的执法风险。

4. 应当深入探讨的几个问题

(1) 文件性质或级次的界定

2015 年以来国家税务总局以"税总发"或"税总办发"的称谓且以"通知"形式陆续下发了纳税服务、出口退(免)税、税收征管、国税地税合作、税务稽查等 5 个工作规范文件及其升级版的通知:①《全国税务机关出口退(免)税管理工作规范(1.0 版)》(税总函〔2015〕29 号)、《全国税务机关出口退(免)税管理工作规范(1.1 版)》(税总发〔2015〕162 号);②《纳税服务工作规范(试行)》(国税发〔2005〕165 号)、《全国税务机关纳税服务规范》(2.3 版)(税总办发〔2015〕224 号,2015 年 11 月 30 日);③《全国税收征管规范(1.0)》(税总发〔2015〕48 号,2015 年 7 月 31 日);④《国家税务局地方税务局合作工作规范》(1.0)(税总发〔2015〕82 号)、《国家税务局地方税务局合作工作规范》(2.0)(税总发 159 号)(《国家税务局地方税务局合作工作规范》3.0 版也即将出台);⑤《税务稽查案源管理办法(试行)》(税总发〔2016〕71 号)等。另外,还有各司局以"税总便函"称谓下发的,如《国家税务总局纳税服务司关于下发"营改增"热点问题答复口径和"营改增"培训参考材料的函》,等等。以上税总发、税总办发以及各司局发的税总便函,特别是 5 月 1 日全面推行"营改增"以来,各种施行文件频繁的下发。根据税收法定原则,笔者认为至少有三个问题应当厘清:

一是以税总发、税总办发和税总便函下发的工作规范"通知"等属于规范性文件。根据《税务部门规章制定实施办法》第二条第二款"税务规章的名称一般称'规定''规程''规则''实施细则''决定'或'办法'"和第三款"税务规章以国家税务总局令的形式发布"之规定,显然,上述工作规范属于税务规范性文件。根据 2017 年 5 月 16 日下发的《税收规范性文件制定管理办法》(国家税务总局令第 41 号)的决定应当规范税收规范性文件的制定、管理与执行等程序。

二是通知内容不应当涉及税收基本制度,包括体制、实体和程序制度。如果涉及,应当说明有无授权、何部门授权、能否授权等问题。特别要指出的是,全面推行"营改增"以来财税主管部门以通知形式下发了一系列文件,包括《关于全面推开营业税改征增值税试点的通知》(财税〔2016〕36 号)以及《营业税改征增值税试点实施办法》《营业税改征增值税试点有关事项的规定》《营业税改征增值税试点过渡政策的规定》和《跨境应税行为适用增值税零税率和免税政策的规定》等。上述通知中凡涉及税收基本制度的内容应当以行政法规形式由国务院法制办下发。

三是中办、国办下发的《体制改革方案》可以作为税务总局下发文件的上位法。这里涉及两个法理问题:第一,中改组文件或中办国办的文件属最高行政文件而不属于法律文件。第二,根据我国税法实践,上述文件可以作为主管部门创制部门规章、规范性文件的依据。

讨论上述问题的意义在于,第一,如果税总发或税总办下发的 5 个工作规范,包括下发的其他文件属于规范性文件的话,那么随着《司法解释》的施行,基层税收执法机关将面临较大制度风险,同时也对办案法官提出了更高的专业素质要求。第二,在上位法无明确规定或无明确授权的情况下,基层执法机关若要作为,规避执法风险是一大困难。

(2) 规范授权立法及其程序

《立法法》明确了税收基本制度只能制定法律且界定了税收基本制度的内涵,同时还明确了授权立法的主体、范围与时效,明确了不得转授权等等,这为落实税收法定原则提供了法律支撑。一个目前普遍存在的、学界颇有争议的问题是,国务院是否可以转授税收基本制度立法权?根据《立法法》的相关规定,在国务院主管部门下发的部门规章或规范性文件中冠以"经国务院批准、同意抑或国务院常务会通过",涉及税收基本制度立法的,不是正当的授权立法程序。从 2012 年上海的"营改增"试点再到 2016 年全面推行"营改增",几乎涉及所有税收基本制度内容的立法,都由财税主管部门冠以"国务院常务会通过、批准或同意",并以通知形式下发。这有悖税收法定原则、有悖十八届四中全会关于"重要行政管理法律法规由政府法制机构组织起草"的决定。

笔者认为，根据《立法法》的相关规定，国务院就税收基本制度事项立法转授给财税主管部门制定部门规章或规范性文件的程序不当。

（3）增加国税、地税征管体制内容

《体制改革方案》中涉及许多税收征管问题，包括征管体制、征管模式等问题，特别是国税、地税执法适度合作的体制程序问题是否应当在《税收征管法》中体现。

这个问题涉及《税收征管法》的定位与架构。一直以来，在税收征管体制的相关问题处于法律空白，深化国地税征管体制制度改革急待上位法支撑的形势下，作为税收执法基本程序法的《税收征管法》是否应当担当这一责任，明确界定国、地税职责与权限、适度合作甚至深度合作的程序等，这是能否贯彻重大改革于法有据、落实税收法定原则的重要依据。

（4）落实责任法定

笔者一直认为，在修订《税收征管法》时应当明确界定抽象税收法律行为与具体税收法律行为的责任归属，其现实意义：一是明确界定两种责任归属，有利于提高税收立法质量特别是税收部门规章和税收规范性文件的立法质量，为制定"良法"保驾；二是有利于遏制部门规章、特别是规范性文件的立法任性，避免法律间的不协调甚至冲突；三是有利于基层执法机关有"良法"可依，减少或避免因制度缺失或过失引发的执法风险。因此，《税收征管法》应当落实责任法定，明确界定抽象行为责任与具体行为责任，更不能由具体行为人替代抽象行为人承担责任。

探索税收程序制度的改革与立法，笔者坚持以下观点：

第一，税收实体制度与税收程序制度相辅相成、相互制约。实体与程序都应当落实税收法定原则，实体合理、程序不当的行为同样违背税收法定原则。

第二，程序正当是税务机关执法的第一要义，《税收征管法》应当是税务机关执法的基本程序法律。

第五篇

税收改革篇
（税收体制制度改革）

税收体制制度是税收三大基本制度（体制、实体、程序）的根基，影响和制约着税收实体制度和税收程序制度。目前，我国税收体制制度的唯一法律依据是国务院下发的《关于实行分税制财政管理体制的决定》（国发〔1993〕85号,）（以下简称《分税制》）。1994年1月1日实行分税制以来，相对税收实体制度和税收程序制度的改革，税收体制制度改革的内容不多，力度也不大。党的十八大以来，加快了税收体制制度改革的进程。税收体制制度改革的核心是税政管理权，税政管理权包括税收立法权、税收收入分配权和税收管辖权。当前税收体制制度改革的重点，集中在完善地方税体系和完善国税、地税征管体制两个层面，前者重点是立法权与分配权，后者重点是管辖权。

一、完善地方税体系

（一）完善地方税体系是第三轮税制改革的基本框架

十八届三中全会《改革决定》在"深化税收制度改革"中提出了第三轮税收制度改革的两个基本框架：一是"完善地方税体系"；二是"逐步提高直接税比重"。纵观《改革决定》明确提出的增值税、消费税、个人所得税、房地产税、资源税和环境保护税等六项税制改革，无一不与完善地方税体系休戚相关。

（1）增值税改革，即营业税改征增值税是影响和倒逼推进完善地方税体系最直接的诱因：第一，营业税是地方税体系中第一大税种，"营改增"后势必引发地方税税种结构的巨大变化，这在客观上倒逼尽快完善地方税体系。第二，为落实《改革决定》提出的"保持现有中央和地方财力格局总体稳定"的财税体制改革基本原则，必须"结合税制改革，考虑税种属性，进一步理顺中央与地方收入划分"，这在客观上也倒逼尽快完善地方税体系。

（2）消费税改革的目标之一，是重新界定其税种属性以落实财税体制改革的基本原则，从而保持中央地方财力格局的总体稳定。重新界定消费税税种属性，即将其中央税属性调整为中央与地方共享税或地方税，增加地方税的收入。

（3）个人所得税和房地产税改革的定位，一是两税属均直接税范畴，根据"逐步提高直接税比重"这一框架要求，两税均属于增量改革的税种，从而能增加地方税收收入。二是将两税明确界定为地方税税种且逐步提高其比重、最终成为地方主体税种。

（4）资源税和环境保护税的改革与立法也与完善地方税有直接关系：一是资源税作为共享税其发展趋势，特别是水、森林、草原、滩涂、湿地等资源逐步纳入资源税征税范围后相应地都会增加地方税收收入。二是环保税立法开征后，应当定性为地方税税种。

显然，六大税种的改革与立法都直接或间接与完善地方税体系有关，这是一次完善地方税体系的契机，也是《改革决定》将其定格为基本框架的缘由，长期以来地方税体系改革严重滞后的现状有望在本轮改革中得到完善。

完善地方税体系首先要厘清地方税体系的内涵与外延，否则难以科学、完整地构建这一体系。通行的表述是，中央税的对称，属地方财政固定收入的税收，一般将税源分散、又与地方经济联系密切的税种划为地方税。笔者认为，地方税体系不是一个简单的税种结构概念，也不是一个简单的税收归属概念，地方税体系是一个集管理体制和税制结构于一体的完整系统。第一，从税收管理体制层面分析，地方税体系应当涵盖税政管理权的全部内容，即包括税收立法权、税收收入分配权和税收管辖权。完善地方税体系，首先应当明确界定省级政府的税收立法权，不具税收立法权的地方税体系不是科学、完整的体系（至于省级政府享有税收立法权的范围及立法程序则是第二个层面的问题），十八届四中全会关于《中共中央关于全面推进依法治国若干重大问题的决定》（以下简称《法治决定》）将立法权扩大为设区的较大城市。其次，基于行政管理体制改革由五级向三级的发展趋势，应当明确界定省、县两级政府的税收收入归属权和支配权，尤其要保证县级政府提供公共产品与服务的财力，否则也不是科学、合理的地方税体系。最后，十八届三中全会《改革决定》指出要"完善国税、地税征收管理体制"。应当明确界定中央与地方征收机构的税收管辖权，包括同城和异地的税收检（稽）查权，避免国税地税征税机关职责的不协调。第二，从税制结构层面分析，应当根据结构优化的税收原则，完善地方税体系。首先，应当确定与培育主体税种。为适应我国幅员辽阔、各地经济发展与生产力布局差异较大的特点，各地区可选择适应本地特点的税种作为主体税种。其次，根据地方政府支出责任和不同地区经济状况分别确定各地区主体税种的规模与比重。最后，提高直接税比重，发挥税收调节收入分配的功能。因此，地方税体系是社会发展到一定历史阶段的产物，是中央与地方"分权"（事权、财权）后，为满足地方政府履行其职能需要，由中央统一立法或由中央授权地方立法，向纳税人收取，收入划归地方，并由地方政府管理的税收体系。

完善地方税体系的核心是完善省级地方政府的税政管理权。根据税收法定原则，完善地方政府税政管理权特别是税收立法权应当遵循以下具体原则：一是主体（或级次）法定原则。主体法定包括地方税立法权主体法定、地方税税收分配权主体法定和地方税税收征管权法定，其中最重要的是地方税立法权主体法定。十八届四中全会《法治决定》关于立法权扩至设区的较大城市应当分两步实施：第一步，2020年前，地方税立法权主体只扩至省级人大常委会一级，同时选择设区的城市作试点。第二步，2020年后立法权扩大至全国设区的较大城市。二是内容法定原则。地方政府税收立法权的内容应当遵循以下规定：（1）属于税收基本制度的立法应当有全国人大常委会的授权。根据十八届三中全会《改革决定》关于"地方管理更方便有效的经济社会事项，一律下放地方和基层管理"的精神与地方税的特点，某些尚未成熟的地方税的基本制度立法应当在授权条件下进行，地方政府不得僭越税收立法权。十八届四中全会《法治决定》明确规定"禁止地方制发带有立法性质的文件"。（2）地方政府的税收立法包括授权立法不得与宪法、税收法律、税收行政法规相抵触，否则中央有权废止或责令地方政府纠正。三是程序法定原则。十八届四中全会《法治决定》明确规定了政府重大政策决策的五大基本程序，程序法定是内容法定的保障，地方政府的权力立法和行政立法应当坚持程序正义原则，地方税收基本制度应当坚持权力立法程序，行政立法程序不能取代权力立法程序，即便是最高行政机关也不能授权地方行政机关制定税收基本制度。①

（二）完善地方税体系的基本路径

重构地方税体系是党的十八大提出的加快财税体制改革"五位一体"② 总体部署中的核心内容与关键环节。这是因为：第一，地方税体系的重构涵盖了其他"四位"的内在本质要求。第二，地方税体系的重构是加快财税体制改革的出发点与落脚点。第三，重构地方税体系是推进"营改增"顺利实施的关键环节。从理论研究层面看，完善地方税体系不是一个新课题；从改革实践层面看，完善地方税体系是一个滞后的课题。随着"营改增"的全面推行，更有利于加快重构地方税体系。

1. 完善地方税体系应置于"321"基本框架

"营改增"必然会触动现行分税制财税体制的根基，根据现阶段中国经济社会特点、发展战略目标和借鉴国际成熟经验，从财税体制改革的核心即税政管理权配置的视角分析，我国财税体制宜采用"321"分税制模式。所谓"321"模式是指，三级政府分享税收收入分配权、两级政府分

---

① 2011年，沪、渝两市根据国务院常务会议精神下发的个人住房征收房产税的通知，是在未修订现行《房产税暂行条例》条件下推行的，在未履行地方立法程序就开征个人住房房产税是典型的有悖程序正义的案例，这与税收法定原则相悖。
② 十八大部署"五位一体"的财税体制改革是指：一个体制即中央与地方财力（支出责任）与事权相匹配的体制；两个体系即基本公共服务均等化和主体功能区建设的公共财政体系；地方税体系；一个制度即结构优化、社会公平的税收制度；一个机制：公共资源出让收益合理共享机制。

享税收立法权和一级政府独享税收管辖权的税政管理权配置模式。

（1）税收收入分配权宜采用中央、省和县三级分享模式。根据事权与支出责任相匹配、公共服务均等化等税收收入分配原则，应当在三级政府间明确税收收入分配比例。当前要大力推进省以下分税制改革进程，要明确归属县级政府的税种和税收收入分配比例（比如将房地产税税收收入列为县、市主体税种），确保县级政府提供均等公共服务的财力支出，尤其是公共教育、公共医疗卫生、公共社会保障（包括保障性住房）等关系国计民生需求的刚性支出。

（2）税收立法权宜采用中央和省两级分享模式。没有税收立法权的地方税体系是不完整、不符合市场经济体制要求的地方税体系，应当借鉴国外成熟做法，在中央统一税政的前提下，赋予省级地方政府适当税收立法权。这是适应我国地域辽阔、各地区经济发展差距较大和完善市场经济、调动地方积极性的必然要求。十八大提出的"简政放权"、特别是国务院密集下放的审批权，应当包括税收审批权和部分立法权。2016年7月1日施行的资源税改革，开创了赋予省级地方政府适当税收立法权的先河。

（3）税收征收管辖权宜采用一级征收管理模式。根据大部制改革的基本原则与目标，改变目前国地两套征收机构职责交叉的"一税两征"为"一税一征"的一级征收管理模式势在必行。

2. 新形势下重构地方税体系的指导思想

（1）遵循中央与地方财力与事权相匹配体制的要求确定地方税税收收入的规模，这是重构地方税体系的前提。应当以事权定财力、以公共支出定税收收入，改变目前中央与地方分配关系中事权与支出责任"剪刀差"的不合理现状。要从体制上根治地方政府债务风险和减少对土地财政的高度依赖，就必须扩大地方税收收入规模。

（2）遵循基本公共服务均等化和主体功能区建设的公共财政体系要求处理中央与地方分配关系，这是构建地方税体系、缩小三大差别的基本原则。应当根据不同地区经济发展状况实行差别化的税收政策，提高一般性税收转移支付比例，充分发挥地方税调节地区差别、推进基本公共服务均等化的功能。应当建立对地方合理的税收补偿机制，解决因主体功能区建设、调整产业产品结构的合理布局以及税源与税收背离而减少的某些地区的税收收入。

（3）遵循完善结构优化、社会公平税制的要求设计地方税税收制度，这是重构地方税体系的核心。结构优化包括税种结构优化、税负结构优化、税种属性优化和税费结构优化四项内容，所以应当调整直接税与间接税比重，增加所得税、财产行为税占地方税收收入的比重；应当调整、降低共享税占税收总收入的比重，为构建彻底分税制奠定基础；应当调整法人与自然人税负比重，促进实体经济发展；应当调整税费比重，推进费改税进程，从而建立结构科学合理的地方税制度。社会公平包括权利平等、机会平等和规则平等三项内容，所以应当建立征纳双方义务与权力（益）对等，不同性质、不同规模、不同行业纳税人之间机会、程序、规则三公平的地方税制度。

3."321"分税制财税体制框架下的地方税体系构建

(1) 根据"优化结构"的税改目标，重构地方税种结构

第一，国外的税制结构。

一是美国。美国政治上实行联邦制，分为联邦、州、地方三级政府。全国共有50多种税，主要税种包括个人所得税、公司所得税、工薪税（社会保险税）、销售税、消费税和财产税，这6种税占全国税收总收入的80%以上。三级政府对税种的划分情况是：联邦政府税种主要包括个人所得税、公司所得税、工薪税、消费税、关税、遗产税和赠予税；州政府主要税种包括销售税、州个人所得税、州公司所得税和财产税；地方政府主要税种包括财产税、销售税、地方个人所得税和地方公司所得税。美国税种划分的特点是：采用共享税源的形式划分中央税和地方税，即各级政府可以就同一税源征收自己的税种，如三级政府同时征收个人所得税和公司所得税。同时，各级政府都有各自不同的主体税种。联邦政府的主体税种为个人所得税，该税种占联邦税收总额的近50%；州政府的主体税种为销售税，该税种占州政府税收总额的58%；地方政府的主体税种为财产税，占地方政府税收总额的75%。

二是法国。法国是集权模式的典型代表，其政治体制实行中央、省、市镇三级政府，全国共设50多种税，按税种分为中央和地方两大税系。税源较大的主要税种划分为中央税，包括个人所得税、公司所得税、社会保险税、增值税、消费税、关税等；地方主要是一些税源小的税种，包括企业就业税（工资税）、居住税、财产税等。在税收总额中，中央税占85%，地方税只占15%。法国的税种划分体现了高度的中央集权，划分模式上采用的是按税种专享，不设共享税。

三是德国。德国在税收管理上实行联邦、州、地方三级分税制体制。将全部税收划分为专享税和共享税两类，以共享税为主，专享税为辅，建立各级政府的税制体系。划归州政府的专享税主要包括财产税、遗产税、消防税、机动车税、啤酒税、赛马税及彩票税等，划归地方政府的专享税主要包括土地税、资本和收益的所得税、娱乐税、饮料税等；共享税中，个人所得税、营业税在联邦、州和地方三级政府间共享，公司所得税和增值税仅在联邦和州两级政府间共享。德国税种划分的主要特点是共享税居于主导地位。

四是澳大利亚。澳大利亚实行联邦、州和地方三级政府管理，严格按税种划分中央税和地方税，各级政府税收自成体系，不共享税源，也不设共享税。税种划分的基本情况是：联邦税主要包括个人所得税、公司所得税、资本利得税、销售税、消费税、自然资源税、关税、遗产税与赠予税、附加福利税等；州税主要包括工资税（社会保险税性质）、交易税、印花税、金融机构税、汽车税、营业税、酒税、赌博税等；地方政府征收的主要是财产税。

五是英国。尽管英国作为资本主义国家，奉行自由市场经济制度，但在中央与地方的集权与分权上，却一直是较为保守的，这鲜明地体现在各税种在中央与地方间的划分上。其中央政府集中了国家绝大部分税种，地方政府只有财产税一种税。地方税占全国税收总额的比重较小。

六是韩国。韩国是一个高度集权的单一制国家，其政府结构由中央政府、道和直辖市政府、市和郡政府、镇和乡政府共四级政府组成。但政府财政预算只设到市和郡政府，因而韩国的财政仅分为中央、道与直辖市、市与郡三级。韩国将全国30余种税划分为国税和地方税。国税税种主要包括所得税、公司税、教育税、增值税、关税、特种行为税、酒税、电话税、印花税、证券交易税、遗产税、土地超额增值税、资产重估税、超额利润税、交通运输税等15种税；地方税也有15种，进一步分为市道税和市郡税两大类，其中市道税又分为市（直辖市）税和道税，地方税的设置采用了共享税源的办法。市税包括取得税（亦称购置税）、居民税（一种所得税的附加税）、登记税、机动车税、烟草消费税、屠宰税、赛马税、公共设施税、都市规划税、区域开发税、农地税等11种；道税包括取得税、登记税、执照税、赛马税、公共设施税、区域开发税等6种；市郡税包括居民税、事业税、机动车税、烟草消费税、屠宰税、都市规划税、农地税、财产税、综合土地税等9种。

第二，我国地方税税种结构选择。

一是简化税制，减少共享税。《中国财政年鉴》（2006~2012年）资料显示，2005~2011年共享税占全国税收总收入比重一直在三分之一以上，占全部地方税总收入一直在三分之二以上，共享税比重过大存在许多弊端：受共享税调整比例影响较大[1]，不利于地方主体税种的建立；地方相对独立性较小，不利于调动地方政府积极性；"一税两征"不利于税收征管，增加了两套征收机构的协调成本。"营改增"后，应当只保留增值税和企业所得税两个占税收收入比重较大的共享税税种，其他共享税可以一并划归地方税体系。

二是提高直接税比重。资料显示（同上《中国财政年鉴》），2005~2011年地方税总收入中企业所得税和个人所得税两大直接税所占比重均未超过24%，而增值税和营业税两大间接税所占比重均未低于43%，最高接近55%。这种状况不利于发挥税收调节收入分配的职能作用，应当调高直接税比重。根据国际税制发展变动规律，直接税与经济发展阶段、居民收入变动成正比关系。以个人所得税为例，2012年我国人均GDP达6000美元，进入上中等收入阶段；据中外机构统计，我国70万富翁群体资产总计达80万亿元。[2] 2006~2009年4年间，年收入12万元以上自行申报个税者人数已经翻番，2009年达到了268.9万人，人均个税纳税额达到了5万元，缴税额达1384亿元，占2009年度个人所得税收入总额的

---

[1] 1994年实行分税制后，企业所得税、个人所得税、营业税、印花税等共享税分配比例做了多次调整，对地方税税收入规模产生较大影响。

[2] 据招商银行和贝恩公司联合发布的《2013中国私人财富报告》披露，2012年中国70万富翁持有可投资资产总额达80万亿元，人数和总资产均是2008年的两倍。详见《21世纪财经报道》2013年6月5日第17版。仅此70万富翁群体如及时全额上缴个人所得税恐怕是当年个税总收入的数倍，再加上年收入12万以上群体上交的个税，成为地方主体税不是空话。

35.5%①。随着中等收入以上群体的不断扩大,年收入 12 万元以上申报者正强势增长②,这说明提高个人所得税比重具有可操作性。

三是调整税收收入属性和推进财产行为税改革进程。将车辆购置税等收入归属地方政府收入;将消费税由生产环节下移零售环节并归属地方政府收入;按征收环节整合房产税与城镇土地使用税;按税种性质整合土地增值税和增值税;根据清费立税原则开征环境税;加强税收调节收入功能,尽快研究和在东部发达地区推进开征赠予税和遗产税的试点。

(2) 根据调动地方积极性原则重构地方主体税种。

第一,国外主体税种的选择。

根据本国税种设立的情况、税源的分布及地域特点、地方政府的需要等因素,选择了不同的税种作为地方税的主体税。有些国家以商品税类税种为主体,如美国州政府以销售税为其主体税,巴西以商品流通税为地方主体税,印度以营业税为地方主体税;有些国家以所得税类税种为地方主体税,如日本以法人税和居民税为地方主体税,澳大利亚以工资税为地方主体税。

从各国地方税主体税种类别上看,许多国家选择了财产税,如在美国,财产税收入约占州以下地方政府税收收入的 3/4,日本财产税占市町村税收收入 37%,法国地方税收收入结构中建筑税、住宅税分别占 44% 和 26%。财产税作为地方政府重要收入来源的原因主要在于两点:①税基稳定,纳税面宽,且征收方法简便,透明度高;②财产税充分体现了受益原则,即不论是个人财产还是企业财产都享受着地方财政公共支出的利益,因而理所当然应该纳税。正是基于以上两点,财产税在许多国家地方税中占据着重要地位。

除财产税外,把所得税作为地方税主体税种是国际发展的新动向。如日本都道府县税收收入 40% 来源于事业税,市町村税收收入中 51% 为居民税收入。其主要原因是:①税源潜力大;②依能课税,能更好地体现公平原则;③较好地体现受益原则。

---

① 《中国第一财经日报》2010 年 5 月 20 日。
② 据天津地税披露,2012 年年收入 12 万元以上申报人数达 10.1 万人,同比增加 2.9 万人,申报所得 316.7 亿元,同比增加 97.3 亿元。资料来源:《中国税务报》2013 年 5 月 13 日。

第二，我国地方主体税种的选择。

根据调动中央与地方两个积极性的基本思路，重构地方税主体税。如前所述，个人所得税可以成为地方主体税种之一，另外房产税和资源税也是地方主体税种的最佳选择。据 2013 年财政部一项研究报告称，全面改革后的资源税按 5% 税率计价征收，仅原煤、原油、天然气三项可征税 1813 亿元，占 2010 年全国地方一般性预算收入的 4.47%，如按 10% 税率可征 3880 亿元，占比 10% 以上。房产税按上海试点方案，对增量与存量住房按销售总额测算，如按 0.6% 税率 100% 征收房产税占全国地方财政总收入比重达 10.33%，如按 3% 税率 70% 征收房产税占全国地方性财政性总收入比重高达 36.14%。① 据报道，上海已出现单价每平方米 20 万元的豪宅，② 如增量存量齐征，房产税总量可能是 2012 年的十几倍。目前，我国房产税收入水平较低，仅占全国税收收入的 1.2%，占地方财政收入的 6%，而国外房产税占地方税比重较大，比如美国占 50%~80%、法国占 69%、加拿大占 85%、日本占 32%、菲律宾占 53%、印度占 37%、南非占 57%。③ 如按占地方税 50% 比重计算，2011 年我国房产税收入应当是 2 万亿元，超过营业税收入 65%。因此，改革后的个人所得税、资源税（包括将开征的环境税）和房产税（包括深化改革后的房地产税）完全可能成为地方主体税种。④

（3）根据事权与支出责任相匹配原则，重构地方税收规模

第一，国外地方税的规模。

一是占 GDP 比重。世界各国地方税占 GDP 的比重差异较大，这是由不同的国情、不同的政治体制以及不同的政策选择造成的。一般情况是：单一制国家地方税的规模较低，联邦制国家的地方税规模相对较高，这是与它们的相对集权和相对分权的特征相一致的。我国地方税占 GDP 的比重在 3.7% 左右，低于所有联邦制国家，略高于单一制国家的平均水平，

---

① 财政部课题组：《资源税、房产税改革及对地方财政影响分析》，《经济研究参考》2013 年 21F-2 专辑。
② 上海远中风华房产项目 2006 年以来陆续推出单价 2.7 万元至十几万元每平方米的高价产品计 1000 套，目前最高 20 万元。《第一财经日报》2013 年 6 月 5 日。
③ 安体富：《结构性减税应有利于税制结构的优化》，《中国税务报》2012 年 3 月 7 日。
④ 主体税种各省可自行根据本地情况确定。

低于法国和日本。尽管我国采用的是单一制的国家结构形式，但是，我国的地域范围广阔，区域间的自然地理条件和经济发展水平等方面的差异很大，因此，我国的地方税收收入占 GDP 的比重并不算高。

二是占全国税收总额的比重。这一比重反映的是中央与地方间进行税收分割的比例，它集中体现了一国财权的集中与分散程度。通常情况下，联邦制国家的数值要明显高于单一制国家。我国地方税收收入占全国税收总额的比值不仅高于单一制国家的平均水平，而且还高于联邦制国家的平均水平，由于我国的社会保障基金尚未纳入税收体系，在将其他国家的社会保障税剔除后再加以比较，我国的地方税规模仍远高于绝大多数的单一制国家，与日本的水平相当，略低于联邦制国家的平均水平，却高于其中的澳大利亚和奥地利两国。

三是占地方财政收入及支出的比重。这两个比重是通过考察地方税对于地方政府实现其职能的贡献度来评价地方税收收入规模的，由于在地方财政收入中，最主要的形式为地方税收收入和中央政府的补助，因此这一比重也间接地体现了各国中央对地方的控制程度。无论是联邦制还是单一制国家，其地方税占地方财政收入和支出比重的平均数都大致为 40% 多。其中，联邦制各国的水平较为接近，大都在 30%~60%，较高的加拿大与较低的澳大利亚之间相差约 12 个百分点；单一制国家之间，这一比重则相差悬殊，瑞典与英国间相差近 60 个百分点，这其中最主要的影响因素就是中央政府的补助的高低，而补助的高低主要取决于各国的国情及政策选择。在我国，地方税占地方财政收入的比重略低于各国的平均水平，地方税占地方财政支出的比重与各国的平均值大体相当。

第二，我国地方税收收入规模选择。

根据事权与支出责任相匹配原则，重构地方税收规模。地方政府承担公共服务支出的主要责任，2005 年至 2011 年地方收入提高了 2.9 个百分点，支出却提高了 10.8 个百分点。2011 年地方税收占全部税收的 45.81%；而地方财政支出却占 84.9%（《中国财政年鉴》）。显然，地方政府税收收入与财政支出存在的"剪刀差"正是形成地方债务风险和对土地财政高度依赖的体制原因。因此，应当扩大地方税规模，按支出比例提高地方税占全部税收的比重。可以乐观地预计，随着个人所得税、房产税和资源税改革的不断深化，环保税的开征等，地方税收收入会不断增加，最终能够实现事权与支出责任的基本匹配的改革目标。

(4) 根据"赋予省级政府税政管理权"的改革部署，重构省级地方政府税收立法权

第一，国外地方政府的税收立法权。

从国外的情况看，由于地方税管理体制不同，中央与地方税收立法权的配置存在不同的模式。美国是典型的税权高度分散的国家，其税权在联邦、州和地方三级政府之间划分，税收的立法权和管理权按税种的归属分别由三级掌握，彼此各成体系，互不干涉，形成了统一的联邦税制与千差万别的州、地方税制并存的格局。但需要注意的是：当地方政府出现不适当课征时，联邦法院有权做出停征的判定。另外，任何州都无权课征进出口关税。德国政治体制分联邦、州和地方三级，其立法权相对集中于联邦，立法权分为单独立法权和共同立法权两种基本形式。单独立法权专属联邦政府，各州无权另外立法。共同立法权又称优先立法权，除了由联邦行使单独立法权以外的其他法律，联邦有优先立法权，即如果联邦尚未行使立法权制定某项法律，各州可自行立法；如果联邦已经立法，各州无权再立法；各州已经立法，联邦仍有权重新立法，并以联邦法为准。各州对财产税等地方税拥有一定的管理权，如税率税目的调整、减免税等。日本的税种划分为国税、都道府县税、市町村税。全部税收的立法权归国会，《地方财政法》及《地方税法》均由国家议会制定和颁布，地方政府征收的税种原则上只限于《地方税法》上所列的法定税种，不过地方政府经中央政府批准，可在法定税种以外开征普通税（指不与支出直接联系，没有指定用途的一类税收）。地方政府对于地方税的管理权限也较小，绝大部分地方税种是由《地方税法》规定标准税率或税率上限，地方政府不能随意改变全国统一的法定税率，只对为数很少的几个税种拥有税率调整权、税法解释权以及减免税权。法国一直实行中央集权的管理体制，其政权分为中央、省和市镇三级。与联邦制国家不同，法国省一级地方首脑由中央任命。与此相适应，法国税收管理体制也高度集中，无论是中央税还是地方税，其税收立法权及主要政策均由中央政府统一制定，地方没有立法权，对地方税有部分管理权，如可以制定地方税的税率、有权对纳税人采取某些减免税的措施。

各国税权的集中与分散都是与本国的具体国情密切联系的。具体来看，美国税权的分散是由其联邦制政体、特定的历史形成过程、复杂的民族成分、广大的国土面积以及地区经济发展相对不平衡等因素影响和决定的。但在这种情况下，美国税权的划分也仍然体现了一定程度的集中。德国同样是联邦制国家，但二战后，德国政府加强了对经济的干预程度，政府宏观调控的力度较大，因此影响税权集中的因素要多于美国，其税权的划分介于集中和分散之间。日本和法国都是单一制国家，有着中央集权的历史传统，它们的国土面积不大，地区经济发展不平衡的矛盾不太突出，且国家对经济的干预较多，因此税权更多地集中于中央。然而地方政府对于地方税仍然有一定的管理权。

第二，我国地方政府税收立法权选择。

遵循党的十七届五中全会关于"赋予省级政府适当税政管理权"的精神，应当尽快落实省级政府税收立法权。主要包括：一是明确与地方经济密切相关、税源具有区域性特点的非流动性税种的开征权，如赠予税、遗产税在东部发达地区先行开征的试点权等。二是明确为推动本地经济结构调整与合理布局、发挥地区优势的某些税收政策的调整权，如对小微高新企业减免抵扣税收的设置权以及对资源税税目税率的调整权等。三是明确对实施税收行政法规和税收部门规章具体实施办法或实施细则的设置权，如根据本地特点制定房产税试点的具体实施办法等。四是明确根据本地区税源布局特点对地方主体税种的选择权等等。

（三）重构地方税体系的新思路

1. 完善地方税体系的新动向

（1）地方税费收入体系的提出

2015年12月25日，中办、国办印发了《深化国税、地税征管体制改革方案》（以下简称《体制改革方案》），这个方案第一次将地方税体系具体表述为"地方税费收入体系"。这个新内涵具有重要理论与现实意义：第一，将"地方税体系"表述为"地方税费收入体系"是重大体制改革创新。一是通过费改税，有利于重新明确与划分税收收入与非税收入体系，从而有利于推进费改税和加强财政预算管理；二是健全税费收入体系有利于完善和调整地方税收收入结构（据《中国财政年鉴》资料，2013年仅全国政府性基金收入一项总收入就达52268.75亿元，相当当年全国税收收入110530.70亿元的47.29%）；三是有利于深化财税体制改革，特别是调整税收属性（费改税的项目基本上归属地方税）。第二，有利于深化国税地税征管体制改革。一是有利于发挥地方征收机构统征高效的优势；二是有利于推进非税收入的法治化建设；三是有利于稳定地方税队伍发挥其积极性。因此，《体制改革方案》要求"明确地税部门对收费基金等的征管职责"，"将依法保留、适宜由税务部门征收的行政事业性收费、政府性基金等非税收入项目，改由地税部门统一征收"。

（2）非税收入纳入"十三五"财税体制改革重点

"十三五"规划指出，清理规范相关行政事业性收费和政府性基金；完善地方税体系；加快房地产税立法；加快推进非税收入管理改革，建立科学规范、依法有据、公开透明的非税收入管理制度。财政部下发的《政府非税收入管理办法》（财税〔2016〕33号）通知中明确界定了非税收入概念的内涵是"指除税收以外，由各级国家机关、事业单位、代行政府职能的社会团体及其他组织依法利用国家权力、政府信誉、国有资源（资产）所有者权益等取得的各项收入"。明确非税收入内涵是深化财税体制改革重要的基础性工作。

2. 完善地方税体系的新思路

"十三五"规划、《体制改革方案》《政府工作报告》等文件释放了中央完善地方税体系的新思路：第一，地方税体系内涵的扩围。地方税体系准确地说，应当是"地方税费收入体系"。第二，如何建立"地方税费收入体系"是"十三五"时期财税体制改革的重点。这意味着将费改税纳入地方税体系，即将非税收入与地方税体系对接是"十三五"时期财税体制的重头戏，其意义不亚于"营改增"：一是事关地方税体系的重构，事关分税制的完善；二是事关发挥地方税务征收机构的优势，从而深化国税、地税征管体制改革；三是事关稳定中央与地方的税收收入分配格局从而调动地方政府的积极性。

"十三五"后期要综合分析非税收入的结构，以便确定费改税项目。比如，"营改增"试点后的第一年，2013年税收收入110530.70亿元，非税收入18678.94亿元，专项收入3528亿元，行事收费4775亿元，罚没收入1658亿元，其他收入8713亿元。全国政府性基金收入（45项52268.75亿元，其中主要有：国土使用权出让金39142.03元，车辆通行费1408.77元，国土收益基金1259.67元，城市基础设施配套费1251.38元，地方教育附加1058.78元，新增建设土地使用费1002.36元，彩票公益收入861.28元，中央特别国债经营基金839.95元，铁路建设基金收入625.8元，烟草企业上交专项收入400亿元，还有民航发展基金、港口建设基金、政府住房基金、城市公共业附加、可再生能源附加、农业土地开发资金、全国国有资本经营收入共计1713.36亿元。① 2017年以后的政府收入应当按税收收入和非税收入两大类进行统计、报表和分析。

3. "十三五"时期完善地方地方税体系的路线图与时间表

"十三五"规划和《体制改革方案》勾画了完善地方税体系的路线图与时间表。重构地方税体系应当分三步推进：第一步，2016～2017年阶段。这个阶段主要任务是做"蛋糕"：一是全面完成"营改增"，做完做好增值税蛋糕；完成环境保护税立法并研究开征环境税实施细则；扩大资源税改革范围与征收方式。二是在全面完成"营改增"基础上调整部分税收的归属，比如消费税调整为共享税、车辆购置税调整为地方税，等等。三是完成过渡时期国税与地税征管层面的合作。第二步，2018～2019年分"蛋糕"阶段②。这个阶段的主要任务是提出中央与地方税收收入的分配方案并在此基础上研究分税制改革方案。主要包括完成地方税主体税种选择及规模测算；房地产税立法与改革试点并为2020年全面推行房地产税做好准备；研究完成深化个人所得税制改革方案且进入实质试点操作；研究赠予税和遗产税，率先在东部发达地区试点，等等。第三步，现代财税制度基本建立。"十三五"末期应当完成以下四项工作：一是"营改增"

---

① 上述资料引自2014年《中国财政年鉴》。
② 需要说明的是，分"蛋糕"应当在做完"蛋糕"之后，2016年国务院决定的增值税五五分成是在地方税收收入出现空档情况下的预分配，包括增量返还。

正常运转。包括确定中央与地方以及省县两级税收分成比例，出台《增值税法》。二是基本完成地方税费收入体系新框架。包括：调整共享税结构与比例；资源税、财产行为税的主体税种架构基本确立；基本完成《房地产税法》《资源税法》的立法程序；费改税、基金改税基本到位、非税收入管理体系基本形成。三是明确省级政府税收立法权并启动运转。四是税收征管职能归并整合后的机构开始运转。至此国务院关于权界清晰、分工合理、权责一致、运转高效、法治保障的大部制行政管理体制在财税部门改革的目标基本落实。

总之，财税体制改革的路线图与时间表影响与制约了重构地方税体系的路线图与时间表，地方税费收入体系新概念的提出为深化财税体制改革特别是深化国地税征管体制改革提供了新的思路，地方税体系的重构即地方税费收入体系应当在2020年基本完成。

二、国税地税征管体制改革

2015年12月25日中共中央办公厅、国务院办公厅印发了《体制改革方案》。毋庸置疑，《体制改革方案》的出台对提高税收治理能力、构建创新型税收征管体制具有重要的理论与现实意义。长期以来有关国地税征管体制改革的争论不断，《体制改革方案》的出台，必然会引起社会各界的高度关切。2016年初，《中国经济时报》以"国地税合作不合并　构建现代化税收征管体制"为主题召开座谈会，当主持人问到本次改革的重点和亮点体现在哪时，与会几位专家几乎给出了一致的答案即"合作不合并"，这是对长期以来社会各界关切问题的回应。然而用"合作不合并"来概括本次深化国地税征管体制改革的性质是否准确？与国家行政机构改革即大部制改革的原则、部署是否相符？《体制改革方案》提出的"与深化财税体制改革进程相匹配"的"有序推进"原则释放了什么信息？等等。笔者认为，不能简单用"合作不合并"来认识本轮深化国地税征管体制改革及其发展趋势，应当置于分税制财税管理体制改革和大部制行政管理体制改革两个基本框架下来讨论。其发展趋势必然是，深化国税地税征管体制的改革将分步进行：第一步完成服务深度融合、信息高度聚合和执法适度整合,第二步完成执法职能的深度、全面整合。

(一) 国税、地税征管体制改革的两个基本框架

1. 第一个基本框架:分税制财税管理体制

(1) 分税制的三大板块

讨论国税地税征管体制改革,首先要厘清税收征管体制与分税制财税管理体制的关系。分税制财税管理体制的核心是税政管理权的配置,税政管理权包括税收立法、税收收入分配和税收管辖三权。其中,税收收入分配是核心,税收立法是前提,税收管辖是保障。目前,我国税收收入分配管理体制实行的是不彻底的分税制管理模式(彻底分税制模式是不存在共享税),即按中央税、地方税和共享税的归属在中央和地方政府之间分配税收收入;税收立法管理体制实行的是高度集中的模式即税收立法权统一在中央;税收管辖体制实行的是国税地税并存的复合型管理模式,这种征管体制模式的典型特征是:两套税收征收机构根据税种归属分别或同时征收税款。显然,税收管理体制首先受制于税收收入分配管理体制。

(2) 复合型税收征管体制模式的简要评估

也许是历史的巧合,22年前也是12月25日,国办颁布了《关于实行分税制财政管理体制为决定》(以下简称《决定》)。分税制改革的原则与主要内容之一是"将税种统一划分为中央税、地方税和中央地方共享税,并建立中央税收和地方税收体系,分设中央与地方两套机构分别征管"。当时两套征管机构分设基于两个主要原因:一是确保中央财政收入及时、准确入库。二是堵塞税收流失漏洞。20多年来两套税收征收机构,为调动中央和地方两个积极性、建立和完善社会主义市场经济体制发挥了重要作用,同时也应当承认存在不少问题。《体制改革方案》指出,这次改革就是着力解决现行税收征管体制中存在的突出和深层次问题,到2020年建成与国家治理能力现代化相匹配的现代税收征管体制。突出和深层次问题是什么?《体制改革方案》指出,目前税收征管体制存在职责不够清晰、执法不够统一、办税不够便利、管理不够科学、组织不够完善、环境不够优化等六大问题。

(3) 深化改革的瓶颈及解决路径

深化税收征管体制改革的瓶颈是如何解决国税地税的职责不够清晰即职责交叉问题。《体制改革方案》提出了"三合"的改革基本思路，即国税地税服务深度融合、执法适度整合、信息高度聚合。为什么纳税服务是"融合"且要"深度"？这是因为服务的重点是指导纳税人如何纳税、如何提高税收遵从度，其本质是税法服务，为统一税法、降低服务成本，应当建立服务合作常态化的机制，只有同质才能融为一体，这种融合并非表面而是实质性的。为什么信息是"聚合"且要"高度"？这是因为信息管税是深化国地税征管体制改革的基础与保障。聚合既是一个物理概念（像中子、质子聚合裂变产生巨大能量一样）又是一个信息技术概念（数以亿万计的庞大信息数据资料的高速运转和使用），因此，信息不是融合、整合而是聚合，聚合不是适度而是高度，这是国税、地税职能整合的基础性条件，也是税收治理现代化的必然要求和发展趋势。为什么税收执法是整合不是融合也不是聚合且既不是深度也不是高度只能是适度？这是因为执法是税务征收机构的核心职能，在"三合"中，服务涉及制度、信息涉及技术，只有执法与体制关联度最高，国税、地税征管体制的一切突出问题都寓于执法过程中。纳税人和社会各界最关切的问题是，国税、地税的执法应不应当变适度整合为深度（或高度）整合？这是一个十分敏感且又不可回避的问题。

总之，讨论国税、地税征管体制改革，不能仅局限在微观征收层面就征管改革谈征管改革，应当从宏观视野将国税地税征管体制改革纳入分税制财政管理体制层面进行决策。

2. 第二个基本框架：大部制行政管理体制改革

(1) 大部制改革的目标与基本原则

大部制是党的十七大、十七届二中全会（第一轮改革）和十八大、十八届二中全会（第二轮改革）提出的，旨在转变政府职能和理顺部门职责关系，探索实行职能有机统一的政府行政管理体制改革的一种模式。党的十七届二中全会将大部制改革目标概括为：到2020年建立起比较完善的中国特色社会主义行政管理体制。党的十八届二中全会进一步明确了大部制改革目标是，以职能转变为核心，加快形成权界清晰、分工合理、权责一致、运转高效、法治保障的国务院机构职能体系。

中央确定了大部制改革的两大基本原则：一是党的十七届二中全会确定的推进三权分立原则，即"决策权、执行权、监督权既相互制约又相互协调的权力结构和运行机制"，以确保决策科学、执行有力、监督有效。从某种意义上讲，大部制改革是围绕三权分立展开的。二是党的十八届二中全会确定的改革核心是职能整合。与以往行政体制改革单纯强调精简机构不同，大部门制改革的主要目的不是精简机构和裁减人员，而是为了建立决策、执行、监督三大职能相对分离的行政管理体制。

（2）大部制改革在财税部门的实施

2008年财税职能作了相应的整合。十七届二中全会决定将国家发展和改革委员会、财政部、中国人民银行等三个部门建立健全协调机制，形成更加完善的宏观调控体系。因此，进一步明确了财政部的两大基本职能：一是预算管理；二是税政管理。这意味着税收决策权明确划归财政部，留给税务机构的职能是税收执行权和税收监督权。

党的十八届二中全会对大部制改革方案做了新的部署，大部制改革选择的目标，既是目前急需职能调整的领域，也是基本取得社会共识且易于执行的部门。在充分考虑当前经济社会发展面临的复杂形势和各种风险挑战，保持国务院机构总体相对稳定的前提下，对有些长期存在的职能交叉、机构重叠、社会高度关注的问题，比如宏观调控、财税管理、金融管理、社会经济秩序监管等领域与部门，特别是组成部门与直属机构、直属单位之间职能交叉、机构重叠等问题并未过多涉及。党的十八届二中全会的这种安排部署释放了两个十分清晰的改革信号：一是财税管体制改革的时机和条件尚不成熟，所谓水不到渠不成，主要表现在尚未取得共识，所以才明确提出要"稳步"推进大部门制度改革。二是深化国税、地税征管体制改革属于尚未取得共识、长期存在职能交叉、机构重叠且社会高度关注、需稳步推进的大部制改革部门。因此，深化国税地税征管体制改革是下一步大部制改革的四大重点改革部门之一且列为第二位。[①]

因此，深化国税地税征管体制的改革应当置于大部制改革基本框架下进行，在条件尚未成熟的情况下，改革可分两步推进。

[①] 当前，随着金融风险的加大，把加强金融风险管理的大部制改革提到了首位。

（二）《体制改革方案》为深化国税、地税征管体制的大部制改革奠定了基础

《体制改革方案》是落实党的十八届三中全会提出的"完善国税地税征管体制"的具体举措，是国家税务总局下发的《国税地税合作工作规范》的升级版，是建立创新型税收征管体制的路线图与时间表，是"十三五"时期深化税收征管体制改革的导航仪，《体制改革方案》为深化财税管理大部制改革奠定了基础。

1.《体制改革方案》的出台背景

自1994年国税、地税两套征收机构分设以来，国家税务总局一直倡导并推行国税、地税的合作。近年来，随着"营改增"的逐步推进，国税、地税合作的重要性日益突显。由于国税、地税在纳税服务和税收征管方面具有同质性，为使标准更加统一，流程更加规范，自2015年下半年起国家税务总局陆续出台了《全国税务机关纳税服务规范》《全国税收征管规范》和《进出口退税规范》等三个工作规范。为进一步转变和整合税务机关职能，推动国家税务局、地方税务局加强合作，2015年6月11日国家税务总局正式下发《国家税务局、地方税务局合作工作规范（1.0）》（以下简称《合作规范》1.0版）并于2015年7月1日试行。

《合作规范》1.0版下发之后，2015年12月25日中共中央办公厅、国务院办公厅印发了《深化国税、地税征管体制改革方案》，紧接着2016年1月1日，国家税务总局发布实施《国家税务局、地方税务局合作工作规范（2.0）》（以下简称《合作规范》2.0版）。短短几个月内，国税、地税征管体制改革由《合作规范》1.0版到《体制改革方案》再到《合作规范》2.0版令人应接不暇。如此"蹄疾"，个中释放了什么信号？第一，国税、地税征管体制改革严重滞后以致影响了财税体制改革的全局、影响了税收实体制度的深化改革，特别是制约了增值税改革的全面推进，因此改变这种国地税征管体制不协调现状已刻不容缓。第二，《合作规范》是国家税务总局印发的，从法律角度定位，充其量是部门规章（个人认为是规范性文件），难以协调地方政府。从此意义上讲，《体制改革方案》是

《合作规范》的升级版。从法律角度定位，属于税收行政法规（目前，有关分税制体制的最高立法级次也仅为行政法规），中办国办联合印发税制改革文件也实属少见，所以《体制改革方案》更具权威性，更有利于施行。

2. 《体制改革方案》剑指大部制改革的核心

综观《体制改革方案》全文，方案出台的目的是要"着力解决现行征管体制中存在的突出和深层次问题"。毋庸置疑，这也是国税、地税征管体制改革的核心问题。如何厘清国税、地税职责交叉问题？其实，党的十八届三中全会早已明确指出"结合税制改革，考虑税收属性，进一步理顺中央和地方收入划分"。如前所述，税收征管体制受制于税收收入分配体制，不厘清分配体制则无法厘清征管体制中的职责交叉问题。中央和地方收入是通过确定"税收属性"来划分的，税收属性就是税种的归属关系，具体讲就是中央税、地方税及中央与地方共享税。显然，营业税改增值税后其税收属性已由地方税改为共享税（随着财税体制改革的不断深入与完善，增值税的属性可能也将统筹调整）。税收属性的调整决定了国税、地税职责范围的调整。《体制改革方案》指出"中央税由国税部门征收，地方税由地税部门征收，共享税的征管职责根据税种属性和方便征管的原则确定"。从实践来看，国税、地税职责交叉不清的关键正是共享税，如何厘清共享税的职责交叉问题正是本轮改革的重点之一。厘清职责，这正是大部制行政管理改革的核心问题。

3. 深化国地税征管体制改革的分步推进

《体制改革方案》为深化国地税征管体制改革提出了"有序推进"这一基本原则，何为"有序推进"？有序推进就是与深化财税体制改革进程相匹配，就是结合深化财税体制改革进程，明确改革的路线图和时间表。深化财税体制改革的路线图和时间表又是什么呢？2014年6月30日中央政治局通过的《深化财税体制改革总体方案》明确了深化财税体制改革的两个阶段及其任务：第一阶段，2016年基本完成重点工作和任务；第二阶段，2020年基本建立现代财政制度。根据中央政治局的这一决定，《体制改革方案》提出了"两个确保"的路线图和时间表：一是2016年确保基本完成重点改革任务，二是2017年确保改革任务基本到位。显然，《体制改革方案》的部署与中央政治局的决策是一致的。

《体制改革方案》关于"两个确保"的部署释放了什么信号？第一，深化国税、地税征管体制改革必须与深化财税体制改革同步进行。这包括两层含义：一是党的十八届三中全会提出的深化财税体制三项制度的改革，只有预算制度改革基本完成（以立法为标志），税制改革正在紧锣密鼓地推进中（以2016年完成"营改增"为标志），分税制改革则刚刚启动（以即将合理适度调整增值税分享比例为标志）。二是分税制改革特别是税收收入分配制度改革（核心是重新界定税种属性）影响和制约着深化国税、地税征管体制改革的进程（重新界定税种属性影响和制约着国税、地税征管职责的划分）。第二，深化国税、地税征管体制改革因税种属性尚未最终确定而不可能一步到位。为适应和配合财税体制改革进程，创新型税收征管体制改革必须分两个阶段实施，因此，《体制改革方案》部署了第一阶段的改革任务即初步厘清国税与地税、地税与相关收费部门的职责。第二阶段的深化改革应当配合税种属性的重新界定、特别是地方税费收入体系的建立同步进行，目前这项改革工作尚未实质推进。所以《体制改革方案》未部署2018年至2020年第二阶段国税地税征管体制改革的任务。显然，2017年前的改革具有试点与磨合的阶段性特点。

（三）深化国税地税征管体制改革展望

按照党的十八届三中全会关于"2020年，重要领域和关键环节改革上取得决定性成果，形成系统完备、科学规范、运行有效的制度体系，使各方面制度更成熟更加定型"的部署要求，2020年国税、地税征管制度应当如何成熟、定型？《体制改革方案》并未部署2018~2020年国税、地税征管体制改革的任务[①]，这给体制改革留下了较大空间。

笔者认为，2020年国税、地税征管体制应当有两种基本模式可供选择：

第一，职能整合型模式。这种模式强调大部制改革原则，强调税收决策权、执行权、监督权的相互协调、相互监督。在已完成税收决策权分离的基础上（决策权划归财政部），将国税、地税全面整合为税收执行（税

---

① 2018年以后国税、地税征管体制的第二步改革有待十九大部署。

收征收）和税收监督（税收检查、稽查）两大基本职能，同时按两大基本职能重组机构。这种体制模式的最大优点是职责清晰、执法统一、方便纳税人，有利于提高征管效率，有利于提高税务机关的治理能力，这是现代政府职能转变的趋势。这种体制模式的最大难点是机构重组时会遇到种种传统与习惯的阻力。

第二，收入整合型模式。这种模式强调完善分税制，强调完善或重新构建地方税费收入体系，强调费改税后归地税管辖征收。这种模式的优点是有利于清费立税，有利重新构建地方税费收入体系基础上厘清国税地税征管职责：中央税、共享税归属国税管辖征收；地方税及政府基金、行政收费等归属地税管辖征收。这种模式有利于发挥地税优势，有利于调动地方政府的积极性。其最大难点是协调和厘清地方税务征收机构与收费部门的职责、避免征管交叉以及处理好分工与合作等难题。

笔者认为，两种体制模式或方案各有千秋，效果如何，只能留给实践去回答。可以预见的是，像目前国税、地税征管体制两种模式并存一样，职能整合与收入整合两种模式可能也会并存一段时间。总之，《体制改革方案》的未竟事宜，即2018～2020年深化国税地税征管体制改革的具体任务应当由党的十九大来部署。

探索中国税收体制制度的改革，笔者坚持以下观点：

第一，税收体制制度改革，从现实来看，既属行政管理体制改革范畴，也属经济管理体制改革范畴，同时又与司法管理体制改革密切相关。这种"三合一"的混合体制客观上加剧了改革的复杂性，这就是税收体制制度改革滞后、特别是立法滞后的体制原因。

第二，税收体制制度改革的核心是税政管理权，税政管理权包括立法权、分配权、管辖权，税收管理体制的重点与难点是完善地方税收管理体制。

第三，税收体制制度改革受制于大部制行政管体制改革、分税制财税体制改革以及国内外政治、经济、社会、外交等诸多因素，改革不可能一蹴而就。

第四，深化国税地税征管体制的改革，特别是2018～2020年改革的具体任务应当由党的十九大来部署。

第六篇

税收法治篇

党的十八大报告指出，"全面推进依法治国。法治是治国理政的基本方式。"党的十八届三中全会《改革决定》指出，"建设法治中国，必须坚持依法治国、依法执政、依法行政共同推进，坚持法治国家、法治政府、法治社会一体建设。"党的十八届四中全会《法治决定》指出，"依法治国，是坚持和发展中国特色社会主义的本质要求和重要保障，是实现国家治理体系和治理能力现代化的必然要求，事关我们党执政兴国，事关人民幸福安康，事关党和国家长治久安。"

依法治国内容广泛，依法治税是依法治国的应有之义。

一、依法治国与依法治税

推行依法治国首先应当厘清法制与法治的区别。法制，是指依照统治阶级意志制定的一系列法律制度。法治，是指统治者依照法律来治理国家的一种模式。前者是指一种制度，后者是指一种治国方略。作为一种治国方略，法治可以理解为：第一，法治是一种与人治相对立的治国模式；第二，法治是一种理性的处理国家社会事务的最高原则；第三，法治是政治民主在制度上的体现；第四，法治是一种法律意识和文明精神；第五，法治是一种理想的社会状态即法治社会。推进依法治国应当具备以下基本条件：第一，政治统治模式是民主政体形式；第二，国家权力结构是分工制约关系；第三，社会控制原则是服从法律治理；第四，经济条件是市场经济机制；第五，文化条件是进步发达的理性文化基础。

法治的核心包括限权与维权两个矛盾对立的统一体：一方面法治要限制政府的行政权力，即限制公权的滥用，即法无授权不可为；另一方面法治要维护公民的合法权益，即维护私权的侵犯，即法无禁止则可为。规范界定"权力"与"权益"的边界是法治国家与法治政府的第一要义。

十八届四中全会做出了全面推进依法治国的重大决定，指出，"全面推进依法治国，总目标是建设中国特色社会主义法治体系，建设社会主义法治国家。"

（一）建设中国特色社会主义法治体系

十八大提出要"完善社会主义法律体系"，十八届四中全会提出要"建设中国特色社会主义法治体系""法律体系"和"法治体系"有何联系与区别呢？

"法律体系"是一个静态概念，是一国法律制度的统称，十八届四中全会将法律体系称为"法律规范体系"。"法治体系"是一个动态概念，是一国以法律治理国家的一种治国方式，十八届四中全会将法治体系称为"法律规范体系、法治实施体系、法治监督体系、法治保障体系、党内法规体系"等五大体系。从逻辑内涵层面分析，"法治体系"与"法律体系"是包含关系：法律体系是法治体系的组成部分；法治体系包含法律体系。从内容层面分析，"法律体系"指立法环节，包括法律的创制、修订、解释、废止等主要内容。"法治体系"包括党和政府的立法、执法、司法、守法等全部环节，贯穿治理国家的全部过程，覆盖政治、经济、社会的方方面面。

中国特色社会主义法治体系是服务、服从于中国政体国体的、区别于世界联邦制君宪制等国家的、符合中国社会主义价值观的法治体系。这个体系具有以下中国特色：第一，坚持中国共产党的领导。第二，坚持人民主体地位。

（二）建设社会主义法治税收

十八届四中全会做出的《中共中央关于全面推进依法治国若干重大问

题的决定》（以下简称《法治决定》，以区别十八届三中全会通过的《改革决定》）是落实《改革决定》总目标即完善国家治理体系和提高治理能力现代化的保障，也是坚持和发展中国特色社会主义的本质要求。十八届四中全会为完善税收法治体系、提高税收治理能力现代化指明了方向和路径。

1. 《法治决定》的逻辑内涵与税收法治体系

《法治决定》内容的核心在以下两个板块：

第一板块"坚持走中国特色社会主义法治道路，建设中国特色社会主义法治体系"。标题醒目地告诉了全党全民全军两个有关中国特色社会主义的基本问题：一是道路问题，即中国特色社会主义首先要坚持走法治道路，这是本质要求。二是路径问题，即走中国特色社会主义法治道路首先要建设中国特色社会主义法治体系，这是必由之路。《法治决定》明确了全面推进依法治国的总目标是"建设中国特色社会主义法治体系，建设社会主义法治国家"。中国特色社会主义法治体系包括科学立法、严格执法、公正司法、全民守法四个层面：即"完备的法律规范体系、高效的法治实施体系、严密的法治监督体系和有力的法治保障体系"四大体系。四大体系建设涵盖了国家治理法治体系的全部内容。

第二板块包括四个问题，四个问题分别以"完善以宪法为核心的中国特色社会主义法律体系，加强宪法实施；深入推进依法行政，加快建设法治政府；保证公正司法，提高司法公信力；增强全民法治观念，推进法治社会建设"为标题，从科学立法、严格执法、公正司法、全民守法四个方面明确了中央的具体部署。立法、执法、司法、守法四个环节涵盖了法治国家的全部内容。

税收法治是坚持走中国特色社会主义法治道路的应有之义，税收法治体系是中国特色社会主义法治体系的重要组成部分。中国特色社会主义税收法治体系应当包括科学的税收立法、严格的税收执法、公正的税收司法、全民的税收守法四个层面。

2. 形成完备的税收法律规范体系、推进税收科学立法

税收法律规范体系就是税收法律体系，这一体系要通过科学的税收立法来形成。《法治决定》指出，"建设中国特色社会主义法治体系，必须

坚持立法先行,发挥立法的引领和推动作用,抓住提高立法质量这个关键。"显然,《法治决定》明确了形成完备税收法律规范体系的两个关键问题即立法在法治体系中的地位和立法质量的作用。

(1) 必须厘清税收立法的"引领和推动作用"

在税收立法、税收执法、税收司法和税收守法这一税收法治体系中,税收立法应当处于"引领"地位,发挥"推动"作用。所谓"引领"地位是指,在立法执法司法守法四大环节中,税收立法是税收执法、税收司法和税收守法的前提与基础,税收立法质量决定其他三个环节运行的质量。所谓"推动"作用是指,税收立法的效率决定其他三个环节的运行效率。《法治决定》指出,"同党和国家事业发展要求相比,同人民群众期待相比、同推进国家治理体系和治理能力现代化目标相比,法治建设还存在许多不适应、不符合的问题。"在立法层面,"有的法律法规未能全面反映客观规律和人民意愿"。不能充分发挥税收立法的引领和推动作用是当前税收立法存在的最大软肋,主要表现为:行政立法僭位错位现象严重从而导致税收立法行政化;税收立法不适应改革发展新常态从而导致税收立法严重滞后;税收立法空白与缺位从而导致税收执法风险不断加大,等等。

落实和发挥税收立法在税收法治体系中的"引领和推动作用",关键是要处理好税收立法与税制改革的关系。十八届三中全会《改革决定》提出的"加快房地产税立法并适时推进改革"第一次提出了税收立法与税收改革的关系。十八届四中全会《法治决定》进一步明确提出"立法先行"这一基本路径,具体要求是"实现立法和改革决策相衔接,做到重大改革于法有据。立法主动适应改革和经济社会发展需要"。

(2) 必须坚持科学立法,确保立法质量

良法是推进依法治国的关键,提高税收立法质量是完善税收治理体系、提高治理能力现代化的关键。《法治决定》指出,在立法层面存在"针对性、可操作性不强,立法工作中部门化倾向、争权诿责现象较为突出"等问题。目前税收立法质量的不高是影响税收法治体系质量的重要因素,主要表现为:税收执法主要不是依据税收法律法规,税收部门规章甚至税收规范性文件成为一线执法的主要依据,这在降低税法权威性、稳定性的同时导致一线税收执法的巨大风险性;税收法律的针对性和可操作性不强,在引发依赖大量低阶位部门规章和行政规范性文件的同时导致自由裁量权的任性；税收立法的部门化倾向严重影响立法效率，等等。

如何提高立法质量，《法治决定》明确提出了"健全宪法实施和监督制度""完善立法体制""深入推进科学立法、民主立法""加强重点领域立法"四项基本原则。

(3) 完备的税收法律法规体系是推进税收法治的前提

形成完备的税收法律法规体系，目前要做好以下几项基础性工作：

第一，正确处理好税收立法与税制改革关系。

首先要科学制定立法规划。一是实践证明行之有效且正在推进改革的税收法规应当及时上升为税收法律。二是实践条件还不成熟需要先行先试的，应当按照法定程序做出授权立法。三是对不适应改革要求的法律法规，应当及时修改和废止。其次，根据税种性质确定税收立法与税制改革的顺位关系。对于重点领域的立法，比如关系国计民生重大利益调整的税种（比如房地产税）和新开征的重要税种（比如环境保护税）应当坚持先立法后改革的顺位，坚决推进科学立法、民主立法的原则与程序；对于正在推进的税制改革，可以在授权立法基础上实行先改革后立法的顺位。需要说明的是，授权立法应当明确规定授权范围和授权时效，坚决遏制一揽子授权和永久性授权。

第二，调整税收法律法规结构、完善税收法律法规体系。

调整税收法律结构是完善税收法律法规体系的应有之义。现行税收法律法规结构不够合理，主要表现为：一是在18个实体税制中仅有3部税收法律，在2013年和2014年两年的两代会上已广为代表所诟病，甚至上书提案要求全国人大常委会上收回授权立法；二是税收法律体系不完整，缺少专门的税收基本法律制度。《法治决定》对立法的第一要求就是"健全宪法实施和监督制度"。税收基本法是税收法律体系中具有宪法性质的有关税收最基本法律制度的法律，在税法体系中起"引领与统帅"作用，税收基本法曾两次列入两届全国人大常委会一类立法规划但至今未能出台。三是税收规范性文件在执法中占的比重过大、操作程序过简，尤其是许多文件未经民主程序导致基层执法风险陡增。

完善税收法律体系，首先要调整税收法律法规结构，在2020年前应当完成增值税、消费税、房地产税、资源税和环境税的立法程序，同时修订《税收征管法》和《个人所得税法》。其次，将税收基本法列入十三届全国人大常委会立法规划，明确税收管理体制、税收基本原则、征纳双方基本权利与义务、税收立法体制与权力配置以及税收执法与税收司法衔接的基本程序等重要的税收基本法律事项。最后，落实重大行政决策法定程序制度，确保决策制度科学、程序正当、过程公开、责任明确。《法治决定》将"公众参与、专家论证、风险评估、合法性审查、集体讨论决定确定为重大行政决策法定程序"，"建立行政机关内部重大决策合法性审查机制，未经审查不得提交讨论"。这是为制定税收部门规章特别是为制定税收行政规范性文件设置的立法程序制度。

第三，加强和推进重点税收实体和程序制度的立法。

《法治决定》要求"加强重点领域立法"。就税收立法而言，重要领域的立法主要包括增值税法、房地产税法和修订《税收征管法》。

十八届三中全会《改革决定》中首次提出"加快房地产税立法并适时推进改革"。这是一部事关千家万户、各方利益博弈激烈、短期内难以达成完全共识但又必须推进的立法与改革，因此必须遵循立法先行的顺位。根据十八届四中全会《法治决定》精神，房地产税立法应当遵循以下基本思路：一是"拓宽公民有序参与立法途径，健全法律法规规章草案公开征求意见和公众意见采纳反馈机制，广泛凝聚社会共识"。这是坚持人民主体地位原则、最大限度全面客观反映人民意愿的内在要求。二是"对部门间争议较大的重要立法事项，由决策机关引入第三方评估，充分听取各方意见，协调决定，不能久拖不决"。这是解决房地产税纷争不止、推进立法与改革的重要途径。三是"明确地方立法权限和范围，依法赋予设区的市地方立法权"。中国幅员辽阔，各地情况千差万别，一、二、三、四线城市对住房需求也千差万别，房地产税立法应当体现这一差别。因此，应当采取权力立法和授权立法以适应这一差别：首先，应当由全国人大创制中华人民共和国房地产税法，规定有关房地产税的基本制度法律事项。其次，由全国人大常委会依法定程序授权省和设区的市，根据《房地产税法》制定房地产税实施办法，以解决一、二、三、四线等不同城市住房的差异。

《税收征管法》是建立和完善税收法治体系、提高税收管理能力现代化的重要法律保障。2017年应当出台修正法案，否则会影响实体税制的改革进程。

3. 形成高效的税收法治实施体系、推进税收执法能力现代化

《法治决定》指出，法律的生命在于实施，法律的权威也在于实施。必须创新执法体制，完善执法程序，严格执法责任，建立权责统一、权威高效的依法行政体制。

（1）创新税收执法体制、适应税收新常态

创新税收执法体制是指运用创新思维与创新理念，设计的一套适应税收新常态的税收执法机制。创新税收执法体制必须适应税收运行新常态：要树立依法征税而不是依行政计划征税的新思维；树立提高征税质量的新理念；树立税收执法体制新模式的新思路。为适应税收新常态，税收执法体制必须创制一套以依法治税为核心的征管制度和征管模式。

（2）完善税收执法程序是形成高效税收法治实施体系的基石

执法程序是法治实施的生命线。《法治决定》将"完善行政组织和行政程序法律制度"作为"深入推进依法行政，加快建设法治政府"的首要任务。完善税收行政执法程序法律制度是加快建设法治政府的重要内容，是形成高效税收法治实施体系的基石。完善税收行政执法程序法律制度包括纳税人权益保护程序制度、税收执法基本程序制度、税收责任基本程序制度、与司法机关衔接程序制度等主要内容。

纳税人权益保护是社会经济包容性增长新形势下的新常态。保护纳税人正当权益不能仅采取正列举的方式说明纳税人权益的内容，重要的是具体设计保护纳税人正当权益的具体程序制度，比如制定纳税人自我纠偏程序制度允许纳税人自行修正纳税申报、制定有利于纳税人解决申诉的合理的税收争议程序制度取消复议的"清税前置"程序等等。

完善税收执法基本程序制度是形成高效的税收法治实施体系的核心，应当在《税收征管法》中明确界定。税收责任程序是顺利推进税收法治实施的保障。《法治决定》提出"建立重大决策终身责任追究制度及责任倒查机制"，这为推进税收法治实施提供了政策支撑。当前涉税信息管理是深化税收实体制度改革（特别是房地产税和个人所得税的改革）、推进税收法治实施体系的最大软肋和瓶颈，应当通过立法明确第三方全面、完整、真实、及时提供涉税信息的程序与责任追究程序制度。

税收执法与税收司法的衔接程序制度是形成高效税收法治实施体系

的重要内容。《法治决定》提出"健全行政执法与刑事司法衔接机制"时特别强调"完善案件移送标准和程序,建立行政执法机关、公安机关、检察机关、审判机关信息共享、案情通报、案件移送制度,坚决克服有案不移、有案难移、以罚代刑现象,实现行政处罚和刑事处罚无缝对接"。当前尤为重要的,一是健全税务稽查与公安等司法机关涉税案件的衔接程序制度,坚决克服涉税案件不移和难移问题。二是健全税务机关与审判机关的信息共享和案情通报衔接程序制度,重点解决好破产清偿程序中税收债务的清偿程序。

4. 形成有力的税收法治保障体系、推进全社会纳税人税法遵从

《法治决定》指出,法律的权威源自人民的内心拥护和真诚信仰。人民权益要靠法律保障,法律权威要靠人民维护。税收法治同样需要法律的保障和人民的维护才能形成有力的税收法治保障体系,税收法治保障体系集中表现为全社会纳税人的税法遵从。目前,推进全社会纳税人税法遵从应当从推进全社会纳税人树立税收法治意识、建立完备的税收法治服务体系、健全依法维护纳税人权益与化解纠纷机制等三个方面入手。

(1) 推动全社会树立税收法治意识

《法治决定》指出,"坚持把领导干部带头学法、模范守法作为树立法治意识的关键。"要求"各级领导都要对法律怀有敬畏之心,牢记法律红线不可逾越,法律底线不可能碰,带头遵守法律,带头依法办事,不得违法行使权力,更不能以言代法、以权压法、徇私枉法"。当前推进中国税收法治保障体系的重点在于敦促地方各级政府领导干部带头学习税法、模范遵守税法,树立依法治税意识,坚决纠正税收任务层层加码的"老常态",步入税收法治的新常态。

《法治决定》要求"健全普法宣传教育机制","实行国家机关'谁执法谁普法'的普法责任制"。当前应当改进税法宣传形式,加强新媒体新技术在税法宣传中的运用。要注重宣传实效,对群众普遍关注的税制改革应当增加宣传的透明度,特别是像房地产税这种涉及群众切身利益的改革,应当向广大群众宣传其改革的目标定位和基本原理,使群众明白缴税和愿意缴税,从而减少改革阻力。

《法治决定》要求"加强社会诚信建设,健全公民和组织守法信用记

录,完善守法诚信褒奖机制和违法失信行为惩戒机制,使遵法守法成为全体人民共同追求和自觉行动"。当前在完善税法诚信机制建设的同时,除了公布诚信与失信的法人单位并及时跟踪褒奖与惩戒以外,还应当根据胡润财富榜等国内外研究机构的研究成果,每年向社会公布中国最富前1000人的纳税记录,评选并奖励感动中国的前10名纳税人,使守法纳税光荣成为全体纳税人共同追求和自觉的行动,提高全民的税法遵从。

(2) 建立完备的税收法治服务体系

《法治决定》要求"建立完备的法律服务体系"。建立完备的税收法治服务体系是形成有力的税收法治保障体系的重要路径。当前纳税服务的核心应当是建立完备的税收法治服务体系:一是完善法律援助制度,包括完善的税法宣传体系、税法咨询体系、税收复议体系和税收诉讼体系等,保证纳税人在遇到税法问题或权益受到侵害时获得及时有效的法律帮助。二是发展税务律师、税务社会中介、税务公证等税收法治服务行业,保证纳税人权益从纳税程序的起点开始就享受到优质的纳税服务。三是拓展税收法治服务范围,比如,税收事先裁定就是为税法遵从度高、守法纳税信用好的纳税人提供的一种高端税收法治服务。

(3) 健全纳税人依法维权和化解纠纷机制

《法治决定》要求,"健全依法维权和化解纠纷机制。强化法律在维护群众权益、化解社会矛盾中的权威地位。"当前应当抓紧修订出台适应税收新常态的《税收征管法》:一是清理不利于维护纳税人权益的条款,比如取消税务行政复议中"清税前置"等规定、区别税收利息与税收滞纳金等。二是增加维护纳税人权益的相关程序,比如允许纳税人自我纠错程序、税务行政复议诉讼前的调节程序、复议不做出不利纳税人的决定等等。

(三) 良法善治,提高税收治能力现代化的路径选择

1. 良法善治,十八届四中全会提出的逻辑演绎

十八届四中全会提出全面推进依法治国的总目标是"一个体系",即中国特色社会主义法治体系,"一个国家",即社会主义法治国家;具体目标是"一个体系、一个能力"现代化,即"促进国家治理体系和治理能

力现代化"。还提出了构成法治体系的四个组成部分,即"完备的法律规范体系、高效的法治实施体系、严密的法治监督体系、有力的法治保障体系"。四个部分构成了立法、执法、司法、守法等依法治国的四大环节。还指出了四个环节的逻辑关系,即"良法是善治之前提""法律的生命力在于实施""公正是法治的生命线""法律的权威源自人民内心拥护和真诚信仰"。

十八届四中全会对四大法治体系逻辑演绎的结论是:良法是前提、是核心,只有良法才能善治、只有良法才能公正、只有良法才能使人民守法。

2. 依法治税是一个体系、完善税收立法是前提

税收立法包括税收立法体制、税收立法体系和税收立法程序三个组成部分。税收立法体制核心是税政管理权的配置,税政管理权包括税收立法权、税收收入分配权和税收管辖权。税收立法体系包括税收法律、税收法规和税收部门规章,有学者把税收规范性文件定位为"最最广义的税收法律",笔者不敢苟同。正因为如此,十八届四中全会明确规定"把所有规范性文件纳入备案审查范围,依法撤销和纠正违宪违法的规范性文件,禁止地方制发带有立法性质的文件"。最高人民法院在关于《行政诉讼法》司法解释第二十一条中明确规定了法院对规范性文件合法性的审查权。税收立法程序包括税收法律、税收法规、税收部门规章的立法程序,以及税收规范性文件的备案审查程序。

3. 税收治理能力现代化的内涵

现代化是与科学技术发展水平相适应的一个阶段性、相对性的概念,不同生产力发展阶段有不同现代化的标志。18世纪现代化的标志是蒸汽机的应用,19世纪现代化的标志是电力应用,20世纪现代化是以信息化为代表的所谓第三次浪潮,当前现代化标志应当是以互联网应用的信息化,与20世纪传统信息化不同的是,当代信息化是以高速移动网络、大数据、云计算为标志的智能互联网信息化时代。

税收治理能力现代化是一个具有时代特征的、以当代最先进的科学技术为支撑的、涵盖税收运行全过程的综合治理能力的现代化,这个能力以治理理念的现代化为前提,以治理模式的科学化为基础,以现代科学技术

为支撑、以治理制度的法治化为保障。

根据2008年第一轮大部门制度改革"决策权、执行权、监督权"三权分立的职能定位,税收治理能力现代化包括税收执行能力现代化和税收监督能力现代化。根据目前税务机关机构设置与职能分工,税收执行能力主要包括税收征管能力、纳税服务能力和大企业税收管理能力等,税收监督能力主要包括税收检查和税务稽查能力。具体讲:一是提高获取涉税信息的调协能力;二是提高适应环境的抗风险能力;三是提高税务机关与执法人员约束能力;四是协调其他法律,包括税收实体法和非税收法律能力;五是协调征纳双方争议处理能力;六是处理依法治税与现代税收服务关系能力,等等。

大数据时代对传统的税收管理提出了时代的挑战,能否简化税制、实现信息管税是影响与制约提高税收治理能力现代化的两大基本要素。

首先,落实"简税制"原则。从1994年确定"简化税制"、2003年"简税制"到十八大提出"结构优化",简并税种一直是税制改革四大原则之首,然而简化税制的改革进展缓慢。其次,现行税收征管模式不适应现代化的要求。智能互联网时代对传统的"以票管税"模式提出了挑战,以票管税不仅增加巨额征税成本,而且未能完全达到预期目标。另外,税务系统的信息化也是封闭式信息化:一是国税、地税各自开发,不能兼容;二是未能与政府、社会其他部门对接形成信息共享。

二、税收立法

(一)税收立法的基本原则

税收立法是指由特定主体,依据一定的职权和程序,运用一定技术,制定、认可和变动税法的特定法律行为的总称。税收立法应当遵守以下基本原则。

税收立法的宪法原则,又称依宪治税原则。宪法是具有最高法律效力等级的法律,是综合性规定带有根本性、全面性关系或事项的根本大法,其他所有法律包括税法都必须直接或间接以宪法为立法依据，不得背离。宪政是以宪法为核心的民主政治，其核心一是对政府权力进行合理限制；二是保障公民的基本权利。税收立法遵循宪法原则集中体现在对征税主体权力的科学设置和对纳税主体合法权益的有效保障两个层面上。

税收立法的法定原则，又称税收法定主义。税收立法的法定原则主要包括税收立法权限法定、税收立法程序法定、税收立法范围法定。权限法定是指税收立法权限的横向和纵向配置要依法行使，程序法定是指税收立法程序要严格遵循法律规定的程序进行，范围法定是指税收立法要保证在全国范围的统一实施。

税收立法的公平原则。公平原则是现代文明社会、特别是法治国家普遍遵循的法律原则。公平原则反映在税收立法层面的主要内容：一是普遍参与原则，即立法过程要广泛吸收各层面纳税人参加，要体现公开透明；二是权利（力）义务对等原则。即征税主体与纳税主体，立法主体与纳税主体间的权利（力）义务应该是对称的，在强势群体与弱势群体间不应存在权利（力）义务的差距。

税收立法的效率原则，包括经济效率原则和程序效率原则两个层面：经济效率原则是指税收立法的成本最低原则；程序效率原则是指税收立法的期间最短原则，那种置税收立法于无限期的"协调"与"扯皮"的低效率的现状不能再继续下去了。

（二）税收立法的核心问题

1. 税收立法权

税收立法权是由特定国家机关（包括权力机关、行政机关和司法机关）行使的、在国家权力体系中（国家权力主要有立法权、执政权、司法权、行政权、对外权、军事权等）居于最高地位（在当代法治国家和社会）的，用以制定、认可和变动税法的综合性权力体系。税收立法权是一个综合权力体系。

2. 税权配置是税收立法权的核心内容

税权配置是税收法律关系中带有共性的原则问题，在税收立法、税收执法、税收司法和税法监督的全过程中都涉及税权的配置问题。因此，税权配置属税收基本法规范的对象，不仅如此，税权配置问题还是税收基本法的核心内容。这是因为：第一，税法研究对象及其核心问题是税权问题。第二，权力是权力与义务关系中矛盾的主要方面。第三，法定主义原则适用的主要范围是规范和约束税权。

因此，依法治税的核心问题，从而税收基本法的核心内容是合理地设置税权。

（三）税收立法制度

税收立法制度包括税收立法体制的制度、税收立法主体的制度、税收立法权分配的制度、税收立法程序的制度、税收立法监督的制度以及税收立法与有关方面关系的制度等等。

税收立法体制是关于税收立法权、税收立法权运行和税收立法权载体诸方面的体系和制度构成的有机整体。它由三个要素组成：一是立法权限的体系和制度，包括税收立法权的归属、性质、种类、范围、限制、各种税收立法权之间的关系等内容；二是税收立法权的运行体系和制度，包括税收立法权运行的原则、过程、方式等方面的体系和制度；三是税收立法权的载体体系和制度，包括行使税收立法权的立法主体或机构的设置、组织原则、活动形式与程序等方面的体系和制度。

在单一的一级立法体制条件下，狭义的税收立法主体是指依法有权进行税法的制定、认可和变动活动的中央国家权力机关；广义的税收立法主体还应包括与广义税收立法体制相对应的授权参与税法的制定、认可和变动活动的其他国家机关以及纳税人代表。

目前，我国尚无专门的税收法律和税收行政法规的立法程序制度，税收法律和税收行政法规的立法程序应遵循《立法法》和《行政法规制定程序条例》的相关规定实行，税收立法的主体、程序等相关内容应由税收基本法来规定。

（四）税收立法的基本技术

税收立法技术主要包括宏观和微观两个层面。税收立法的宏观技术是关于整个税收立法活动一般方法的基本技术，主要包括税收立法的规划、设计与决策方面的技术。税收立法的微观技术主要包括税收法案的起草和完善方面的技术。

（五）我国税收立法的现状

1. 税收立法管理体制不完善

从宪法规定看，尚未对立法主体及立法主体具体权限做出明确规定。在《立法法》和《税收征收管理法》中，对税收立法权虽作了相关法律规定，但过于原则，缺少配套的法律解释。从税收立法权看，对税收基本制度如何界定、《立法法》和《税收征管法》的关系和法律效力、税收立法权的纵向分配和横向分配的关系等内容，目前都不规范和明确。从税收立法的运行体制看，目前尚存在不少问题：一是对其重要性认识不够；二是税收立法程序制度处于初创阶段；三是有关规定不明确不具体；四是制定税收规范性文件的程序规定尚不完善。

2. 税收法定原则落实不到位

一是宪法中未明确规定税收法定原则。十八届三中全会虽然提到落实税收法定原则但只停留在党的文件中尚未上升到国家意志层面。二是税收立法的行政化。导致低阶位立法过多过滥，有时违反授权主体初衷，为行政机关任性行使权力提供了空间。

3. 税收立法权配置的缺陷

税权分配主要问题：一是税收立法权在不同机关、不同层次立法主体之间分配不够明确、清晰；二是权力分配的内容不尽合理、规范；三是权力归属不够稳定，经常变动。

税收立法权内容上的主要问题有：一是立法级次低。法律少，法规、规章和规范性文件多；权力机关立法少，授权机关立法多。二是不同级次和同级次的法律、法规、规章，特别是规范性法律文件之间缺乏协调，相互矛盾、相互抵触的现象时有发生。三是漏洞多，缺乏体系，有些方面无法可依。立法技术方面存在的主要问题：一是税法外部表现形式有的不规范、不统一、不严谨、不明确、技术粗糙；二是税法内部逻辑结构不科学。税收立法监督存在的主要问题：一是缺乏监督的专门机构与人员，从而监督主体难以适应工作；二是监督的启动机制不够健全；三是监督内容不够完整不够科学，对规范性文件缺少监督，监督内容太原则；四是立法监督程序不够完善。

（六）完善税收法律体系

党的十七大、十八大，特别是十八届三中全会都提出要"完善社会主义法律体系"，税法体系是社会主义法律体系的重要组成部分，完善税法体系是税收立法的重要目标。税收法律体系是由税收法律部门和税收法律运行形成的统一整体，前者指税收基本法、税收实体法、税收程序法、税收救济法、税收组织法和税收国际法等部门税法；后者则是指税收立法、税收执法、税收司法和税法监督等四个环节。因此，完善中国税法体系应包括完善部门税法体系和完善税法运行体系两个层面的内容。

1. 构建与完善税法部门体系

完善税收法律体系首先要构建与完善税法的部门体系，这里必然要涉及至少三个层面的问题，一是税收法律部门划分的标准；二是税收法律部门的划分；三是税收法律部门的构建与完善。

根据我国法学界确立的划分法律标准，即以法律所调整的社会关系（调整对象）为主、结合法律调整的方法，我国税收法律部门划分的标准应该是：第一，税收法律调整对象的性质、地位、作用。按照这一标准，应将税收法律部门划分为基本税收法律部门和非税收基本法律部门两大类别。比如，税收基本法由于其调整的对象及在税法体系中的地位与作用属于基本法律部门，而实体法等属非税收基本法律部门。第二，税收法律调整对象的内容，按照这一标准，应将税收法律部门划分为实体法、程序法、救济法、组织法、国际法，等等。

根据税法调整的对象与内容，我们可以把税法体系划分为六个主要部门。第一，税收基本法是调整国家征税主体（征税机关和征税人员）和纳税主体间一般的和共同的税收法律行为规范的总称，是统领、约束、指导和协调其他税收法律的税收"母法"或税收"宪法"，是税收法律体系中具有最高法律效力和地位的法律规范。第二，税收实体法是界定和调整税收法律关系中征纳主体税收债权债务的产生、变更和消灭的法律规范的总称。由于税收法律权利义务关系表现为税收债权与债务，因此，税收实体法又称为税收债务法。税收实体法在大陆法系国家居于十分重要的地位，是税法体系的核心。我国属大陆法系国家，从目前税法实践来看，与其他税法部门相比，实体法相对完善，各单行实体法比较全面，是我国税法中的主体部分。第三，税收程序法是界定和调整征纳双方履行税收债权债务得以实施和实现的税收法律规范的总称。税收程序法从税收法律运行过程看，包括税收立法程序、税收执法程序和税收司法程序；从税收执法程序看，包括税收征收程序、税收稽查程序、税收行政复议程序、税务行政诉讼程序、税收责任追究程序；从税收司法程序看，包括涉税犯罪的司法程序等等。税收程序法是税收实体法得以实施的重要保证。在英美法系国家，程序法处于主导地位，因为判例法与制定法同样重要，甚至超过实体法。我国不属英美法系，故从税法实践来看，程序法远没有实体法完善，存在重实体轻程序的问题。第四，税收救济法是界定和调整征税主体机关，包括立法机关、执法机关和司法机关遵从"以人为本"和税收法定原则，保护纳税人权益的法律规范的总称。依法治税包括依法征税和依法纳税两层含义。长期的税法实践，受权力论和行政管理论两大传统观念的影响，征税主体和纳税主体都片面强调权力征税一面，忽视了依法保护权益的另一面。通过法律规范保护纳税人的权益是税法体系中重要的不可缺少的组成部分。从这个意义上理解，税收救济法又可称为纳税人权益保护法。第五，税收组织法是界定与规范国家法律主体机关包括税收立法机关、税收执法机关和税收司法机关的机构设置、职务职权、人员编制等相关法律的总称。目前，我国规范国家法律机关的组织法有法院法、检察院法等；规范司法人员的组织法有法官法、检察官法、警察法等等。但尚无规范税收立法、税收执法和税收司法机关的组织法，也没有规范征税人员的组织法，如税官法等等，这对规范税收执法机构和人员的行为，维护纳税人权益，从而提高依法治税的水平是不利的，应该在税收基本法中做出原则性规定。另外，税收组织法还应该包括税务律师组织法，目前的注册税务师，从税收法律角度理解应改为税务律师，以规范和调整其税收法律行为，这将更有利于开展维护纳税人权益的工作。第六，税收国际法是界定和调整国际税收法律关系的当事人（国家与国家之间、国家与跨国纳税人之间）的国际税收债务的成立、继承、消灭以及保障主体双方权利义务得以实现的税收法律规范的总称。税收国际法的调整对象应包括国家与涉外纳税人之间的涉外税收征纳关系以及国家之间的税收分配关系。所以，税收国际法包括涉外税收法和国际税收法两部分。

2. 构建与完善税法运行法律体系

税收法律从运行角度看，包括税收立法、税收执法、税收司法和税法监督四个环节，其中税收立法是前提与基础环节，税收执法是落实与执行环节，而税收司法和税法监督是保障与监督环节，四个环节的协调运行，将推动税收法治建设从而推动法治国家的建立。

第一，完善税收立法是构建与完善税收运行法律体系的前提环节。税收立法不仅在税收运行法律体系中具有基础性和前提性的地位与作用，同时税收立法的质量与效率还是检验新一轮税收法律制度改革质量与效率的标准。

第二，完善税收执法是构建与完善税收运行法律体系的中间环节。国家税务机关的主要职能是税收执法，税收执法的质量与效益关系到税收法治环境的营造和国家税收收入的实现，因此，税收执法在税收运行法律体系中具有承上（税收立法）启下（税收司法与税法监督）的重要地位与作用。

构建与完善税法运行法律体系：首先，应当重构税收执法主体制度。从大部门制改革的战略角度看，中国应成立单一的独立的税收执法主体机构，单一是指征税机构单一，成立中国税收征收总局，将财政、海关、税务等税收征收职能归并为一个统一的税收执法机关。独立是指税收执法的独立性，不受各级政府和相关部门干扰。而目前应注重各类征税机关的分工与协调，并创造条件实施过渡试点。其次，应当界定税收执法权的范围以及各种权力间的协调。一是规范税法解释权，区别和协调权力机关解释、行政机关解释和司法机关解释三者间关系与法律效力。二是界定检查权与稽查权的范围与关系。三是规范与限定自由裁量权。四是规范、区分执法权与司法权的界限、关系、程序与责任。五是界定与规范征税权力与纳税权益的关系与协调，等等。最后，应当完善税收执法程序。程序无法、不合法甚至违法是税收执法过程必须解决的重要问题，而诉讼中税务机关败诉的重要原因是程序问题。

第三，完善税收司法是构建与完善税收运行法律体系的保障环节。税收司法是国家司法机关依据法定职权和程序，运用法律处理涉税案件的专门活动的总称，它包括法院的税务审理、检察院的税务检察、公安机关的涉税刑事侦查和税务机关行政复议的裁定。其中税收审理属狭义的税收司法活动，税务检察和涉税刑事侦查属广义的税收司法活动，而税务行政复议属准司法活动。税收司法在税收运行法律体系中处于保障环节，它保障税收立法和税收执法环节的有效运行。目前税收司法主要涉及税收司法机构体系、税收行政司法制度、税收刑事司法制度和税收民事司法制度等四个层面的问题。其中涉及的主要问题有行政权和司法权的相关问题，税务、侦查、检察和审判四大涉税机关的关系及税收刑事程序制度，税收司法机构体系创建等问题。

创建独立或相对独立的司法机构体系的现实意义。一是减少巨额税收流失要求强化司法保障。二是税收本质特征要求强化税收司法保障。三是经济全球化要求强化税收司法保障。四是税收立法、税收执法和税收司法关系要求强化税收司法保障。五是税收司法现状迫切要求改变和强化税收司法保障。

三、落实税收法定原则

党的十八届三中全会《改革决定》提出了"落实税收法定原则"。税收法定原则，从性质看，税收法定原则不仅仅是税法领域的最基本原则，还是推进法治国家、法治政府、法治社会的基本原则；从定位看，税收法定原则是国家治理体系的基本原则，从这个意义上讲税收法定原则应当是宪法性原则；从执法看，还是规避税收执法风险的最基本原则。十八届四中全会《法治决定》提出了"形成完备的法律规范体系"。两个决定落实到税收领域，前者指的是税收法治或依法治税的最基本的原则，后者指的是税收法治或依法治税的最基本路径之一即科学创制税收法法律规范体系。

（一）落实税收法定原则、立法应当先行

十八届四中全会《法治决定》指出，"法律是治国之重器，良法是善治之前提。建设中国特色社会主义法治体系，必须坚持立法先行，发挥立法的引领和推动作用，抓住提高立法质量这个关键。"十八届三中全会《改革决定》在论述建立现代财政制度时把"完善立法"放到六大任务之首；十八届四中全会《法治决定》在论述建设中国特色社会主义四大法治体系时同样把立法放到首位。因此，落实税收法定原则、建立完备的税收法律规范体系、实现税收良法善治就必须坚持税收立法先行，特别是坚持税收基本制度立法先行。

1994年第一轮税制改革以来我国逐步形成了基本适应当时税收环境需要的税收法律规范体系，但这与依法治国和依法治税的要求相差甚远，这种差距首先表现为税收法律规范体系的不完善，特别是税收法律规范体系的结构失衡。税收法律结构是各级次法律法规在税收法律规范体系中的比重关系，科学的税收法律规范体系首先应当是遵循税收法定原则形成的税收法律、税收行政法规、税收部门规章的结构体系，而税收法律规范体系的核心是税收立法权的配置，税收立法权配置的格局不同会形成不同的税法结构体系。

十八届四中全会指出"明确立法权力边界"。目前，我国税收法律规范体系的突出问题就是税收立法权力边界不清晰。从横向税收立法权配置层面看，突出问题是税收立法行政化。

明确界定横向与纵向税收立法权的权力边界是形成完备税收法律规范体系的核心，是落实税收法定原则的关键。

（二）落实税收法定原则，重大税制改革应当于法有据

税收法定原则可概括为税收实体法定原则和税收程序法定原则两个层面。

税收实体法定原则要求税收实体基本制度只能制定税收法律。第一，税收实体基本制度主要包括税种、纳税人、征税对象、计税依据，税率等主要立法事项。第二，当制定法律的条件不成熟时，全国人大常委会可授权国务院或省级人大常委会先行制定税收行政法规或地方税收行政法规。第三，"实践证明行之有效的（行政法规），要及时上升为法律"。第四，国务院不能转授税收实体基本制度立法权给财税主管部门。第五，国务院财税主管部门不得僭越税收立法权制定税收实体基本制度。

税收程序法定原则是落实税收实体法定的利器，没有程序法定何谈实体法定。税收程序法定原则要求税收立法应当按法定程序创制税收法律、法规和规章。税收程序基本制度主要包括征纳双方基本权力（利）与义务制度、税收征收基本程序制度等内容。《法治决定》制定的全国人大及其常委会监督制度、宪法解释程序机制、科学与民主立法机制、重大行政决策法定程序制度、行政执法与刑事司法衔接机制、规范公正文明执法程序等为完善税收程序法定原则明确了方向和路径。

（三）落实税收法定原则，修订《立法法》涉税条款

2014年8月至12月，全国人大常委会两次审议立法法修正草案，充分体现了第五代领导集体"蹄疾步稳"的改革思路。修订《立法法》中相关涉税立法事项是落实税收法定原则的重要举措，是建设社会主义税收法治体系的前提和基础。

当时笔者曾撰文：（1）应当明确界定税收基本制度内涵。应当对全国人大及其常委会专属立法权中的税收基本制度进一步明确界定。一是将税收基本制度从原《立法法》第八款中单列为第六款。税收基本制度立法属重点领域立法，列在国体、政体、刑罚等基本制度之后有其合理性。二是可具体表述为（六）"税收体制基本制度、税收程序基本制度、税收实体基本制度"；二审稿拟采用正列举方式表述，比如"税种、纳税人、征税对象、计税依据，税率等税收基本制度"。（2）应当完善税收授权立法、规定授权时效。一是应当设置授权立法时效，对税收基本制度的授权立法应当规定在5年之内（含5年）；二是应当设置清理税收行政法规、税收部门规章的时效，行政法规应当规定4年清理一次，部门规章应当2年清

理一次，而规范性文件则应当年年清理。（3）应当明确规定税收立法程序。一是根据十八届四中全会提出的完善立法体制要求，制定税法的监督和解释程序制度。二是根据十八届四中全会提出的加强和改进政府立法制度建设要求，完善税收行政法规、税收部门规章的制定程序制度，完善公众参与税收法规规章的程序制度，完善重要的税收管理法规由政府法制机构的起草、发布程序制度，建立第三方评估程序制度等。三是根据十八届四中全会提出的科学立法、民主立法要求，建立委托第三方起草税收法律法规草案程序制度，建立重大利益调整的税收立法的论证咨询程序制度，建立拓宽公民有序参与税收立法、健全税收法律法规规章草案公开征求意见和采纳情况反馈程序制度。四是建立税收行政规范性文件的备案审查程序制度。五是建立健全重大税收行政决策的法定程序制度。（4）应当明确地方税收立法权及权力边界。一是明确"依法赋予设区的市地方立法权"。根据十八届四中全会修订《立法法》第六十三条［地方立法权］第四款，明确立法权扩至设区的市。二是明确"地方立法权权限和范围"，"明确立法权力边界，有效防止部门利益和地方保护主义法律化"。根据十八届三中全会"落实税收法定原则"和"直接面向基层、量大面广、由地方管理更方便有效的经济社会事项，一律下放地方和基层管理"的精神，修订《立法法》第六十四条［地方性法规规定的事项］。第一，强调税收法定原则。立法内容上，地方税收行政法规规章应当遵从统一税法原则，不得与中央税法相悖，否则无效。立法程序上，地方税收立法应当严格履行法定程序，否则无效。第二，界定地方税收立法权力边界，厘清权力边界是赋予设区的市税收立法权的前提与关键。

（四）落实税收法定原则的新突破

1.《立法法》明确了税收基本制度的内涵

税收基本制度应当由税收体制基本制度、税收实体基本制度和税收程序基本制度等三部分构成。税收体制基本制度是规范与界定分税制财税管理体制中有关税种属性、税收收入分配和税收管辖权的基本制度。税种属性是十八届三中全会提出的一个概念，是指税种的归属即该税种是归属中央还是归属地方或中央与地方共享。税种属性属税收体制基本制度，应当由法律规定，目前有关税种属性的最高立法级次是行政法规即国务院 1993 年 12 月 25 日颁布的《关于实行分税制财政管理体制的决定》，这部行政法法规已运行了 20 多年，至今仍未上升为法律。税收收入分配是在明确税种属性前提下，确定中央与地方、地方与地方（主要是省与县）之间的税收收入划分，其中最重要的是中央与地方的共享税。比如增值税和企业所得税：明确规定增值税按中央占 75% 地方占 25% 分配，企业所得税以隶属关系划分税收收入的立法级次都是税收行政法规，其后几次重大调整中央与地税收收入分配关系的立法级次均为税收部门规章。规范和界定税收管辖权，在分设两套税务征收机构的条件下更应当厘清责权，十八届三中全会明确提出要"完善国税、地税征管体制"。基于税收体制基本制度日后将会在税收基本法或财政基本法或财税基本法中明确界定，因此，在《立法法》中只作抽象的高度概括性的表述。

税收实体基本制度是税收基本要素制度，其基本要素包括纳税人、征税对象（范围）、计税依据、税率、税收优惠等主要内容。其中税率是影响税负高低、调整分配关系的主要因素。税率是税制基本要素中的核心要素，属税收基本制度范畴，应当由法律制定，不能以部门规章形式制定和颁布。即使从经济层面考量有其合理性，但也决不能因此而违背税收法定原则，这正是十八届四中全会要求"重要行政管理法律法规由政府法制机构组织起草"的根由。因此，应当对税收实体基本制度的税收基本要素做出明确界定，以免再次产生歧义。

税收程序基本制度是执行税收实体基本制度的保障。基于税收程序制度在《税收征管法》中有明确界定，因此，像税收体制基本制度一样，《立法法》只需作抽象的高度概括性表述。

2.《立法法》体现了税收法定原则

要落实税收法定原则，首先要厘清税收法定原则的内涵。要厘清税收法定原则，就要全面、完整地掌握税收法定原则的实质。税收法定原则包括税收立法法定和税收执法法定两部分，税收立法法定与税收执法法定二者的有机结合，构成了税收法定原则的完整体系。

税收立法法定包括立法主体法定、立法程序法定和立法事项法定三个方面。税收立法主体法定是指制定税收法律、税收行政法规、税收部门规章的权力归属法定，即人大及其常委会、国务院及财税主管部门的立法权力归属，应当进一步明确规定三者立法权的权力边界，一经界定则不得僭越。税收立法程序法定是指税收立法主体制定法律、法规和规章时应当依据法定程序而设制，违反立法程序制定的法律、法规、规章应当无效，应当进一步明确规定不同层级的立法程序包括授权立法程序。税收立法事项法定是指制定法律、行政法规和规章内容的边界，税收立法事项法定主要包括税收要件法定和税收要素明确两个方面。税收要件是指由纳税人、征税对象、计税依据和税率等要素构成的基本税收制度，税收要件法定是指税收基本制度的主法主体是全国人大及其常委会，税收基本制度只能制定法律（授权只是例外）。税收要素明确是指制定基本制度时应当尽量清晰、准确、全面。应当明确界定税收法律的基本立法事项，完整、准确、全面地规定税收要件。

税收执法法定包括执法主体法定、执法基本程序法定、权力（利）、义务、责任法定等主要内容。基于税收执法法定将在《税收征收管理法》有明确规定，因此，《立法法》只作抽象概括性表述。

3.《立法法》为落实税收法定原则提供了法律支撑

首先，增加了税收基本制度内涵的表述。为落实税收法定原则，《立法法》二审稿表述为"税种、纳税人、征税对象、计税依据、税率和税收征收管理等税收基本制度"只能由法律规定。《立法法》三审稿修改为"税种的开征、停征和税收征收管理等税收基本制度"只能由法律规定。新《立法法》最终改为"税种的设立、税率的确定和税收征收管理等税收基本制度"只能由法律规定。与原《立法法》对税收基本制度抽象表述相比，新《立法法》将税收实体制度和税收程序制度两大税收基本制度概括性地写进立法法，从无到有，这就是一种重大突破，就是落实税收法定原则的重大突破。这种突破必将为形成完备的税收法律规范体系、高效的税收法治实施体系产生积极的、深远的影响：一是概括表述税收实体基本制度内涵，有利于界定立法机关与行政机关制定税收基本法律制度的权力边界，"加强和改进政府立法制度建设"。二是概括表述税收程序基本制度内涵，有利于"完善行政组织和行政程序法律制度，推进机构、职能、权限、程序、责任法定化"。提高税收法治治理能力的现代化。三是进一步将税收法定原则写进立法法，为完善税收实体法律制度和税收程序法律制度提供了立法层面的法律支撑。

其次，突出了税收法定原则的重要地位。原《立法法》第八条将税收法定原则列为第八款，排在第（六）项"对非国有财产的征收"和第（七）项"民事基本制度"之后，这种排序降低了税收的地位与作用。新《立法法》做了两处重大改进：一是将税收法定从原来第八款财政、税收、海关、金融和外贸中单列出来；二是将税收法定位置列在第（六）、（七）项之前。单列且位置提前，彰显高层的极度重视，这有利于落实税收法定原则。

（五）落实税收法定原则任重而道远

新《立法法》修正案是部分修改，不是全面修改，其中与税收相关的某些内容尚需要进一步统一认识和完善。落实税收法定原则的道路任重道远。

1. 税收基本制度的表述应当更精准、更周延

笔者注意到，《立法法》三次审议稿中有关税制基本要素表述的三次变化，从"税种、纳税人、征税对象、计税依据、税率"到"税种的开征、停征"再到"税种的设立、税率的确定"。同时更注意到关于"税种就包括纳税人、征税对象、计税依据和税率"的观点。三次表述变化和税种等同税制基本要素的观点，说明进一步厘清税收基本制度内涵的必要性，因为这是事关全面落实税收法定原则的前提问题。应当从两个层面厘清税收基本制度的内涵。

首先，厘清税收基本制度的基本结构。如前所述，税收基本制度应当由税收体制基本制度、税收实体基本制度、税收程序基本制度三部分构成。基于税收体制基本制度将在税收基本法或财政基本法或财税基本法中明确界定，税收程序基本制度将在《税收征管法》中明确界定，故在立法技术上《立法法》只需作抽象性表述。显然，与体制制度和程序制度不同，税收实体基本制度是由多部按税种制定的法律组成，因此，税收实体

基本制度的核心税制要素应当在《立法法》中作全面、精准的表述。遗憾的是，新《立法法》只涉及税收实体制度和税收程序制度，遗漏了税收体制制度，而税收体制基本制度更应当首先落实税收法定原则。

其次，厘清税收实体基本制度的核心内涵。从税收经济学的层面分析，税收实体基本制度的核心是税制要素，即税收实体制度的构成要素（从税法角度亦可称为要件），构成税收实体制度的三大基本要素是征税对象（收什么税）、纳税人（向谁收税）、税率（收多少税）。

全国人大发言人傅莹在2016年两会期间新闻发布会上回应记者提问时说，"税收法定"就是政府收什么税、向谁收、收多少、怎么收，都要通过人大立法决定。《立法法》在表述税收实体基本制度时应当涵盖三大基本要素，只界定收多少税（税率），不界定收什么税（征税对象）和向谁收税（纳税人），显然是不够完整的。

最后，税种与税制基本要素的关系，前者是某一税制的名称、是区别税制间的形式，比如增值税、所得税等；后者是税制的主要结构、是内容，不同的税制结构应当使用不同的名称以示区别。至于"税种的开征、停征"则属税收程序基本制度的构成要素，这在《税收征管法》第三条中已有明确规定。因此税种和税制要素逻辑上不存在包含关系。

笔者建议税收法定原则应当表述为："税种的设立，征税对象、纳税人、税率的确定，税收管理体制和税收征收管理等税收基本制度，只能制定法律。"

2. 地方立法权范围还存在扩大空间

从党的十六届三中全会首次提出"赋予地方政府适当税政管理权"，十七届五中全会进一步明确为"赋予省级政府适当税政管理权"，到十八届三中全会的"逐步增加有地方立法权的较大市数量"和十八届四中全会明确"依法赋予设区的市地方立法"。新《立法法》落实了下放权力的精神，遗憾的是，在设立地方政府立法权范围时只涉及"城乡建设与管理、环境保护、历史文化保护等方面的事项"。显然，地方人大与政府下放的立法权中没有涉及税收立法权，特别是地方税种的一些立法权。十八届三中全会指出，直接面向基层、量大面广、由地方管理更方便更有效的经济社会事项，一律下放地方和基层管理。改革后地方税体系中的房地产税、个人所得税等直接税税种就属上述直接面向基层、量大面广、由地方管理更方便更有效的经济社会事项（直接税征收管理既是经济事项更是社会事项），应当明确规定地方税收立法权的权力边界。补救的办法是，根据新《立法法》的例外规定"法律对较大的市制定地方性法规的事项另有规定的，从其规定"在制定房地产税法和修订《个人所得税法》时设定授权条款，授权地方人大在不与上位法相悖条件下制定实施细则，这有利于推进直接税的改革与立法的效率。

3. 应当加强法律间的衔接

如前所述，税收实体基本制度在各单行实体税法中作特别规定，税收体制基本制度和税收程序基本制度分别在税收基本法和《税收征管法》中作特别规定。《立法法》应当加强与上述税收法律间的衔接。一方面，作为国家立法制度的基本法律，《立法法》应当充分发挥其引领作用，尽量全面、精准、抽象地概括税收基本制度事项，包括立法主体、立法程序、授权立法等基本法律制度事项；另一方面，作为部门法律，各单行实体税法、《税收征管法》、税收基本法在税收立法这一基本法律事项中应当与《立法法》保持一致，不得与其相悖，这是落实税收法定原则的应有之义。

诚然，《立法法》还应当不断完善，但新《立法法》对落实税收法定原则、对推进法律规范体系建设的贡献是毋庸置疑的。

四、税收执法的新风险

（一）一则案例引发的税收执法风险思考

2012年6月，新疆维吾尔自治区地方税务局稽查局对瑞成公司做出《税务行政处理决定书》，认定瑞成公司以低于市场价格销售的行为应按同期市场价格进行调整，补缴营业税，对瑞成公司处以少缴税款1倍的罚款。瑞成公司在按照稽查局的要求缴纳相关税费及罚款之后，遂向乌鲁木齐市一审法院提起行政诉讼。一审法院经审理认为，稽查局在无价格认定行政职权的情况下,以低于市场价格销售为由,直接以同期市场价格对瑞成公司进行调整,补缴营业税,并据此认定瑞成公司少缴营业税属于越权行政,判决撤销新地税稽罚〔2012〕12号《税务行政处罚决定书》。稽查局对一审法院的判决不服,向乌鲁木齐市二审法院提起上诉,同时向国家税务总局递交《关于征收营业税核定营业额有关问题》的报告(新地税发〔2013〕287号)。

国家税务总局办公厅向新疆地税局稽查局回复了税总办函〔2013〕884号文件,支持稽查局依照《营业税暂行条例》及其实施细则的规定进行税额核定,认为"纳税人将同类商品房销售给关联企业职工,价格明显低于销售给其他无关联关系的购房者的价格的,属于《中华人民共和国营业税暂行条例》第七条所称价格明显偏低并无正当理由的情形,主管税务机关可以按照《营业税暂行条例实施细则》第二十条的规定核定其营业额"。

二审法院经审理认为,税总办函〔2013〕884号文件不属于部门规章,不能作为本案的定案依据,依据《中华人民共和国行政诉讼法》第七十条第(一)项规定,判决驳回稽查局的上诉,维持一审判决主文部分。①

此案的焦点是国家税务总局的复函为什么不能作为定案依据。《行政诉讼法》第六十三条规定:"人民法院审理行政案件,以法律和行政法规、地方性法规为依据。地方性法规适用于本行政区域内发生的行政案件。人民法院审理民族自治地方的行政案件,并以该民族自治地方的自治条例和单行条例为依据。人民法院审理行政案件,参照规章。"显然,法院审理行政案件的法定定案依据仅包括法律、行政法规、地方性法规、自治条例、单行条例以及规章。国家税务总局等国务院各部委做出的复函、批复等属于行政规范性文件而不是部门规章②,不属于法定的定案依据。

上述案例,是一件因税收规范性文件不能作为定案依据而引发税收执法风险的典型案例,特别是最高人民法院颁布《司法解释》之后,更应当引起税务机关的高度重视。

---

① 本案详见华税律师事务所"稽查局获总局批复仍败诉案"税案观察,www.hwuason.com。
② 退一步讲,按《税收规范性文件制定管理办法》第七条规定,"通知或批复"连规范性文件都不是。

(二) 税收执法最大风险是税收法律制度及其适用风险

税收法律制度及其适用风险，是指征税主体在执法过程中因法律本身不完善或法律依据适用不当产生的执法风险，产生税收法律制度及其适用风险的主因是税收法律制度的缺失，故又称制度风险。税收法律制度及其适用风险包括税法体系内部风险和税法体系外部风险两个层面。税法体系内部风险是指由于税收法律制度的缺失或不确定或不协调或相悖等因素引起的税收执法风险。其中，税收法律制度的相悖风险是指税收法律之间包括纵向（上下级次法律间）与横向（同级次法律间）的规定不一致以及新旧（未能及时清理）制度间相悖引发的执法风险。[①] 其中，税收规范性文件与税收部门规章、税收行政法规、税收法律之间的纵向相悖是税收法律制度及其适用风险中发生频率最高的风险。例如，2009 年南都等 24 家基金会联名致函国务院有关部门，申请审查《关于非营利组织企业所得税免税收入问题的通知》（财税〔2009〕122 号）和《关于非营利组织免税资格认定管理有关问题的通知》（财税〔2009〕123 号）两个文件的合法性，就是因为他们认为文件与《企业所得税法》及《实施条例》存在抵触，即下位法有悖上位法。[②]

税法体系外部风险包括两个方面：一是指法律部门之间的不协调特别是税收一般规定与特别规定不协调引发的税收执法风险。比如，《税收征管法》与《中华人民共和国银行法》在税收执法机关获取相关税收信息不协调，与《中华人民共和国物权法》《中华人民共和国破产法》等在行使税收优先权的不协调，与《行政处罚法》《行政程序法》等在税收责任处理的内容与程序的不协调以及税收行政处罚与税收司法处罚内容与程序的不协调，等等。二是指执法与司法之间的不协调。比如，最高人民法院《司法解释》中关于"规范性文件不合法的，人民法院不作为认定行政行为合法的依据，并在裁判理由中予以阐明"的规定就与税收执法产生了某些不协调。瑞成公司诉新疆维吾尔自治区地方税务局稽查局一案，就是典

---

① 详见涂京骞、涂龙力:《税收征管四大风险及规避》，《涉外税务》2011 年第 5 期。
② 详见熊伟主编:《税法解释与判例评注》（第 1 卷），法律出版社 2010 年版。

型案例。

因此,应当规避税收执法内外两大风险,尤其是规范性文件存在的不能作为行政行为合法性依据的潜在风险。

(三) 税收规范性文件适用或将引发税收执法风险

如果说以上两个规范性文件引发的税收执法风险案例尚属个案且具有某种偶然性的话,那么,最高人民法院《司法解释》则使这种执法风险加剧。为规避上述执法风险,对税务执法机关和法院提出了新的要求。

1. 规范性文件发布的内容与程序不能任性

首先,规范性文件创制的内容不能任性。无论是国务院财税主管部门发布的,还是地方财税机关发布的,规范性文件发布的内容只能对税法进行解释,而不能作创制性规定。一方面,规范性文件不能僭越税收立法权,即不能规定税收基本制度内容;[①] 另一方面,规范性文件不得与上位法规定相抵触。其次,规范性文件创制的程序不能任性。应当严格按照《税收规范性文件制定管理办法》(2010年2月1日国家税务总局令第20号)的程序规定执行,其中尤其要注重听取意见,包括书面、网上征求意见,召开座谈会、论证会、听证会等程序。

2. 法院具有认定行政行为合法的权力

按照行政诉讼法和司法解释的规定,在对具体行政行为提出诉讼的同时,对规范性文件可以一并请求审查,法院可以在判决书当中阐明规范性文件的合法性,也就是直接认定它合法还是不合法。这意味着赋予了法院具有审查规范性文件的合法性的权力,经过审查认为不合法的规范性文件,不能作为认定被诉行政行为合法的依据。目前,最高法院司法解释规定法院的审查权力范围不是所有法律,仅限于规范性文件,不包括规章、行政法规和法律。法院审查规范性文件合法性的实质是强化司法权对执法权的监督,对税收执法来说,这是提高税收治理能力的必然要求。显然,

---

① 财税主管机关发布的调整成品油消费税率所以引起诟病盖因僭越税收立法权而起。

随着依法治税环境的不断改善，大量规范性文件的存在必将引发新的执法风险。

3. 法院可以提出处理建议但不能越俎代庖撤销规范性文件

最高院司法解释规定，法院在认定规范性文件不合法不适用以后，还应当建议制定机关对认定不合法的规范性文件在一定时间内做出修改、废止等处理。但法院不能直接对不合法的规范性文件进行撤销、确认它无效。这是因为对于规范性文件的"立改废"要由有权机关依照法定的程序做出处理，法院只能够向有关机关提出处理建议，这体现了权力分工原则。总之，最高人民法院关于《行政诉讼法》第二十一条司法解释，是落实十八届四中全会关于"把所有规范性文件纳入备案审查范围，依法撤销和纠正违宪违法的规范性文件，禁止地方制发带有立法性质的文件"决定的具体措施，这对于防止税收抽象法律行为任性、规避税收执法风险、完善税收法律体系具有重要现实意义。

（四）规避税收规范性文件执法风险的几条路径

如前所述，规范性文件的执法风险是制度风险中的最大风险。因此，规避税收规范性文件的执法风险是规避税收执法制度风险的头等大事，应当引起各级税务机关的高度重视。规避税收规范性文件执法风险的根本路径是贯彻十八大以来特别是十八届四中全会关于"建设中国特色社会主义法治体系""形成完备的法律规范体系"，即建立统一完整、法治规范的现代税收制度。而要实现这一目标，应当按照十八届五中全会的要求，尽快形成"法律健全"的税收法律体系。

1. 落实税收法定原则是规避风险的根本途径

十八届三中全会首次提出"落实税收法定原则"，这是税收法律制度最重要的基本原则，也是依法治税最重要的任务，更是规避规范性文件执法风险的根本途径。落实税收法定原则、规避规范性文件执法风险主要包括制定规范性文件的内容法定和程序法定两个方面。内容法定是指规范性文件设制的内容应当遵照《立法法》的相关规定，体现在：第一，规范性文件不能（无权）创制税收基本制度（即十八届四中全会指出的禁止制发带有立法性质的文件）。第二，不得授权规范性文件设制基本制度。《立法法》规定，税收基本制度授权立法仅限于全国人大授权国务院，国务院不得转授基本制度立法权。因此，税收基本制度不存在授权规范性文件立法的事项。第三，规范性文件的内容应当有上位法支持且不得与上位法相悖。这是落实税收法定原则的重要内容。程序法定是指制定规范性文件的过程应当遵循十八届四中全会《决定》和《税收规范性文件制定管理办法》（以下简称《管理办法》）的相关规定。目前，《立法法》没有规定规范性文件的制定程序，国家税务总局制定的《管理办法》是制定税收规范性的合法性依据。首先，规范性文件应按照十八届四中全会确定的"公众参与、专家论证、风险评估、合法性审查、集体讨论"的法定程序，严格执行《管理办法》规定的程序制定。规范性文件多为操作性规定，是否具有操作性是判断文件合理性的重要标准，而判定是否具有操作性最有发言权的是操作者本身。因此，应当严格执行《管理办理》第十七条之规定，起草时应当深入调研，采取各种形式听取各方意见[①]。其次，制定规范性文件，凡涉及征纳双方权力与义务等实质内容的，应当以上位法为依据，否则可能引发执法风险。总之，制定规范性文件的内容是否正当、程序是否合法是执法风险中最大的风险，也是法院审查的重点。根据《司法解释》，目前法院审查规范性文件是否合法侧重于实质审查而非形式审查。所以，规避规范性文件执法风险的重点应当是内容：第一是否僭越立法权；第二是否与上位法相悖。

2. 优化结构、完善税收法律规范体系是规避风险的前提

十八届四中全会指出要建设中国特色社会主义法治体系，这个体系包括完备的法律规范体系、高效的法治实施体系、严密的法治监督体系、有力的法治保障体系。良法善治，税收执法属法治实施体系，其前提是税收法律规范体系（即税收立法）。1994年以来，我国税收法律规范体系不断完备，但与迅速发展的政治经济形势、企业经营方式模式等仍存在许多法

[①] 山西省临汾市地税局关于省局规范性文件不具操作性引发的争议案例充分说明制定规范性文件程序的重要性。

律体系结构的不合理。税收法律体系结构不合理集中表现层级结构和内容结构两个层面。层级结构是不同法律级次在税法体系中所占比重，我国现状是"上缺下滥中失调"："上缺"指具有统领作用的税法缺失，比如税收基本法两次列入大立法规划两次流产；"中失调"指法律、法规、部门规章三个层级比例失调，比如目前只有4部税法（3部实体法、1部程序法）、20多部行政法规（暂行规定、决定等）、60多部规章（财政部、国家税务总局按法定程序发布），至今尚无创制体制性法律；"下滥"指各级税务机关的规范性文件多如牛毛[①]，十八届三中全会要求规范、清理，每年的工作量相当大，大量过时的、相互抵触的、不明确的规范性文件是税收执法的最大隐患。因此，优化税收法律层级结构、解决"上缺下滥中失调"、提高税收立法层次，特别是减少规范性文件数量，加强规范性文件备案审查管理，是规避税务机关执法新风险的当务之急。

3. 建立健全与税收司法的衔接机制

税收执法与税收司法的衔接一直是税法规范体系的软肋，《行政诉讼法》司法解释的出台与施行，实践中要求尽快建立健全税收执法与税收司法的衔接机制，以最大限度规避税收执法风险。首先，从总体上建立健全税收行政执法和税收司法的衔接机制。包括完善税收案件移送标准和程序，建立健全税收行政执法机关与公安机关、检察机关、审判机关信息共享、案情通报、案件移送的责任制度，坚决克服有案不移、有案难移的现象。其次，建立健全税务机关与法院有关规范性文件的沟通制度。涉及重大事项的规范性文件税务机关应当向法院提交备份和说明，避免进入司法程序时出现尴尬。最后，健全依法维权和化解纠纷机制。要依法维护纳税人权益，健全协商沟通机制，畅通利益协调，完善多元化纠纷解决机制，将规范性文件执法风险化解在事前。

4. 加强规范性文件的治理

依据规范性文件执法是我国税收行政执法实践的客观存在，为规避规范性文件的执法风险应当加强治理。首先，严格立法程序、控制立法数

[①] 据报道，2007年仅总局法规司清理规范性文件就达8万多件。

量、提高立法级次、保证立法质量。其中特别要控制个案批复和通知：凡属税法解释重要事项的，应当采用规章立法形式；凡属重要的、具有普遍适用执法事项的，应当修订为"办法"。其次，应当在《税收征管法》中补充规定规范性文件问责制度。为确保制定税收规范性文件的质量、规避风险，应当通过立法厘清责任、建立问责制度。第一，厘清抽象行为与具体行为责任，该由抽象行为责任人承担的责任不能向下推诿给具体行为责任人。第二，追究抽象行为人责任时，应当厘清单位负责人责任和个人责任人的责任。再次，及时清理规范性文件。第一，实行分级分类管理。各级税务机关应当每年梳理一次规范性文件，将文件按效力范围分属级别，逐级汇总上报。第二，规范性文件试行2年成熟后应当及时创制部门规章，提高立法级次是防范风险的制度保障。最后，应当在《税收征管法》中厘清税收法律适用的相关规定。应当明确在涉税法律事项的税收执法中，税法的规定是特别规定，其他法律部门的规定是一般规定，按《立法法》规定，同级次税收法律的规定与其他部门法律的规定不一致时，适用税收法律规定。

五、税收基本法

税收基本法是由国家最高立法机关制定的，规定有关税收的一般的和共同事项的基本法律。这一概念应从三个方面去理解：首先，税收基本法是国家最高立法机关制定的。这说明：第一，该法必须由全国人大来制定，其他立法机关无权制定。第二，该法是税法体系中级别最高的法律。其次，税收基本法只规定税法中一般的和共同事项，个别的和具体事项则由其他单行税法去规定。最后，税收基本法是税法体系中一部基本法律，因此，该法适用于所有税收执法行为。

（一）税收基本法的定位

税收基本法是税收领域内的"母法"。税收基本法在法律体系中，作为一种基本法律其地位仅次于宪法，而高于一般的税收法律。税收基本法是将宪法和具体税法连接起来的"桥梁"或"纽带"。一方面，它是对宪法的补充和具体化，使其具有可操作性；另一方面，它在整个税收法律体系中居于最高的地位，其他的税收法律法规都必须依照税收基本法的规定进行。

税收基本法的适用应参照以下四点原则：首先，税收基本法同所有经全国人大制定的法律一样，均属宪法之下的二级大法。其次，税收基本法是规范税收法律行为的最高阶位的法律。再次，当税收基本法与其他法律不一致时，凡税收基本法有明确规定的，以税收基本法为主；凡税收基本法无明确规定但单行税法有明确规定的，以单行税收法律为主；凡税收基本法和单行税收法律均无明确规定的，以其他法律规定为主。最后，要加强横向同级次法律间的协调，特别是税收立法，税收执法和税收司法三个税收法律运行环节间的同级次的法律协调。

（二）税收基本法的立法现状

1. 宪法有关税收的规定过于简化抽象

《中华人民共和国宪法》第五十六条规定："中华人民共和国公民有依照法律纳税的义务。"这条被认为是制定税法、开征税收的最根本的法律渊源。但这条规定过于简化与抽象，税收法律中的一些最基本事项均未涉及，比如税收管理体制、权力与义务、税收基本原则等，这给税收法律的创制、修改与完善带来了许多困惑。解决宪法没有规定、单行税法又无法规定的税法中基本的共性的问题是税收立法中应当首先解决的问题。

2. 税收基本制度立法的"三缺""三散""三低"

（1）内容的"三缺"

我国税收基本制度立法最大的问题莫过于内容缺失、立法空白，表现在"缺理论""缺制度"和"缺环境"等"三缺"上。首先，缺乏系统的理论研究，无法指导税收基本制度的立法实践。如果说税法学的创立只有十几年的历史，那么对于税收立法学的研究则更是凤毛麟角了。理论研究的滞后导致税收立法实践的严重缺失。其次，缺乏专门的有关基本制度的税收法律制度,从而导致单行税法的不规范和不协调。税收基本制度是统领各单行税收法律制度的基本制度,由于税收基本制度立法的缺失,导致各单行税收法律制度自立门户,各自为政,对税收基本制度层面的规定不规范、不一致,甚至不协调。最后,缺乏税收基本制度的立法环境。目前在我国,依法治税的理念尚未深入人心,依法治税的内外环境还未建立。

(2) 制度的"三散"

对我国税收基本制度立法实践的总体评价不能说得一无是处,但相对税收实体法、程序法和救济法而言,实在是太"散"了,表现在"内容散""制度散""体系散"上。首先,属于税收基本制度的内容分散在相关的单行税收法律法规中。其结果一方面单独立法导致各单行税法的重复规定,从而提高了税收立法的成本和降低了税收立法的效率;另一方面重复规定可能导致不同单行税法因理解和需求不同而引发的单行税法间的不协调甚至不统一。因此,内容分散、重复的结果极易破坏税法的规范性和统一性。其次,税收基本制度混散在实体法、程序法、救济法中,使税收基本制度与非税收基本制度混杂在一起,淡化了税收基本制度的地位与作用,降低了税收基本法律制度的统领性和权威性。最后,税收基本制度散乱的现状使之难成体系。税收基本制度是一个制度体系,它包揽了所有税收部门法律制度中具有共性的通用的法律规范,而目前缺失的、散乱的、个案的税收基本制度使之难以形成科学完备的基本制度法律体系,这极不利于发挥税收基本制度的统领作用。

(3) 立法的"三低"

除了"三缺""三散"之外,我国税收基本制度立法还表现在"三低"上,即立法"级次低""效率低"和"技术低"。首先,立法级次低下,税收基本制度作用难以到位。目前我国税收法律体系中仅有3部实体法和1部程序法,许多重要的甚至是根本的税收基本制度尚未制定税收法律,其中最典型的就是税收管理体制基本制度,一直停留在税收行政法规级次上。正是这种低层次的税收法规无法界定税收体制中的最基本最重要的一些法律事项,如税收立法权、税收征管权和税收收入分配权的界定,等等。其次,税收基本制度立法效率低下,严重不适应改革开放的现实需要。税收基本法三次列入全国人大立法规划,但进展缓慢十几年连草案都未提交审议。最后,立法技术的不完备阻碍了税收基本制度立法的进程。

立法技术的大忌是混乱不清，包括立法思想混乱、立法体制混乱、立法形式混乱、立法规范混乱以及立法技术环节混乱，等等。在税收基本法起草过程中，理论上首先就遇到了"税收基本法"与"税法通则"（或称"税收通则法"）的名称之争，其根源在于立法指导思想的差异。另外，在税收立法过程中，过于抽象不宜操作或自由裁量权弹性过大等现象也经常出现。税收基本法数易其稿，其主要原因之一是立法技术的不完备。

3. 单一的一级税收立法体制难以为继

我国税收立法实行的是单一的一级立法体制，即中央立法权高度集中，地方人大不能制定税种的开征、停征、减征、免征等方面的地方性税收法规，除非中央明确授权，比如筵席税和屠宰税中央明确地方有开、停、减、免的权力。这种体制实践中难以为继，地方以各种方式突破。针对这种情况，党的十六届三中全会提出，"在统一税政的前提下，赋予地方适当的税政管理权"。但是，"税政管理权"的内涵并未明确，如何下放也未明确。

4. "税收基本制度"内涵不明确

2000年颁布的《立法法》对税收立法权限和授权立法做出了规范。第八条规定，税收基本制度只能制定法律。这说明，税收基本制度不能采用行政法规和部门规章的立法形式。但对"税收基本制度"的内涵，即哪些税收法律制度属税收基本法律而必须采用法律形式，并未做出明确规定，这给税收立法带来不规范的同时，也影响了税收立法的质量与效率。

解决上述四大难题的路径是，在宪法修改短期内缺乏可操作性的前提下，制定一部上承宪法、下领各税收单行法的基本法律，以解决宪法没有规定、各单行税法又不好且无权规定的税法中基本的、共性的问题，税收基本法就是承载着这一历史使命推上税收立法前沿舞台的。

（三）重要的基本专门术语

经济学与税法学对一些基本范畴因角度不同可能存有歧义，税收基本法应当明确界定税法中最基本的专门术语，以免产生执法歧义。

1. 税收

在税收基本法起草过程中曾有三种意见：一是，不是以等价交换或提供个别的、专项服务为前提条件，而是根据有关规定的、负有税款给付义务者无偿向政府缴纳的、用于政府支出的货币或者实物为税收。二是，税收是基于国家权力，按照税法规定的标准取之于民，用于满足公共需要的国家收入。三是，税收是国家对所有依照税法规定负有纳税义务的人征收的货币性收入。税收不是对特定服务或义务的报偿。税收可以不以获取财政收入为主要目的。

笔者认为，税收基本法所称税收，是指国家为实现其提供公共产品与公共服务职能的需要，依法对满足纳税义务要件当事人征收的货币性收入。税收可从多层面多角度去理解，税收至少应当包括三个层面的基本内涵：一是征税主体，征税的抽象主体是国家，能代表国家行使税收征收权力的具体主体是国家税务征收机关，其他任何机关都不具备具体的征税主体资格。因此，非国家税收征收机关发生的征税行为均为非法的无效行为。二是征税的法律依据及合法性。国家征税机关发生的征税行为必须符合法律规定，包括税收法律、税收行政法规和税收部门规章，行政规范性文件不能作为征税的法律依据。三是纳税主体。纳税主体必须是依法负有纳税义务的当事人，即满足税法规定纳税义务要件的当事人，违反税法或没有法律规定的纳税事项，当事人有权拒绝履行。

2. 税法

在起草税收基本法过程中曾有两种意见：一是，税法是指税收法律、法规和规章。税收法律是由全国人大及其常委会制定的税收法律规范的总称，税收行政法规是国务院根据税收法律制定的税收法律规范的总称，税收行政规章是国务院财税主管部门根据税收法律、行政法规制定的各项规定的总称。二是，税法指税收法律、法规和规章。税收法律由国家最高权力机关根据宪法制定或认可，税收法规包括税收行政法规和地方税收法规。税收行政法规由国务院根据税收法律制定，税收规章包括税收行政规章和地方税收规章，税收行政规章由国务院税收主管部门根据税收法律、税收行政法规制定。

笔者认为，税收基本法中所称税法，是指国家权力机关或授权机关依照法律程序制定、认可和解释的，用以调整税收活动中形成的税收法律关系，表现为法律、法规和规章形式的法律制度的总称。应当从四个层面理解税法这一基本概念。第一，立法主体。税收立法主体是国家权力立法机关和授权立法机关。根据《立法法》规定，税收法律由国家权力立法机关即全国人大及常委会制定；税收行政法规由国家授权立法机关即国家最高行政机关国务院制定，就税收基本制度事项国务院不得转授立法权；税收部门规章由国家授权立法机关即国务院下属税收主管部门财政部、国家税务总局制定。立法主体的资格和级次不得随意变动。第二，立法程序必须合法。根据国家相关的法律规定，税收法律、税收行政法规和税收部门规章的制定必须遵循相应的立法程序，违反程序的税法是不具法律约束力的。第三，税收法律的形式。税收法律有税收法律制度、税收行政法规制度和税收部门规章制度等三种基本形式。税务部门制定的规范性文件，属于行政性制度，不属于税收法律制度范畴，不能作为执法的法律依据。因此，为避免税收法律制度和税收行政制度产生歧义，不能简称"税收制度"，应全称"税收法律制度"。第四，税收法律制度的分类。税收法律制度从税法运行的环节可分为税收立法制度、税收执法制度、税收司法制度和税法监督制度。税收法律制度从税法部门可分为税收基本法律制度、税收实体法律制度、税收程序法律制度、税收救济法律制度、税收组织法律制度和涉外税收法律制度。

3. 税法解释

税法解释是明确税法事项、降低执法风险的重要立法举措，目前税法解释的缺位、错位和越位等不规范行为是引发基层执法风险的重要因素。

笔者认为，税法解释是立法机关或授权立法机关对税法条文做出的旨在确立法律事项、降低执法风险、促进税收遵从的法律解释。税法解释可以从五个方面去理解：第一，税法解释的形式，税法解释包括立法解释、执法解释和司法解释等三种形式。第二，税法解释的主体，税收立法解释的主体是国家立法机关，包括权力立法机关和授权立法机关。应以权力立法机关解释为主。税收执法解释的主体是国家税收执法机关，即国家最高行政机关及其所属主管部门。税收司法解释的主体是国家税收司法机关，即国家最高人民法院、公安部和最高人民检察院。第三，税法解释的效力。税收立法解释是最高阶位的税法解释，税收执法解释和税收司法解释是税收立法解释的下位解释。在立法解释中，权力立法机关的立法解释是授权立法机关立法解释的上位解释。下位解释不得与上位解释相悖。第四，税法解释的基本原则。一是忠实原意。税法解释必须忠实税法原意，解释应充分准确。二是有利于纳税人。在存有多种理解时，解释机关应在不违背立法目的前提下，选择最利于纳税人的解释。三是不溯及既往。税法解释生效时间与税法生效时间一致，不具溯及既往的效力。第五，税法解释的审查。税法授权立法机关的税收立法解释、税收执法机关的税收执法解释和税收司法机关的税收司法解释应上报税法权力立法机关备案，税法权力机关应审查授权立法解释、税收执法解释和税收司法解释是否符合税收立法意图，权力机关有权修改或废止违反立法意图的任何税法解释。

鉴于目前税法实践中权力解释的缺位，执法解释的越位和司法解释的错位，税收基本法应明确税法解释的种类及阶位和建立下阶位解释机关必须报上阶位解释机关备案审查的制度。

4. 所得

所得是一个非常广泛的概念，有经济学的所得、会计学的所得、税法学的所得，单就法学而言除了税法学的所得外，还有民商法、行政法、刑法等其他法律部门的所得，税收基本法必须界定税法学中这一专门术语。起草小组认为，所得是指纳税人从事经营性业务活动所取得收入总额依法减除成本、费用和损失后的余额。

笔者认为，税法应当界定税前所得和税后所得。税收基本法所称所得，应当是指应纳税所得，即纳税人在纳税期间内从事应税经济活动取得的全部收入依照税法扣除成本、费用后的余额，显然这是税前所得。所得的内涵具有多元性，由于法律依据不同所得的内涵亦不相同。比如，应税所得与会计所得、合法所得与非法所得，等等。在纳税人的应税活动中经常会出现会计所得与应税所得计算结果不一致的情况，这就必然会出现纳税调整问题。由于会计所得的依据是财务会计法规，应税所得的依据是税收法规，这就必将导致两个法律部门之间的协调问题。根据《企业所得税法》的规定，当会计所得与应税所得不一致时，纳税人应以应税所得调整

税坛纵横

会计所得，税收机关据应税所得征收税款。随着我国经济与世界经济接轨的不断加快，中国的财务会计制度也逐渐与国际会计接轨，财税制度分离的大势已定。因此，税收基本法要明确规定税收法规调整会计法规的法律效力。

另外，税收基本法中所称所得，应包括法人（企业、单位）所得和自然人（居民、个人、家庭）所得，经营性业务活动所得和非经营性业务活动所得，合法所得和非法所得。非法所得是否应当纳税这是一个新课题，国外许多国家对非法所得同样征税，比如受贿所得、假冒伪劣所得等。对非法所得除了没收、处罚之外加上征税，提高违法犯罪成本应当为我所用。

（四）税收基本法律制度

新《立法法》规定了税收基本制度只能制定法律，但对税收基本制度的内涵未作完整、准确的规定，因此，创制税收基本法的前提应当首先界定税收基本制度的内涵。税收体制基本法律制度应包括税收立法体制基本法律制度、税收执法体制基本法律制度、税收司法体制基本法律制度和税收监督体制基本法律制度。

税收立法体制由三个要素组成：一是立法权限的体系和制度，包括税收立法权的归属、性质、种类、范围、限制、各种税收立法权之间的关系等内容。二是税收立法权的运行体系和制度，包括税收立法权运行的原则、过程、方式等方面的体系和制度。三是税收立法权的载体体系和制度，包括行使税收立法权的立法主体或机构的设置、组织原则、活动形式与程序等方面的体系和制度。世界税收立法体制主要有以下几种模式：一是单一的税收立法体制，是指税收立法权由一个政权机关行使的税收立法体制。包括单一的一级立法体制，即税收立法权由中央一级一个政权机关行使，而不是由几个中央政权机关行使；单一的两级立法体制，即税收立法权由中央和地方两级各由一个政权机关行使。二是复合的税收立法体制，是指税收立法权由两个或两个以上的政权机关共同行使的立法体制，根据立法权归属的不同，有议会和总统共同行使和君主与议会共同行使两种。三是制衡的税收立法体制，是指税收立法权建立在税收立法、行政、司法三权既相互独立又相互制约原则基础上的税收立法体制。这种体制下，立法职能原则上属议会，但行政首脑有权对议会的立法活动施加影响，甚至直接参与。我国现行税收立法体制属于单一的一级立法体制，即税收立法权由中央权力机关单独行使；是特殊复合的一级立法体制，即税收立法由最高权力机关和最高行政机关共同行使。这是一种单一、一级立法体制和复合立法体制并存的特殊税收立法体制。无论单一一级税收立法还是复合税收立法（中国的这种复合立法体制不是典型的复合立法体制），中国的税收立法权仅限中央，地方不具有税收立法权，显然这不符合市场经济对税收立法的内在要求。十六届三中全会首次提出"赋予地方政府税政管理权"以及十八届三中全会提出的"逐步增加有地方立法权的较大的市的数量"，说明中央的决策是要设制单一的两级立法体制，即全国人大和省级人大共享税收立法权（省级人大立法权是有限制条件的），这是建立中国特色社会主义市场经济体制的大势所趋，因此，建立中央和省两级税收立法体制是改革趋势的应有之义。

税收立法体制基本法律制度的核心是税收立法权的配置。新《立法法》对税收立法权的横向分配有原则规定，即税收基本制度必须由法律制定，对税收基本制度的纵向分配没有做出原则规定。根据《宪法》《立法法》的相关规定，税收基本法对税收立法权的纵向分配应做出相应的原则规定，以弥补《宪法》《立法法》的空白。第一，对影响国家税收收入和通商、有可能导致双重课税、对公共道路或其他交通设施的利用、关系地区间商品自由流通等的税收，其立法权应专属中央，地方只在法律规定的税目、税率等范围内具有微调权。第二，对作用与范围仅限于地方，对全国统一市场没有影响或影响不大的全国统一的税种，应扩大地方的立法权。第三，省级地方政府有权在本行政区划内开征根据当地具体情况和实际需要的新地方税种。为保证中央税收收入从而保证中央的整体宏观调控能力，维护税法的统一，防止重蹈"一放就乱"的怪圈，地方税收立法权应当受到限制，遵循以下基本原则。一是不抵触原则。地方性税收法规是宪法、税收法律和税收行政法规的下位法规，因此，不得与之相抵触，否则上位法有权纠正或废止下位法规。二是有限原则。地方立法属授权立法，因此是一种受制约的、不完全的立法权。其主要特征有以下几点，一是独立性受限，地方税收立法权受中央立法机关、行政机关的监督制约，地方性税收法规需报中央备案，中央对地方税收行政法规有否决权。二是完整性受限。地方只对极少数地方税拥有完全的立法权，但仍需报中央备案，对大部分地方税，地方只拥有限的调整权。三是立法级次受限。地方税收立法权只限于省级立法机关，不得逐级下放，也不得制定税收法律。四是不重复原则。中央已立法的税种，地方不得对该税种重复立法课税。对中央尚未立法的税种，地方可先行立法，但不得影响全国经济的统一性和平衡发展，中央一经立法，地方的先行立法与之相抵触部分则自然失效。如果说，税收立法体制基本制度的核心是税收立法权的配置，那么，税收执法体制基本法律制度的核心则是税收征管权的配置。因此，税收执法体制的关键是中央与地方税收征管权的分配问题，这里必然会涉及两个基本问题：一是分税制问题；二是税务机构的设置问题。

　　税收部门基本法律制度是税收基本法律制度的重要组成部分。权利与义务是税收部门基本法律制度的核心内容。权利与义务包括：税务征收机关即征税主体的权力与义务和负有纳税义务人即纳税主体的权利与义务。基于各单行税法对税务机关权力和纳税人义务已经规定得比较全面和具体，因此，税收基本法中应侧重规定税务机关的义务和纳税人的权利。为维护纳税人的合法权益，建立和谐的征纳关系，纳税人有权被认为是诚实的，除非有足够的、相反的证据。纳税人被认为是诚实的这一基本推定，相当于刑事诉讼中的无罪推定。根据这一规定，在应税活动没有完成以前，税务机关要求纳税人履行义务和在没有掌握或没有充分掌握违法事实的情况下实施处罚等做法是不适当的。为更好地提供纳税服务和提高纳税人经济预测与管理水平，同时也有利于税务机关掌握、监控税源和提高征管水平，税务机关有为纳税人事先裁定的义务。目前，西方大多国家都建立了事先裁定的相应制度。

　　目前关于征纳双方权利义务，主要在《税收征管法》中有规定，应当体现政府与纳税人平等的原则，建立和谐的征纳关系。有些应该在基本法中明确，比如，纳税人应包括以下权利与义务：一是税务诉讼前，纳税人对是否缴纳税款的选择权（为避免纳税人以此拖延纳税义务，同时应规定滞纳金不因诉讼而取消）。二是纳税人负有向税务机关申报有关纳税的个人信息的义务，如是否在境外有银行账户等。三是纳税人对税务机关的行政行为不服提起诉讼时，负有举证责任。四是第三方义务，即对税务咨询人而言，如其知道或应当知道纳税人存在逃税行为，应当依法缴纳罚款，禁止税务咨询人为纳税人设计避税方案，否则应依法缴纳罚款，银行、合伙、信托、投资公司等机构有义务向税务机关通报纳税人的交易情况以及纳税人收益，上市公司有义务向税务机关报告纳税人作为股东所获红利。权利可分两类，一类是宏观性权利，另一类是微观性权利。宏观权利又称整体性权利，具有宪法性权利或实体性权利性质，包括公共产品选择权、享受公共服务权、要求公平待遇权、税收监督权、税收使用监督权等。微观性权利又称个性体权利，包括纳税人无偿知情权、保密权、申请税收优惠权、提起行政诉讼权、控告检举权等。税收基本法应侧重规定微观性权利，将纳税人权利区分为基本权利、实体性权利、程序性权利及权利保护等。

税收部门基本法律制度还包括以下主要内容。第一，税收程序基本法律制度。实体和程序是法律正常运转的两个轮子，缺一不可。重实体、轻程序的传统观念不利于现代法治国家的建立。税收程序基本法律制度包括税收立法基本程序制度、税收执法基本程序制度、税收司法基本程序制度。第二，税收责任基本法律制度。明确法律责任是依法行政、依法治税的保障，明确法律责任是落实义务的约束条件，在税务机关的执法实践中，重权力轻责任、特别是轻追究责任的观念比较普通。建立税收责任基本法律制度是税收基本法的主要任务之一。第三，税收救济基本法律制度。纳税人权益保护不仅体现在相应的单行税法中，更集中体现在税收救济基本法律制度中。目前尚无税收立法方面的救济制度。为建立和谐的征纳关系，推进依法治税，税收基本法应有税收救济基本法律制度的相应规定。

（五）税收基本法的国际借鉴

德国的税收基本法是秉承了德国法律大陆法系的基本特点，在税收基本法的立法技术上，讲究法律的体系完整性和内容科学性，从而使其基本法表现出了体系庞大、内容浩繁、结构完整、逻辑严密的特点；在税收基本法的内容上，不仅涉及民法、刑法、行政法等，而且还涉及了刑事诉讼法、民事诉讼法、法院法等内容，不仅注重实体内容的规范，更注重对程序性内容的规范，并且具体细腻，无须另外配套立法即可实施，具有很强的可操作性,是典型的"法典法"。

韩国税收基本法的规模比德国税收基本法要小得多,相应地,其所涉及的内容也相对要少。它在立法技术上的要求也比德国税收基本法的要求要低一些。同时,由于其自1974年公布以来已经过了多次修改,也反映出了韩国在进行税收基本法的立法时,并未采取一步到位的做法,而是重视税收基本法的框架结构和突出税收基本法的核心内容,而对于一些具体的问题,则根据社会经济政治的发展及时地进行修改、补充和删改,这充分体现了韩国在税收基本法立法时所采取的务实态度。

俄罗斯联邦税收基本法的规模很小,译成中文不过7000字左右。在结构上也没有总则、分则、附则之分,相对不注重各法条之间的逻辑性和排列顺序。同时,在对基本法内容的规定上也比较抽象和原则,对相关法律的内容引入也比较少,这表明俄罗斯的税收基本法立法工作相对简单,立法技术相对粗糙,立法水平也相对较低。

日本《国税通则法》在立法内容上,涉及范围相对较窄,与相关法律交叉相对也少。在体例结构上,采用总则,分则和附则形式,直接采用章、节、条、款、项、目的结构,立法技术要求相对较低。在适用范围上,将关税排除在外,通过列举方式对国税范围加以界定。但对国税与地税的具体管理权限问题没有明确规定,如税收立法权、税收收入权等。在与有关法律关系处理上,明确规定可以直接适用其民法、民事诉讼法和刑法的有关规定,这使税收基本法与整个法律体系形成有机整体,也使基本法与单行税法相协调。

综上各国税收基本法的特点,许多地方可供我们参考:

一是税收基本法的立法工作普遍受到重视。各国都比较注重税收基本法的立法工作。由于税收基本法是在各国宪法的基础上对税收基本法律原则和基本法律制度的规定,故一方面它是宪法中对税收的有关规定的展开,是宪法内容的具体化;另一方面,由于它调整的是基本的税收法律关系,它在地位上高于具体的税收法律法规,并对其他的税收法律法规具有约束和指导作用。它是宪法与具体税法之间的桥梁与纽带,对于完善税收法律制度、促进税收职能的实现意义重大。

二是税收基本法的立法模式受法系的影响。税收基本法的立法模式受到了各自所处的法系的影响。由于日本、韩国与德国都属于大陆法系,成文法比较发达，法律部门齐全、分类详细，故税收基本法立法模式则比较接近或类同，其内容也比较全面和系统。而俄罗斯属于社会主义法系，由于在发展社会主义初期普遍不太重视税收功能的发挥，因此，法律就无须对税收做出详细规定，只是到了改革时期，各国才逐步认识了税收的重要性，税收立法也才被提到了议事日程。但由于税收立法技术等比较简单，且比较注重税收的筹资功能，故其所制定的税收基本法体系相对较小，内容比较简单，且比较注重对国家税收权力的维护而较少关注纳税人的权利保护。

三是政治体制是影响税收基本法的重要因素。税收基本法的立法模式还受到了各国政治体制的影响。政治体制不同，税收基本法内容的立法形式也有所区别。中央集权制国家由于税收权力高度集中于中央，地方没有或很少有税收立法的权力，因此税收基本法的内容比较少，即使有，也往往只限于税收目的、税法基本原则等，如韩国和日本等国。而联邦制国家，由于中央与地方的事权、财权与税收征管权限通常是事先通过法律规范界定的，因此在宪法性文件中规定的税收基本法内容比较多，除了税收目的、税法基本原则外，还对税收立法权限、税收征管权限及税收的收入支配权限作明确的规定，如德国等。

四是我国税收基本法应具中国特色。分析国外税收基本法立法情况的意图在于创制我国税收基本法。中国的社会、经济、法律环境是有自身的特殊性。因此，要立足中国的国情，尽快创制具有中国特色的、符合我国市场经济体制改革和不断开放新格局的、有利于建立与完善中国税收法律体系的中国版的税收基本法。

（六）创制税收基本法条件基本成熟

1. 完善中国特色社会主义法律体系的客观要求

十八届三中全会《改革决定》指出，"完善中国特色社会主义法律体系，健全立法起草、论证、协调、审议机制，提高立法质量，防止地方保护和地方利益法制化。"

税收法律体系是中国特色社会主义法律体系的重要组成部分，完善税收法律体系首先应当创制税收基本法。如前所述,这是税收基本法在税法体系中的地位与作用决定的。

2. 两大的难点问题十八届三中全会已经明确

税收基本法起草工作进展缓慢,笔者以为深层原因是两大难点问题没有明确界定:一是税法基本原则,二是税收管理体制。十七届五中全会、十八大,特别是十八届三中全会和中央政治局通过的《深化财税体制改革总体方案》对两大难点问题已有明确。

(1) 税收基本原则

首先,税收最基本的原则"税收法定原则"已明确地写进十八届三中全会的《改革决定》中。其次,税收公平原则也间接地有表述。比如十八届三中全会《改革决定》指出,保证各种所有制经济依法平等使用生产要素、公开公平公正参与市场竞争、同等受到法律保护;坚持权利平等、机会平等、规则平等;各类市场主体可依法平等进入清单之外领域;清理和废除妨碍全国统一市场和公平竞争的各种规定和做法,严禁和惩处各类违法实行优惠政策行为,反对地方保护,反对垄断和不正当竞争;科学的财税体制是促进社会公平的保障;按照统一税制、公平税负、促进公平竞争原则,加强对税收优惠特别是区域税收优惠的规范管理,等等。最后,其他税收原则如税收中性原则、实质课税原则、税收诚信原则等在《税收征管法》(修订稿)中均有体现。

(2) 税收管理体制

税收管理体制的核心是税政管理权的分配,税政管理权包括税收立法权、税收管理权和税收收入分配权。首先,针对税收立法权。从十六届三中全会首次提出"赋予地方政府税政管理权",到十七届五中全会明确"赋予省级地方政府税政管理权",再到十八届三中全会的"逐步增加有地方立法权的较大的市的量"。这说明,在十八届三中全会以后中央政府陆续已经下放了几百项审批权并将继续下放的形势下,下放省级政府税收立法权的举措已经开始启动(如2016年7月1日启动的资源税改革),这将倒逼尽快创制税收基本法,使中央的决策上升到国家意志层面。其次,针对税收收入分配权。《改革决定》指出,结合税制改革,考虑税种属性,进一步理顺中央和地方收入划分。税种属性就是税收归属,即中央税、地方税及中央地方共享税的归属,营业税改征增值税以后,税种属性发生了巨大变化,这就倒逼加快推进消费税、资源税、房地产税、个人所得税和环境税的改革,并通过税制改革重新调整各税种的属性,最后,针对税收管理权。《改革决定》指出"完善国税、地税征管体制"。在保留国税、地税两套征收机构的条件下,完善国地税征管体制的关键厘清两套机构的职能与责任,避免权责不清,而当前最重要的是彻底解决"一税两征"问题,即完善的目标是"一税一征"。同样完善征管体制也倒逼加快创制税收基本法。

随着依法治国这一治国理念的不断贯彻和落实,依法治税和和谐税收的治税理念在税务机关亦逐渐成为税收执法的新常态。为适应这种新常态,税收立法应当与时俱进,把指导思想转移到更加注重纳税人权利和税务机关义务上来。

六、环境保护税立法

(一)《环境保护税法意见稿》及修订

2014年6月11日国务院法制办公布的《中华人民共和国环境保护税法(征求意见稿)》(以下简称《环保税法意见稿》),其理论与现实意义深远:一是开启了"税费平移"立法的先河,为日后"费改税"的立法提供了案例;二是探索了部门协调税收执法的路径,为日后税收行政协助提供了经验;三是调动了地方政府立法的积极性,为全国人大直接授权地方税收立法提供了可复制的路径。

《环保税法意见稿》在立法宗旨、课税对象、征管体制、征管基本程序、授权立法等方面有待进一步修订和完善,尤其是征管体制当时争议较大。当时笔者的研究团队曾召开了两次修改稿讨论会,提出了相关建议。

1. 立法宗旨

宗旨是灵魂,一部法律的立法宗旨决定该法的定位,进而决定了该部法律的顶层设计。立法宗旨包括一般宗旨和最高宗旨。《环保税法意见稿》将环保税法的宗旨表述为"为保护和改善环境，促进社会节能减排，推进生态文明建设，制定本法"。笔者认为这种表述不够全面。环保税法的一般宗旨是保护和改善环境，包括节能减排和筹集生态建设资金，从而促进经济社会和生态环境的协调发展。保护与改善环境需要资金投入，税收的基本职能之一就是筹集财政资金，应当在环保税法中明确筹集资金这一基本职能。环保资金是统筹使用还是专款专用？这是一个存在争议且必须解决的问题。笔者认为应当专款专用，尤其在历史欠账较多、环保投资巨大的条件下更应坚持专款专用原则。环保税法的最高立法宗旨是增进国民的健康福祉。十八届三中全会将"生态文明"确定为"五位一体"的深化改革总目标之一，并提出了"加快生态文明制度建设"的具体任务，环保税法是配合《中华人民共和国环境保护法》（以下简称《环保法》）落实这一任务的法律路径。因此，环境保护税立法的最高宗旨应当是通过绿色税收保障国民的生存与发展环境，提高国民的环境幸福指数，这也是社会主义核心价值观的具体体现。

综上所述，环境保护税法的立法宗旨应当是：为保护和完善环境，筹集生态建设资金，促进经济、社会和环境的协调发展，增进国民健康福祉。

2. 环保税的纳税人与课税对象

（1）环保税纳税人的义务与主体应当一致

《环保税法意见稿》中的纳税义务人仅指法人，将自然人排除在外，笔者认为不应排除：第一，纳税义务主体与环境保护义务主体应当一致。根据《环保法》第六条第一款"一切单位和个人都有保护环境的义务"之规定，政府单位、军事单位、自然人都不能免除环境保护义务，如果纳税义务主体与环境保护义务主体不一致，则会形成环境保护主体的错位。事实上，对非环保税纳税义务主体而言，并非完全公平，因为很可能出现以罚代税的情形。第二，纳税义务人人平等。本法的征税对象不是污染物，而是排污行为，凡是具有排污行为的主体都无一例外负有纳税义务，而不应该区别对待。既然以行为为课税对象，如果对主体再进行差异识别，则不符合《宪法》第五十六条"中华人民共和国公民有依照法律纳税的义务"所确定的平等纳税原则。第三，纳税义务主体的扩围并不影响环保税法实施。针对自然人车辆等排污行为，在环保检测技术尚无法覆盖的情形下，可以考虑暂免征收等措施。如果立法初期不扩围，以后检测技术成熟了，再扩围就会困难重重。

(2) 环保税课税对象应当是排放行为而不是污染物

《环保税法意见稿》中课税对象指应税污染物，包括大气污染物、水污染物、固体废物、建筑施工噪声和工业噪声以及其他污染物。

笔者认为，课税对象不是污染物而是排放行为，应当扩大征收范围：第一，应税污染物只有通过排放才能清晰识别。如果以污染物为征税对象，则意味着任何持有污染物的主体，均可能成为纳税义务主体。而污染物在排放前，事实上是生产物质的一部分，并不天然具有污染的属性，只有处于纳税主体不能控制的扩散状态，才可能对环境构成影响。故课税对象是排放行为而不是污染物。因而，所谓"储存或者处置"的行为，只要不处于扩散状态，就不构成征税对象。第二，应税污染物应当与环境保护法一致。如果以污染物为课税对象，则对课税对象进行列举无可厚非；如果是以排放行为为课税对象，则污染当量就具有一般性，而不应只限于特定污染物。《环保法》第四十二条第一款规定，"排放污染物的企业事业单位和其他生产经营者，应当采取措施，防治在生产建设或者其他活动中产生的废气、废水、废渣、医疗废物、粉尘、恶臭气体、放射性物质以及噪声、振动、光辐射、电磁辐射等对环境的污染和危害。"但《环保税法意见稿》却未明示"振动""光辐射""电磁辐射"等污染排放行为。第三，应为排放权交易留有空间。排放权交易是政府控制量，市场决定价格；环保税是政府设定价格，排放量自主决定。环保税与排放权交易具有不同的效应，不能因为环保税的设立而完全排斥市场调节机制。

3. 环保税应当实行单一主体税收征管体制

《环保税意见稿》中涉及"环境保护主管部门"与税务机关、税务机关与"主管税务机关"两个层面的征管体制问题，应当明确界定。

(1) 税务机关是执法主体，环保主管部门是涉税信息提供主体

《环保税法意见稿》设置了税务机关和环保机关的双主体交叉执法体制。具体分工是："环境保护税由税务机关依照《中华人民共和国税收征收管理法》和本法的有关规定征收管理";"环境保护主管部门依照本法和环境保护有关法律法规的规定,履行对应税污染物监测、监督和审核确认的职责,协同税务机关做好环境保护税的征收管理工作"。笔者认为,这种"主管与协同"式的分工会因职能不同难以协调。

关于具体协作《环保税法意见稿》是这样规定的:"环境保护主管部门应当根据税务部门的征管工作需要,及时将排污单位名录及排污资料信息、排污单位污染物排放监测数据信息、审核确认信息和排污许可信息、排污单位环境违法和受行政处罚情况等信息,送达主管税务机关。税务机关应当及时将纳税人的排污申报、税款入库、加倍征收、减免税额、欠缴税款及风险疑点等环境保护税涉税信息、送达环境保护主管部门。"笔者认为,这种"信息送达"会因责任不清而降低征管效率。

《环保税法意见稿》规定,纳税人向税务机关申报缴纳环保税、实施纳税人分类管理(重点监控排污纳税人增加环保主管部门审核程序;非重点监控排污纳税人实施税务机关与环保主管部门双重管理)、纳税调整(经税务机关与环保主管部门相互确认后)、税款缴纳。笔者认为,这种复杂的双主体执法体制不具可操作性,主管税务机关难以施行。

针对上述问题,笔者提出:第一,应当明确税务机关"执法主体"与环保主管部门"信息提供主体"的职能定位。税务机关是依据税收征管法享有环保税征收管理权的专属机关,是环保税的申报、审核确认、缴纳入库、违法违规处理等基本程序的法定执法主体。环保主管部门是依据环保法实施环境监管并向税务机关提供相关涉税信息的主管机关。因此,环境主管部门不是环保税的执法主体,像其他所有依法负有向税务机关提供涉税信息的部门一样,环保主管部门只是第三方信息提供者,负有依法向税务机关提供涉及环保税信息的责任与义务。不能将征收管理权游移于两个主体之间,即使环保主管部门未提供信息,税务机关亦应依环保税法履行征税职责。税务机关并非只是在环保税中会存在涉税信息障碍,在其他税种征收中也会存在同样的问题,但并不能因此需要加入其他执法主体。多个执法主体,不仅会相互推诿,影响执法效率,而且过度强调环保部门的职能作用,事实上会弱化纳税人自行申报制度。第二,应当明确责任归属。环保主管部门是"应税污染物监测、监督和审核确认"的技术管理部门,所以环保税税基审核的责任应当归属环保主管部门;税务机关是税收征收管理机关,所以环保税应缴税款的征收管理责任应当归属税务机关。第三,明确争议处理程序。纳税人对核定税基有异议的,应当向环保主管部门提出行政复议,环保主管部门应当依据环保法和行政复议法受理解决;纳税人对征收税款有异议的,应当税务机关提出行政复议,税务机关应当依据环保税法和税收征管法受理解决。

(2)税务机关与主管税务机关

《环保税法意见稿》多次使用了"税务机关"与"主管税务机关"两个概念。笔者理解,"税务机关"是环境保护主管部门的对称,这从使用的语境中可以略见一斑;"主管税务机关"是在征管程序中使用的概念,显然"主管税务机关"是指具体负责环保税征收管理的税务机关。但是,目前负责税收征管的税务机关有国家税务局和地方税务局两套征收机构,"主管税务机关"是指国家税务局还是地方税务局《环保税法意见稿》并未明确界定。有人认为,界定主管税务机关不属本法调整的范围,但是在目前尚无税收管理体制法(或税收基本法)的背景下,只能在实体税法中界定。因此,"主管税务机关"应当在环境保护税法中明确界定。笔者认为,环保税应当由地方税务局征收管理,这是因为:第一,十八届三中全会明确提出,"进一步简政放权,最大限度减少中央政府对微观事务的管理。直接面向基层、量大面广、由地方管理更方便有效的经济社会事项,一律下放地方和基层管理。"显然,地方税务局征收环保税更方便有效。第二,"营改增"后,为平衡地方财力,地方减少的税收收入可以由环保税收入得到部分补充。

4. 与《税收征管法》衔接,明确环保税征管基本程序

(1)环境保护税法应当明确环保税的基本征管程序

《环保税法意见稿》第十五条规定,"环境保护税由税务机关依照《中华人民共和国税收征收管理法》和本法的有关规定征收管理。"笔者认为,环保税的征收管理具有与其他税种不同的典型特征,不能笼统地规定按《税收征管法》有关规定执行,应当明确规定环保税征收管理的基本程序。这是因为:第一,《税收征管法》是税收程序的一般规定,不能取代各税种征管程序中的特别规定,因此,环保税法应当像其他实体税法一样对基本程序做出特别规定,否则会加大基层税务机关法律适用上的分

歧，从而产生执法风险。第二，环保税征收管理存在税务机关和环保机关两个紧密相关的部门，从程序上明确界定两个机关的权力、义务与责任更显重要。

（2）环境保护税基本征管程序应当与税收征管法衔接

2015年1月5日，国务院法制办发布的修订《税收征管法（征求意见稿）》（以下简称《征管法意见稿》）最终将申报纳税、税额确认、税款追征、争议处理为列为税收征管的基本程序。环境保护税法应当与《税收征管法》衔接，明确环境保护税征收管理的基本程序。

环境保护税的申报纳税基本程序：按《征管法意见稿》规定，环保税纳税人应当依法自行计算应纳税额，按规定的申报期限、申报内容向主管税务机关报送纳税申报表以及其他纳税资料，并对纳税申报、扣缴税款的真实性和合法性承担责任。纳税人办理纳税申报后发现需要修正的，可以修正申报。

环境保护税的税额确认基本程序：按《征管法意见稿》规定，税务机关对环保税纳税人的纳税申报、有权就其真实性、合法性进行核实、确认，纳税人应当证明其纳税申报的真实性、合法性；发现纳税人有异常的，应当及时对纳税人应纳税额进行确认和再次确认，发现纳税人有违法行为的，应当由税务稽查部门立案查处；环保主管部门对其提供信息的真实性、准确性负责，纳税人对税务机关来源于环保主管部门信息的真实性、完整性有异议的，应当告知环保主管部门修改提交信息。

环境保护税的税款追征基本程序：按《征管法意见稿》规定，环境保护税纳税人未按照规定期限缴纳税款的，税务机关应当责令其限期缴纳或者解缴且按日加计税收利息；纳税人违反法律、行政法规规定获取的税收优惠，税务机关应当依法追缴，并按法律规定的审批权限采取税收保全措施或者强制执行措施；逾期不履行税务机关依法做出征收税款决定的，自期限届满之日起，按照税款的千分之五按日加收滞纳金；税款追征的期限按规定执行。

环境保护税的争议处理基本程序：按《征管法意见稿》规定，环境保护税纳税人对核定税基有异议的，可以依法向环保主管部门申请行政复议；对税款征收缴纳和直接涉及税款行政处罚方面有异议的，可以依法向主管税务机关申请行政复议。对行政复议决定不服的，可以依法向人民法院起诉。

环境保护税的责任分配基本程序：按《征管法意见稿》规定，应当明确税务机关和环保主管部门的责任归属，属于未能依法准确核定环保税纳税人计税依据和未能及时依法向税务机关提供环境保护税涉税信息的，由环保主管部门承担责任；属于未能依法全额、及时组织环境税征收入库的，由税务机关承担责任。

5. 规范授权立法

(1) 授权多而杂，降低权威性

《环保税法意见稿》共有 30 条，其中 9 条涉及授权立法，占全部条款的 30%。这些授权立法从授权方式角度大致可分为六类：一是授权地方（省、自治区、直辖市，下同）人民政府但需报国务院备案的，如第四条第二款；二是授权地方人民政府但无须报国务院备案的，如第七条第三款、第十二条、第二十条第三款、第二十五条；三是授权国务院但需报人大常委会备案的，如第十三条；四是授权国务院但无须报人大常委会备案的，如第二十九条；五是直接授权主管部门的，如第二十四条；六是综合授权，即同时授权国务院和地方的，如第二十七条第二款。从授权内容角度大致可分为四类：一是税收基本要素授权，如第四条对适用税额（税率）的授权；二是税收优惠授权，如第十二条、第十三条；三是征收管理授权，如第七条第三款、第二十条第三款、第二十四条、第二十五条、第二十七条第二款；四是综合一揽子授权，如第二十九条。

上述过多的授权立法势必产生执法的负面效应：一是过多形式的授权立法架空了环保税法，从而降低了该法的权威性；二是过多层级的授权立法极易产生法律、法规以及规章之间的法律冲突，从而破坏了该法的统一性。

(2) 应当遵循立法法的相关规定，落实税收法定原则

第一，税收基本制度只能制定法律，授权立法的必要条件是"尚未制定法律"。《环保税法意见稿》第四条第二款规定，"省、自治区、直辖市人民政府可以统筹考虑本地区环境承载能力、污染排放现状和经济社会生态发展目标要求，在《环境保护税税目税额表》规定的税额标准上适当上浮应税污染物的适用税额，并报国务院备案。"在这里，《环保税法意见稿》首先与《立法法》相悖。《立法法》第八条第六款明确规定税率等税收基本制度只能制定法律，第九条设置了授权立法的条件是"尚未制定法律"。显然，在已经制定了环境保护税税目税额的条件下，不能再另行授权立法。其次，与税收法定原则相悖。税收法定原则要求税收立法内容明确，"适当上浮"是上浮多少？立法不明确是产生执法歧义和权力任性的制度性根源，应当明确上浮的数量界限，比如上浮30%～100%等。

第二，规范税收优惠制度立法权。《环保税法意见稿》中第十二条和第十三条是关于设置税收优惠制度的授权条款。十八届三中全会明确要求"税收优惠政策统一由专门税收法律法规规定"，《税收征管法》第三条也明确规定："税收的开征、停征以及减税、免税、退税、补税，依照法律的规定执行；法律授权国务院规定的，依照国务院制定的行政法规的规定执行。"《环保税法意见稿》第十二条授权地方人民政府制定地方规章（根据立法法规定，地方人民政府只能制定地方性规章）决定"减半征收环境保护税"。显然，地方性规章的立法级次低于法律、法规，此项授权属僭越授权立法，与税收法定原则相悖，应当修订。

第三，规范授权客体（被授权机关）。纵观《环保税法意见稿》九处授权立法，除第十三条、第二十七条第二款、第二十九条授权客体是国务院外，其余授权客体均为地方人民政府。在地方被授权机关中，应当授权地方人大还是地方政府？显然，应当授权地方人大。这是因为：首先，根据《立法法》第四章的相关规定，地方人大及其常委会可以制定地方性法规，地方人民政府只能制定地方性规章，地方性法规的效力高于地方性规章，从而更具权威性；其次，根据《立法法》第五章的相关规定，法律授权客体（被授权机关）是可以制定行政法规和地方性法规的机关，一般情况下，法律不直接授权制定规章和地方性规章的机关，《环保税法意见稿》中六处授权设置地方性规章应当不属例外。

第四，完善空白授权。《立法法》第十条明确规定，"授权决定应当明确授权的目的、事项、范围、期限以及被授权机关实施授权决定应当遵循的原则等。"《环保税法意见稿》在所有授权条款中均未能完全明确上述内容。特别是第二十五条，"省、自治区、直辖市人民政府可以依据本法规定及实际情况制定环境保护税具体管理办法"（立法级次是地方性规章）的授权条款中，对于授权目的（征管目的）、事项（税收征管基本程序）、范围（与实体税制相适应）、期限（是否与立法法一致）、原则（征税主客体责权分配等）等均无明确规定，这与税收法定原则和《立法法》的规定相悖，应当明确授权内容。

因此，应当按《立法法》和税收法定原则规范环境保护税授权立法：第一，有关环境保护税的纳税人、课税对象、税率等实体制度，环保税的基本程序制度以及环保税的征管体制等税收基本制度应当在环保税法中明确界定，不再授权；第二，制定法律条件尚不成熟的环境保护税基本制度，应当授权国务院制定行政法规；第三，有关环境保护税中非基本制度需要授权的，应当授权地方人大或常委会制定地方行政法规；第四，防止空白授权或一揽子授权，应当明确授权目的、范围、事项和原则等内容。①

（二）《中华人民共和国环境保护税法》的实施

2016年12月25日第十二届全国人民代表大会常务委员会第二十五次会议通过了《中华人民共和国环境保护税法》，同一天，中华人民共和国主席习近平颁发第六十一号主席令，《中华人民共和国环境保护税法》自2018年1月1日起施行，这是十八届三中全会以来创制的第一部税收法律。

值得欣慰的是，笔者团队提出的上述修改建议受到全国人大有关部门的重视，有些重点修订意见已被采纳，比如，有关征管体制修订的建议、有关环境保护部门地位与作用的建议、有关授权立法的建议等等。但是，从内容上来看，《中华人民共和国环境保护税法》还会有一个不断完善的修订过程，如增加征税对象、扩大征税范围，等等。

探索中国依法治国，特别是依法治税，笔者坚持以下观点：

第一，中国是由一个封建专制统治了两千多年的社会演变而来的国

---

① 参加《环保法》（征求意见稿）第一次讨论的人员，除钱冠林会长、全国人大法案室蔡巧萍处长等领导外，大多为四部同志。参加第二次定稿会的四部委员有涂龙力、焦瑞进、施正文、严锡忠、姚轩鸽、丁一、丁芸、王明世、高阳等，全国人大也派代表参加。本书节选的是由涂龙力主笔的《关于环保法（征求意见稿）的建议报告》。

家，客观上给"人治"打下了深深的历史、社会和思想的烙印。因此，由"人治"到"法治"的转变需要一个过程，或许这个过程还很长。

第二，依法治税首先要处理好依法行政与依法治税的关系，这个关系突出表现在以下两个层面：一是依法征税与依计划征税的关系；二是依法治税与纳税服务的关系。

第七篇

展 望 篇

一、"十三五"时期税制改革与立法的经济背景——新常态

讨论"十三五"时期、特别是 2017 年以后的税制改革与立法，首先应当研究后"十三五"时期所处的经济形势背景，这有利于适应和推进改革，实现既定目标。"十三五"规划纲要指出，我国发展仍处于可以大有作为的重要战略机遇期，也面临诸多矛盾叠加、风险隐患增多的严峻挑战。"十三五"时期是我国改革开放以来面临的最严峻、最复杂、最困难的时期，表现为经济形势的"新常态"。

自习近平总书记 2014 年 11 月 9 日在亚太经合组织（APEC）首脑会议上首次向世界解释中国经济新常态之后，"新常态"就成为描述我国现阶段经济运行周期的最热词汇，政治局和中央经济工作会议两次强调要"认识新常态、适应新常态、引领新常态"，并指出这是当前和今后一个时期我国经济发展的大逻辑，也是我们综合分析世界经济长周期和我国发展阶段性特征及其相互作用做出的重大判断。何为经济"新常态"？简言之，新常态就是经济发展过程中的新周期、新阶段。

（一）新常态的两个阶段

第一阶段。从习近平总书记 2014 年提出到 2017 年中央经济工作会议

之前，总结了这个阶段的三大特点：一是经济增速新常态，即由高速增长转为中高速增长；二是经济结构新常态，即提高第三产业比重、调整消费结构；三是发展动力新常态，即由要素、投资拉动转为创新拉动。

第二阶段。从2017年中央经济工作会议至今。这阶段的特征为：我国经济运行面临的突出矛盾和问题，虽然有周期性、总量性因素，但根源是重大结构性失衡。因此，供给侧结构性改革是政策体系的主线。

2017年中央经济工作会议对中国经济形势的基本判断是：经济形势总的特点是缓中趋稳、稳中向好，经济运行保持在合理区间，质量和效益提高。我国经济运行面临的突出矛盾和问题，虽然有周期性、总量性因素，但根源是重大结构性失衡，导致经济循环不畅，必须从供给侧、结构性改革上想办法，努力实现供求关系新的动态均衡。

笔者认为，总书记2014年讲的新常态与2017年中央经济工作会议讲的新常态两者侧重点不同：前者侧重从经济周期、经济总量角度描述经济新常态的，后者侧重从经济结构角度描述经济新常态。当前经济运行新常态的主要问题是结构性矛盾，解决结构性矛盾的主要路径是结构性改革。

（二）"十三五"时期经济的战略风险

目前中国最大的战略风险是"中等收入陷阱"和"修昔底德陷阱"，规避战略风险就是要跨越这两个陷阱。李克强总理在2015年、2016年两届政府工作报告中都强调要警惕落入"中等收入陷阱"。笔者认为，中国梦的量化标准就是要在2020年跨越中等收入陷阱，实现人均GDP翻番达12000美元以上，人均收入翻一番，但绝不是以平均数掩盖大多数贫困群体。

然而，笔者更担忧的是"修昔底德陷阱"。修昔底德陷阱是指一个新崛起的大国必然要挑战现存大国，而现存大国也必然会回应这种威胁。因此笔者把修昔底德陷阱理解为赶超陷阱。"冷战"时期，美苏两霸争夺老大交椅，当时苏联GDP相当于美国的70%以上，双方军事力量更在伯仲之间。在美国的层层围追堵截和苏联自身重大决策失误的双轮驱动下，随着苏联的解体，苏联的老二位置不复存在，老大与老二拉开了距离。后来日本成了老二，一个广场协议让日本泡沫破裂，老大与老二的距离又一次被拉大,最终是日本向美国俯首称臣。

他山之石,可以攻玉。还是看看美国怎么从日不落帝国手中夺得老大位置的吧。19世纪末,美国经济地位与今天中国差不多,是世界GDP首屈一指的大国。但当他们面对大英帝国的全球体系,发现自己根本突破不了时,于是便开始耐心等待机会。当时,美国从军事上完全可以打垮英国,但没这么做,因为英国200多年建立起的软实力还在。于是美国又耐心等了20年,直到二战结束,美国才顺利称霸。我们至少还需要10年或20年的发展,如果这段时间我们能平稳度过且加速补上短板,到时候全世界没有一个国家能阻挡中国前进的脚步。中国应当学习美国,学会耐心等待。

二、建立现代税收制度

"十三五"规划纲要指出,深化财税体制改革,要围绕解决中央地方事权和支出责任划分、完善地方税体系、增强地方发展能力、减轻企业负担等关键性问题,深化财税体制改革,建立健全现代财税制度。笔者认为,具体内容包括两个方面:

(一)建立现代税收制度的"20字"目标

"20"字目标是"十三五"规划提出的建立现代税收制度的发展目标,包括税种科学、结构优化、法律健全、规范公平、征管高效五个方面。

1. 税种科学

税种科学是党的十八大以来首次提出的新要求,是建立现代创新型税收法律制度的前提与基础。税种科学主要指税种设置科学:首先,税种设置应当符合国家一定时期经济社会发展战略和战术的基本要求,这是税收本质与基本职能决定的。其次,税种设置简化。简化税制包括:一是简并或撤销相同或相近的税种,以避免重复征税和促进经济结构调整,比如营业税改征增值税;二是清费立税或简并税费,以减轻企业税费负担,比如将煤炭可持续发展基金等改征资源税；三是清理规范税收优惠，淡化税收优惠功能，等等。简化税制是建立创新型税收制度的前提和基础，只有税种简化才能征管简化。因此，税种设置简化是税种科学的内在要求。最后，"十三五"时期税种科学的现实要义是如何适应经济新常态、推进经济的稳定增长。需要说明的是，推进供给侧结构性改革需把握以下几点：第一，推进供给侧改革是在需求侧与供给侧不平衡背景下的一种矫正平衡术，应当强调二者平衡发展不能顾此失彼；第二，强调供给侧改革不是单纯强调减税，不能因此而扩大赤字风险；第三，供给侧改革是结构性改革，应当综合、统筹考量国家的创新发展战略。①

2. 结构优化

十八大提出税制改革的方向是"结构优化、社会公平"。税制结构优化包括税种结构优化、归属结构优化、税负结构优化和税费结构优化四个层面。

3. 法律健全

税收法律健全是指健全税收法律体系，税收法律体系包括完备的税收法律规范体系（税收立法）、高效的税收法治实施体系（税收执法）、严密的税收法治监督体系（税收司法）和有力的税收法治保障体系（税收守法）四个体系。

4. 规范公平

十八大提出税制改革的目标之一是"社会公平"，社会公平是社会主义税收制度的本质特征。只有规范才能公平，十八届三中全会提出的"逐步提高直接税比重"和"清理、规范税收优惠"就是规范公平的具体体现。

5. 征管高效

公平与效率是税收的两大基本原则，两者相互推进、相互制约，应当同时并重不可偏废。目前提高征管质量与效率是税务机关的重要任务，提

---

① 详见涂龙力：《坚持供给侧与需求侧的结构性平衡战略》，《深圳特区报》2016年10月。

高征管效率的路径主要包括完善国税、地税征管体制和运用现代技术手段。

(二) 建立健全现代创新型税收制度

创新发展是十八届五中全会提出的五大发展理念之首，税收创新就是要创立创新型税收制度。何为创新型税收制度？创新型税收制度至少应当包括理念创新、内容创新、技术创新三个层面。

1. 现代税收制度的理念创新

理念创新是现代创新型税收制度的核心与基础，没有理念创新就不可能有内容创新和技术创新。理念创新的指导思想是完善税收治理体系、提高税收治理能力的现代化。

2. 现代税收制度的内容创新

内容创新是现代创新型税收制度的关键。税收制度创新包括税收体制制度创新、税收实体制度创新和税收程序制度创新三部分。

3. 现代税收制度的技术创新

技术创新是税收适应新业态发展的必然。中国正式成为世界最大的电子商务市场，加强对互联网经济和互联网金融的税收监管是税收面临的新任务；加强国税地税合作，广泛推广运用"互联网+税收"是完善税收治理体系和提高税收治理能力现代化的两项重要战略任务。

4. 世界第四次信息革命浪潮引领创新型税收制度

在以大数据、云计算和互联网为代表的第四次世界信息革命浪潮的推动下，中国的税收制度改革已被逼上梁山，其结果必将是一场以简化税制为突破口、以创新征管模式为核心，最终实现完全信息管税的创新型改革。我们应当抓住这一契机，完成由传统税收制度向创新型现代税收制度的质变。

"十三五"时期是实现两个翻番的决胜时期，作为国家治理的基础和重要支柱，建立健全现代创新型税收制度是历史的必然。①

三、新形势下税收侧结构性改革

2017年中央经济工作会议强调指出，形成以新发展理念为指导、以供给侧结构性改革为主线的政策体系。笔者认为，税收侧结构性改革应当是这一政策体系的重要组成部分。

（一）新形势下税收制度结构性改革的客观紧迫性

1. 税制改革新形势的特点

（1）改革的新特点

中国经济进了新常态，这个新常态具有三大结构性调整的新特点：一是经济增长速度的结构性调整；二是经济增长方式的结构性调整；三是经济增长动力的结构性调整。一言以蔽之，中国经济进入重大结构性调整期。

（2）改革的新矛盾

2017年中央经济工作会议明确指出，我国经济运行面临的突出矛盾和问题，虽然有周期性、总量性因素，但根源是重大结构失衡，导致经济循环不畅。这是继2016年中央经济工作会议且在回应国内外各种声音之后对中国经济新矛盾做出的最具权威性的研判。

（3）改革的新方法

2017年中央经济工作会议明确指出，必须从结构性改革上想办法，努力实现新的动态平衡。中央政治局会议在分析研究当前经济形势和经济工作时曾四次提到结构性改革：在适度扩大总需求的同时，着力推进供给侧结构性改革；继续坚持适度扩大总需求，以推进供给侧结构性改革为主

---

① 摘自涂龙力：《"十三五"时期财税体制改革的历史使命——兼议建立"20字"创新型现代税收制度》，《东方财税法研究》第5卷，法律出版社2017年版。

线；增强推进供给侧结构性改革的主动性；要落实供给侧结构改革各项任务，抓紧完成年度重点改革任务。

2. 税收制度的结构性改革

十八大以来中央对税收结构性改革曾多次做出过战略性部署：十八大明确提出税制改革总目标"八字方针"是"结构优化、社会公平"；中央政治局2014年6月30日通过的《深化财税体制改革总体方案》中再次提出"税制结构优化"是税制改革的目标；"十三五"规划提出建立现代税收制度的目标是"税种科学、结构优化"。

（二）税收体制制度的结构性改革

1. 税收体制制度结构性改革的核心

税收体制制度结构性改革的核心是税政管理权的结构性改革。十八大以来，税收体制制度改革有了突破性进展：首先，十八届三中全会明确指出，"直接面向基层、量大面广、由地方管理更方便有效的经济社会事项，一律下放地方和基层管理。"其次，2016年《政府工作报告》明确决定，"在税政管理权限方面给地方适当放权"。最后，在资源税改革相关文件中明确"在税政管理权限方面给地方适当放权"。

2. 统一税法框架下税收立法权的结构性改革

税收立法权的结构性改革是指统一税法框架下税收立法权的横向配置与纵向配置的结构性改革。税收立法权的横向配置是指税法（包括法律、法规、规章）与其他部门法律（包括法律、法规、规章）之间在税收立法权上的结构性关系（包括法律适用、法律解释）。税收立法权的纵向配置是指税收立法权不同级次间的结构性关系（包括权力立法、授权立法及转授立法的关系等）。应当加快统一税法框架下税收立法的结构性改革：第一，加快税收法律体系的结构性改革，变目前的宝塔形为橄榄形。第二，按照中央部署抓紧落实省级地方政府的税收立法权。首先以资源税改革和环保税立法为试点，逐步扩大到房地产税等地方税种。

3. 事权与支出责任统一框架下的税收收入结构性改革

税收收入结构性改革是指在事权决定支出责任、支出责任决定税收收入分配的框架下，中央与地方税收收入的结构性调整。税收收入结构性改革包括三个结构性调整：第一，中央与地方事权的结构性调整，这是前提。第二，中央与地方支出责任的结构性调整，这是关键。第三，中央与地方税收收入的结构性调整，这是核心。显然，税收收入结构性改革是通过税制改革来完成的。

4. 深化国地税征管体制框架下的税收管辖权结构性改革

税收管辖权结构性改革是指根据税种属性调整和征管体制改革的要求，对国税与地税、地税与其他部门的税费征管职责进行的职责结构性调整。中办、国办联合下发的《体制改革方案》明确要求进行两个层面的职责结构性调整：一是调整国税、地税征管职责。中央税由国税部门征收，地方税由地税部门征收，共享税的征管职责根据税种属性和方便征管的原则确定。二是调整地税部门对收费基金等的征管职责。

（三）税收实体制度的结构性改革

1. 税收实体制度结构性改革的两个基本框架

十八届三中全会为税收实体制度结构性改革设置了两个基本框架：一是完善地方税体系；二是逐步提高直接税比重。地方税体系与中央税体系的结构关系是税收实体制度中最重要的结构关系。因此，调整中央与地方税制结构、完善地方税体系是当务之急。直接税与间接税的结构比例关系是税种结构中最重要的结构关系。

2. 宏观层面实体税制的结构性改革

宏观层面实体税制结构性改革包括四个层面：第一，税种结构性改革。税种的结构性改革是指直接税和间接税在全部税收收入中所占比重关系的调整。第二，税负结构性改革。税负结构性改革是法人与自然人的税负比重调整，降低法人税负并逐步提高自然人税负则是税收收入侧结构性改革的大趋势。第三，税收归属结构性改革。税收归属结构包括两侧，一侧是中央税收收入侧（体系），另一侧是地方税收收入侧（体系）。税收归属结构性改革是指中央税收收入侧（体系）与地方税收收入侧（体系）分配的结构性重新调整。第四，税费结构性改革。税费结构性改革是指调整税收收入与非税收入的比例关系。

3. 微观层面实体税制的结构性改革

微观层面的税收结构性改革是指根据宏观层面税收结构性改革的四个基本框架，对十八届三中全会确定的增值税、消费税、资源税、环保税、房地产税、个人所得税等六个税种进行的结构性改革。推进实体税制结构性改革的关键是厘清其结构性改革的基本定位。第一，增值税结构性改革。增值税结构性改革的定位应当包括以下两个层面：一是推动经济结构的调整；二是推动税制结构的调整。第二，消费税结构性改革。消费税结构性改革定位有三：一是促进经济增长方式结构性调整；二是调整消费结构；三是调整中央税收收入与地方税收收入的结构、稳定财力格局。第三，资源税结构性改革。其定位为：一是调整税费结构；二是调整中央与地方立法权结构。第四，房地产税结构性改革。其定位为：一是房地产税改革的重点是调整结构，包括税负结构和税费结构；二是房地产税结构性改革的基本原则是征税公平，即多占资源就应当多缴税，为"绝对地租"；多占好资源就应当多缴税，为"极差地租"；生活用房不用缴税。第五，个人所得税结构性改革。其定位为：一是根据"结构优化"的定位，个人所得税的结构性改革，应当调整高收入、中收入和低收入三者的税负结构；二是根据"社会公平"的定位，应当优化分配结构，使分配格局由宝塔形结构变为橄榄形结构；三是优化分配结构应当出税收组合拳，逐步提高直接税比重。变收入分配宝塔形结构为橄榄形结构仅靠个人所得税的结构性改革力度显然不够，应当出税收组合拳。第六，环境保护税结构性改革的定位是税费平移即排污费改征环境保护税，现已改革到位。[1]

---

[1] 详见涂京骞、涂龙力：《新形势下的税收制度结构性改革》，《税务研究》2017年第2期，原文较长，本书引录时作了精简处理。

四、深化改革应当厘清的两个基本理论问题

改革过程中出现不同观点甚至争议无可厚非，但涉及可能会影响重大决策的争议则应当厘清，比如宏观税负、供给侧结构性改革等。

（一）宏观税负高低之争

福耀董事长曹德旺因国内税负高于美国要去美国投资建厂和财税专家"死亡税率"的观点像导火线一样，再次引爆了中国宏观税负这一争论了30多年至今尚未达成共识的陈年话题。

（1）为什么中国宏观税负争论了30多年至今仍未达成共识？纵观30多年的争论，集中体现在计算口径和计算目的两个问题上。从计算口径角度看，宏观税负是税收总量（分子）与GDP（分母）之比，当GDP（分母）一定的前提下，宏观税负的高低则取决于税收总量（分子）。尽管理论界计算口径有多种观点，归纳起来不外窄、中、宽三种口径：窄口径是实际税收即法定税收（应收税收）与GDP之比，大致在20%以内；中口径是实际税收加上社会保险基金，大致在25%左右；宽口径是实际税收收入加上非税收收入，大致在30%~40%甚至更高。从计算目的看归纳起来也有三种：一是作为税制改革顶层设计的依据时，一般采用窄口径；二是作为国际税制比较依据时，因国外法定税收一般都包括社会保障税，一般采用中口径；三是作为讨论企业税负依据时，一般采用宽口径。显然，计算口径与计算目的的差异，是导致30多年纷争不止的主要原因。这在逻辑上，违背了同一律，继续讨论下去一时难以达成共识，应当另辟研究路径，终止这场毫无意义的争议。

（2）宏观税负既是一个总量问题，又是一个结构问题。30多年的争议一直停留在总量层面，既然当前经济运行的主要问题是结构性问题，就应当将讨论转移到结构上来。首先，这是因为中国国情发生了三大根本性变化：第一，中国经济运行特点发生了根本变化。中国已进入经济运行的新常态，新常态要解决的核心问题不是总量问题（中国经济总量已位列世

界第二），而是结构问题。第二，中国经济运行的主要矛盾发生了根本变化。2017年中央经济工作会议明确指出，我国经济运行面临的突出矛盾和问题，虽然有周期性、总量性因素，但根源是重大结构失衡，导致经济循环不畅。第三，解决主要矛盾的战略战术发生了根本变化。2017年中央经济工作会议指出，不能用解决周期性、总量性的办法去解决结构性问题，必须从结构性改革上想办法，努力实现供求关系新的动态均衡。其次，十八大以来中央曾三次明确部署本轮税制改革的主基调是调整和优化税制结构。最后，中央提出的供给侧结构性改革的核心是结构性改革。

（3）2016年7月26日中央政治局会议一改十八届三中全会以来"稳定宏观税负"为"降低宏观税负"，个中释放了什么信号？首先，应当厘清提出的背景。十八届三中全会提出"改革税制、稳定税负"和2014年6月30日中央政治局再次强调"稳定宏观税负"的背景都是为了保持现有中央和地方财力格局或收入格局的总体稳定，而这种稳定首先要求宏观税负的稳定。2016年7月26日中央政治局会议是在要求全面落实供给侧结构性改革的五大重点任务，为寻求"降成本"路径时提出"降低宏观税负"的。其次，背景不同决定了"宏观税负"的内涵不同。"稳定宏观税负"中的"宏观税负"是从宏观总量层面平衡中央与地方税收收入格局角度提出的；"降低宏观税负"中的"宏观税负"是从微观结构性改革层面降低企业税费负担角度提出的。显然，前者是指总量稳定，后者是指结构调整。[①]

（4）为什么在"营改增"整体减税的同时，目前会有1.5%的纳税人出现税负上升？从宏观层面分析，主要有以下四个因素影响结构性减税效应：一是经济下行背景下企业杠杆率加大。二是企业综合成本的不断攀升，使实体经济尤其是制造业积累的比较优势逐步丧失。三是非税负担进一步挤压了企业的生存空间。2017年国务院第一次常务会上李克强总理回应企业税负问题时，明确指出，企业负担主要是企业的非税负担过重，企业成本高在制度性交易成本太高。四是现行税制的结构性失衡。与欧美相比：一是中国的间接税明显偏高，而直接税明显偏低；二是中国的税负主

[①] 详见涂龙力：《推进税收结构性改革 降低宏观税负》，《深圳特区报》2017年1月17日，原文较长，引录时作了精减处理。

要由法人负担，欧美则由自然人负担。这是有些企业感觉国内税负高于欧美税负的重要原因①。

从微观层面分析，由于增值税特殊的抵扣机制，纳税人的税负水平在不同时点存在一定波动，并非每一个纳税人在每一个时点均实现税负下降。导致不同企业感觉税负不同的具体因素有：第一，企业投资周期的影响。投资周期不同决定了抵扣数额的不同，从而减税效应不同。第二，企业资本有机构成的影响。一般情况下，资本有机构成高的企业抵扣数额较资本有机构成低的企业要多，从而减税效应较明显。第三，企业经营管理水平的影响。受行业利润率、社会平均利润率以及企业经营水平的影响，不同企业在实施企业经营战略、特别是税收筹划战术时会产生不同的减税效应。第四，盈利能力的影响。不同行业盈利水平不同、同行业中不同企业的盈利能力亦不相同，企业不同的盈利能力会产生不同的减税效应，企业应当靠创新去提升自己的盈利能力。

（5）从企业综合成本角度分析，降低企业负担主要不是税收负担而是其他成本负担。一份来自中国财政科学研究院的报告认为，税收负担只占企业综合成本的6%，具体从企业税收负担、人工成本（含"五险一金"费用）、能源成本、物流成本、融资成本、制度性交易成本等六大成本进行实证分析，可以更加清晰地揭示企业成本具体变化趋势：除税收负担稳中趋降外，其余五个方面有增无减。②

（二）供给侧结构性改革

在理论界，有关"供给侧结构性改革"争议不断，其焦点在"供给侧"。有人引入西方供给学派及其对美国政府选择经济政策的作用与效果分析供给侧的渊源，有人从"供给侧"是日文翻译所致分析其渊源，等等。其实，供给与需求是经济学中最基本的分析宏观经济运行态势的一对概念，供给与需求的比例关系是否平衡，无论宏观还是微观都是分析的重点。

---

① 资料显示，美国各税种的比例为：个税47.33%；社保税34.13%；遗产及赠予税0.65%；企所税9.17%；（直接税占91.28%）消费税2.91%；杂项收益4.74%；关税1.07%。(《21世纪经济报道》2017年4月27日第2版)

② 详见刘尚希：《企业税负到底有多重》，《中国财经报》2017年1月25日。

1. 毛泽东的《论十大关系》

毛泽东早在1956年4月25日中共中央政治局扩大会议上指出，要处理好重工业和轻工业、农业的关系，沿海工业和内地工业的关系，经济建设和国防建设的关系，国家、生产单位和生产者个人的关系，中央和地方的关系，汉族和少数民族的关系，党和非党的关系，是非关系，中国和外国的关系等十大关系。并告诫全党，世界是由矛盾组成的。没有矛盾就没有世界。我们的任务，是要正确处理这些矛盾。这些矛盾在实践中是否能完全处理好，也要准备两种可能性，而且在处理这些矛盾的过程中，一定还会遇到新的矛盾，新的问题。

2. 供给侧结构性改革概念的内涵

其内涵由三部分构成：第一，核心是结构性。中央一再明确指出，当前经济运行的主要矛盾、主要问题是结构性的。第二，内容是供给侧。结构性改革是一个宽泛的概念，包括政治结构性改革、经济结构性改革、社会结构性改革等等；经济结构性改革从宏观层面看，包括产业结构、产品结构、地区结构、总供需结构等层面的改革。显然，一方面，供给侧改革只是结构性改革众多内容中的一个侧面或主要方面；另一方面，供给与需求是矛盾的统一体，二者相互影响、相互制约、相互促进，而当前供给是矛盾的主要方面，但也不能忽视需求侧对供给侧的反作用。第三，改革是路径。结构性矛盾和问题应当用调整和改善结构性的办法来解决。中央经济工作会议强调指出，不能用解决周期性、总量性的方法来解决结构性矛盾。总之，通俗地理解供给侧结构性改革的实质就是"产品要适销对路"，当然这里的"产品"不仅指商品，应当还包括政策、制度等"产品"的供给。

3. 税收侧结构性改革是供给侧结构性改革的应有之义

税收侧结构性改革包括税收收入侧结构性改革和税收支出侧结构性改革两个侧面，实践中人们忽视了税收支出侧的结构性改革，其实二者相辅相成，既相互制约又相互促进。有关税收侧结构性改革内容前已阐述，不再赘述。

五、"十三五"时期的税收立法展望

(一) 影响"十三五"税收立法的因素

如前所述,"十三五"时期是我国改革开放以来面临的最严峻、最复杂、最困难的时期,因此,税收立法受多重因素的影响与制约。

1. 最大制约因素是难达共识,不同利益群体的不同诉求因利益诉求不同很难达成共识

最难达成共识的税收立法当属房地产税法立法。从十六届三中全会提出开征物业税伊始①,正反双方的争辩不断,反对意见甚至说"开征房地产税会引起天下大乱"。十八届三中全会决定加快房地产税立法之后争论不断升级,正是这种出自不同阶层的不同诉求才使房地产税立法举步维艰,最终房地产税法也只能在为落实税收法定原则而将现行条例简单归并后上升为法律,涉及较大利益调整的立法内容留待"十三五"以后去修订。最能调整贫富差距,特别是调整跨代贫富差距的赠予税、遗产税至今仍未进入全国人大的立法规划。

2. 立法程序制约着税收立法的进程立法

程序是不能精减的,尤其是创制税收法律的立法程序,这是维护公民权利与义务的保障。在我国,税收法律的立法有两种模式,一是需经全国人大代表投票的立法程序,笔者称之为"中国式全民公决"立法程序,一般特别重大的或涉及全民切身利益的立法事项,例如,1980年9月10日五届人大三次会议通过的《个人所得税法》、2007年3月16日通过的《企业所得税法》、2015年3月15日通过的《立法法》等都经过了"中国式全民公决"程序。二是无须经全国人大代表投票,只需全国人大常委会

---

① 这里的物业税与房地产税的内涵不完全一致。

审议通过的立法程序。比如，1992年9月4日全国人大常委会通过的《税收征管法》就是由全国人大常委会审议通过的。

笔者认为，房地产税法同个人所得税法一样涉及全体公民的切身利益，属于重大立法事项，应当启动全国人民代表大会代表表决这一立法程序。因此，房地产税立法需经以下立法程序：一是列入全国人大一类立法规划。目前，这一立法程序已完成。二是组织起草草案。目前这一立法程序已启动。三是向全民公开征求修订意见。四是提交全国人大常委会审议，一般要经过三次立法审议，《预算法》是历经四审才通过。五是提交全国人民代表大会表决。有人说2017年开征房地产税，这是不了解立法程序的一种说法。其实，全民公决立法程序每年只有3月全国人民代表大会一次，最乐观的估计应当在2019年能完成立法程序。

3. 立法机构设置影响立法质量

在我国立法机构与立法权限按法律级次设置：税收法律立法权归属最高权力机关，即全国人大及其常委会；税收行政法规立法权归属最高行政机关，即国务院；税收部门规章立法权归属财税主管部门。一部税收法律的创制要历经以下3个周转程序：财税主管部门制定法律草案后提交国务院审定，然后国务院再提交全国人大专业委员会审定，最后再提交全国人大常委会审定或全国人大表决通过。这种机构设置与周转程序导致的两大弊端之一是制定税收法律的周期太长。一是提高了税收改革与立法的成本，特别是协调成本；二是降低了效率，因协调耗时太多而延缓了改革与立法进程。

（二）"十三五"立法展望

党的十八届三中全会提出了增值税、消费税、房地产税、资源税、个人所得税和环保税等六大税种的改革。十二届全国人大确定的"十三五"时期的税收立法规划包括制定环境保护税法、增值税法、资源税法、房地产税法、关税法、船舶吨税法、耕地占用税法。2016年全国人大的立法规划确定为环境保护税法、房地产税法、船舶吨税法、烟叶税法、修改税收征收管理法。2017年国务院将税收征管法、烟叶税法、船舶吨税法列为全面深化改革急需的项目。

1. 税法制定和修订展望

(1) 环境保护税法立法

环境保护税法经历了规划、起草、公开征求意见等环节，已于2016年12月25日第十二届全国人民代表大会常务委员会第二十五会议通过，习近平主席已签署第六十一号主席令，自2018年1月1日起施行。显然，2017年的任务是制定实施细则。

(2) 房地产税法立法

房地产税法已列入"十三五"立法规划甚至列入2016年立法规划，目前已进入起草草案阶段，仅此而已。需澄清一个认识误区，列入立法规划仅是完成了一个立法程序，距法律出台还有许多程序要走。2017年最可能的是完成草案起草且公开征求修订意见，如果2018年一定要完全立法审议并提交全国人大表决，也只完成一个"简易"的房地产税法且留待日后修订。

(3) 增值税法立法

增值税法列入"十三五"立法规划但未列入2017年度立法规划。显然，2017年增值税改革的主要任务是完善增值税改革，立法条件尚不完全成熟。增值税改革是本轮税制改革的重头戏，牵一发而动全身，应当做好做实。在完成了全面推进、不动产全面抵扣、中央与地方收入分配等项重大改革之后增值税才有可能进入立法程序。因此，增值税最快可能在2018年左右启动立法程序，2020年前出台增值税法。

(4)《个人所得税法》的修订

个人所得税作为提高直接税比重改革的重大举措列入十八届三中全会六大税种改革范围，但"十三五"规划和2016年的立法规划均未列入。个人所得税的改革涉及优化税制结构、调节收入差距、完善地方税体系等一系列重大财税体制改革事项，主要领导人也多次在讲话中涉及个人所得税改革问题。最晚2018年《个人所得税法》的修订应当列入全国人大立法规划。

(5)《税收征管法》的修订

《税收征管法》的修订自2009年以来曾两次列入全国人大立法规划，

国务院也曾两次公开对修改稿征求意见，2017年又第三次列入本年度立法规划，相信不会再难产了。这是因为：第一，阻碍实体税制改革与立法的进程。例如，《税收征管法》对自然人征管是法律空白，不填补这一空白，房地产税和个人所得税的改革难以启动。第二，与其他行政法律冲突。在《刑法》《行政强制法》《行政诉讼法》《民法通则》等相关法律已修订出台的前提下，《征管法》若不及时修订会给基层税收执法带来极大风险。

2. "十三五"时期税收立法与税制改革的思考

探索"十三五"时期的税收立法与税制改革，笔者坚持以下观点：

第一，本书开篇就陈述了一个重要观点，即中央的战略部署决定了立法与改革的定位和路线图，国内外形势决定了立法与改革的节奏和时间表。这是从顶层、宏观层面分析得出的两个基本结论：一是中央对某项改革的定位已经明确，从而改革的路线图也会十分清晰。比如中央对增值税改革定位明确（一是推进产业结构调整，二是推进税制结构调整），故改革的路线图也明确（李克强总理设计了增值税立法与改革的"五步曲"）。反之，如果决策层对某项改革的定位尚未最后明确，改革的路线图也不可能清晰。比如房地产税立法与改革的路线图至今尚不明确，说明决策层对房地产税立法与改革的定位尚未下最后决断。因此，判断"十三五"时期的税收立法，首先要厘清决策层对该项改革的定位。二是某项改革的定位与路线图确定之后，其具体推进的时间表取决于当时所处的宏观经济环境。比如，增值税改革的定位与路线图确定之后，为什么2015年没按路线图实现全覆盖？这主要是由于经济运行、财政压力、税制复杂、征管不到位等四个原因导致的。因此，判断"十三五"时期税收立法的进程，要对宏观经济环境做出准确的判断。

第二，非经济因素的影响。党的十八届三中全会《改革决定》确定的六大税种的改革中，难度最大的是两个直接税的改革。直接税改革进程受两个因素制约：一是获取信息的能力；二是既得利益群体的阻力。从某种意义上讲，2020年能否完成两个直接税税种的立法，是评价十八届确定的建立现代税收制度任务是否基本完成的重要标志。

对此，笔者持谨慎乐观态度，关键要看十九届三中全会的部署。

附一 《税坛春秋》（2007版）目录

第一讲　扩大核算范围　清家底会计征管两箭齐发
　　　　改变核算办法　弃收付监控税源全新思路
　　　　　　　　　　　　　　　　　　——税收会计改革

第二讲　两大法系交融　国际化税务会计催生中国
　　　　财税制度分离　市场化专业核算推动筹划
　　　　　　　　　　　　　　　　　　——税务会计改革

第三讲　事权财权税权　分税制强化分税合久必分
　　　　国税地税分税　公共型转变职能分久必合
　　　　　　　　　　　　　　　　　　——财税体制改革

第四讲　企业调控监管　出重拳金融改革迫在眉睫
　　　　汇市股市楼市　下猛药三市通治初见成效
　　　　　　　　　　　　　　　　　　——金融体制改革

第五讲　斯密约翰新派　主流派理论创新左右决策
　　　　增长失业通胀　新理念市场经济宏观调控
　　　　　　　　　　　　　　　　——宏观经济理论与实践

第六讲　外汇泡沫敞门　贬泰铢金融风暴狼烟四起
　　　　浮动调整监管　挺币值化险为夷以邻为鉴
　　　　　　　　　　　　　　　　——东南亚金融风暴的教训

第七讲　科技分工发展　全球化跨国公司引领风骚
　　　　开放改革入世　借东风调整战略再创辉煌
　　　　　　　　　　　　　　　　——经济全球化与中国入世

第八讲　欧元南盟制华　克林顿一箭三雕转移泡沫
　　　　石油称霸战略　小布什子承父志抢滩中东
　　　　　　　　　　　　　　　　——战争的经济动因与影响

附一 《税坛春秋》（2007版）目录

第九讲　信息基因克隆　高科技知识经济落户美国
　　　　卫星海洋能源　新经济信息网络连接全球
　　　　　　　　　　　　　　——知识经济革命浪潮
第十讲　机遇难得抓住　新入世适应规则丛容面对
　　　　挑战依旧谨慎　过渡期利用惯例税收调整
　　　　　　　　　　　　　　——入世与税收政策调整
第十一讲　全会审时揭幕　观全局体制改革稳步推进
　　　　　试点度势擂鼓　揽国情制度改革分步实施
　　　　　　　　　　　　　　——第三轮税收改革的战略部署
第十二讲　经济政策征管　三因素推动收入连创新高
　　　　　外需内需失衡　三压力经济虚拟深藏风险
　　　　　　　　　　　　　　——宏观税收经济分析
第十三讲　规划科学决策　克难关制度改革重大突破
　　　　　体制机制桎梏　受制约体制改革艰难起步
　　　　　　　　　　　　　　——"十一五"税制改革的背景与趋势
第十四讲　经济税收税源　重分析动态预测摸清家底
　　　　　税基规模分布　抓监管科学评估防止流失
　　　　　　　　　　　　　　——经济税源管理综述
第十五讲　中性调控职能　析本质基础理论政策取向
　　　　　原则负担改革　辨争论前沿阵地事关大局
　　　　　　　　　　　　　　——税收前沿理论与实践
第十六讲　税收税制税法　重法律改革立法密不可分
　　　　　体系体制原则　统法定明确关系调整行为
　　　　　　　　　　　　　　——税法基本理论研究
第十七讲　法制法治法定　现代化法治国家依法治税
　　　　　立法执法司法　科学化完善体系理顺体制
　　　　　　　　　　　　　　——税收法治现代化
第十八讲　主体职权程序　立执司三权分设以立为本
　　　　　原理制度技术　基实程税收母法基本为先
　　　　　　　　　　　　　　——税收立法若干问题研究

263

附二　十八大以来在中国财税法治网发表的系列时评文章

(2013.12～2016.2)

一、十八大的经济背景与结构性减税任务

二、加快改革财税体制，发挥税收的八项职能作用
　　——兼议十八大对税收工作的新要求和新任务

三、大部门制背景下大财政、大征管职能的归并与整合

四、"321"框架下重构地方税体系的基本思路

五、改革开放以来中国财税体制改革的三次重大突破
　　——学习十八届三中全会关于财税体制改革精神

六、敢问路在何方？
　　——房地产税立法与改革的哥德巴赫

七、落实四中重大税制改革应当于法有据
　　——关于成品油消费税改革的经济和法律思考

八、落实税收法定原则的新突破、新起点、新征程
　　——兼评新《立法法》的四大亮点

九、深化国税、地税征管体制改革的两个基本框架
　　——兼议深化税收征管体制改革的两个方案选择

附三 2006~2017年2月公开发表的论文

一、2006年
1.《"十一五"时期的税制改革与税收立法》,《扬州税院学报》(1)
2.《影响"十一五"税改因素分析》,《扬州税院学报》(2)
3.《统一内外两套所得预制的法律思考》,《美中法律评论》(2)
4.《企业所得税实施条例任重而道远》,《中国税务报》(6.4)

二、2007年
1.《法律视角下地方税体系构建》,《税务研究资料》(7)
2.《税坛春秋》(专著)中国税务出版社
3.《税法学通论》(教材)中国税务出版社

三、2008年
《"企业所得税法"与会计制度改革》,《扬州税院学报》(1)

四、2009年
1.《科学发展观指导下的宏观调控与税制改革》,《税务研究》(2)
2.《〈税收征管法〉的定位与修订》,《扬州税院学报》(4)

五、2010年
1.《"十二五"时期是财税体制改革的攻关期》,《税收经济研究》(2)
2.《抓住契机,推进财税体制改革——中央政治局集体学习深化财税体制改革有感》,《扬州税院学报》(2)
3.《借鉴国外经验,推进我国增值税立法》,《涉外税务》(5)

六、2011年
1.《税收征管四大风险及规避——兼议〈税收征管法〉的相关修订》,《涉外税务》(4)

2. 《房产税改革试点的前提、目标与配套措施》，《中国税务报》(4)

3. 《"十二五"时期税收立法展望》，《税务研究》(2)

4. 《尽快推进落实省级政府税政管理权》，《税收经济研究》(4)

七、2012 年

1. 《经济周期、稳中求进和结构性减税》，《税务研究》(4)

2. 《借鉴〈行政强制法〉修订〈税收征管法〉》，《税务经济研究》(6)

八、2013 年

1. 《为了多数人的现代化——一场迟来的财税体制改革》，《参阅文稿》(1)

2. 《新形势下构建地方税体系的基本思路》，《税收经济研究》(2)

九、2014 年

1. 《推进二次土改、创制房地产税、建设地方主体税种——关于房地产税立法与改革的争论》，《参阅文稿》(1)

2. 《房地产立法与改革中几个重要问题的破解思路》，《国际税收》(2)

十、2015 年

1. 《新形势下的税收法治体系建设》，《税务研究》(2)

2. 《落实税收法定原则是全面推进依法治税的新常态》，《税务研究》(增)

3. 《从"一税一征"到"一户一管"有序推进》，《深圳特区报》(10.23)（中国税务网转）

4. 《"调结构""显公平"是房地产税立法与改革的两大基本原则》，《深圳特区报》(11.3)

5. 《认清房地产税立法与改革的定位》，《改革内参》(18)（中国税务网转）

6. 《坚持供给侧与需求侧的结构性平衡》，《深圳特区报》(12.7)

十一、2016 年

1. 《建立健全创新型现代税收制度》，《深圳特区报》(8.20)

2. 《深化财税体制改革需回答的八个问题》，《深圳特区报》(12.14)

十二、2017年

1.《"十三五"时期财税体制改革的历史使命》,《东方财税法研究》(第5卷),法律出版社

2.《浅议新形势下税收制度的结构性调整》,《税务研究》(2)

3.《推进税收结构性改革 降低宏观税负》,《深圳特区报》(1.17)

4.《关于规避税收执法风险的思考》,《税收经济研究》(4)

附四　2006~2017 年在税务系统培训班开设的专题讲座

一、2006 年

（1）税收基本法专题；（2）"十一五"时期税制改革背景与趋势分析；（3）税收立法若干问题专题；（4）税源管理专题。

二、2007 年

（1）宏观经济与税收政策；（2）税收立法的理论与实践；（3）税收前沿理论与实践；（4）税收热点话题；（5）税制改革与税收工作。

三、2008 年

（1）大部制背景下的税收管理体制改革；（2）十七大后中国的税制改革；（3）新形势下的税收立法。

四、2009 年

（1）税收基本制度立法；（2）当前经济形势对税源的影响；（3）《税收征管法》的修订。

五、2010 年

（1）增值税改革的理论与实践；（2）"十二五"时期的税收改革、税收政策和税收调控；（3）后危机时代经济结构调整背景下的税收政策走向。

六、2011 年

（1）当前税制改革与立法热点问题分析；（2）发达国家税制改革与立法对我国的借鉴。

七、2012 年

（1）房产税改革试点与立法；（2）结构性减税背景下的增值税改革与立法；（3）《征管改革方案》解读。

八、2013 年

（1）十八大背景下的财税体制改革；（2）当前经济形势与大部制改革背景下的税收改革；（3）借鉴国外先进经验、加强税收征管；（4）增值税立法背景与国际比较；（5）科学发展与税收体制改革任务；（6）国内外经济形势对税收改革的影响；（7）十八大背景下的税收体制改革；（8）"营改增"后税收改革方向；（9）税制改革背景下的税收征管改革探索。

九、2014 年

（1）十八届三中全会财税体制改革的新定位与新部署；（2）三中全会税制改革热点问题研究；（3）三中全会背景下征管改革热点问题；（4）十八大背景下税收管理体制改革；（5）深化财税体制改革总体方案若干问题研究；（6）增值税立法背景与国际比较；（7）十八届四中全会《决定》若干问题研究；（8）房地产税立法与改革辩；（9）宏观经济形势与财税改革定位；（10）修订《税收征管法》若干问题研究。

十、2015 年

（1）宏观经济形势新常态；（2）《立法法》修订；（3）四中全会背景的征管改革；（4）"十三五"时期的税制改革与税收立法；（5）《深化国税、地税征管体制改革方案》解读。

十一、2016 年

（1）"十三五"时期宏观经济走势分析；（2）"十三五"时期的税制改革与税收立法；（3）国税地税征管体制改革趋势分析；（4）后"营改增"时期的税制改革与立法。

十二、2017 年

（1）新形势下税收制度的结构性改革；（2）税收征管体制改革。

附五　2015～2017年部分专业问题解答

（一）

近日有同志询问房地产税立法事宜，现统一回复如下：第一，按我国立法程序，像房地产税这样一部难度大关注度高的立法需经规划、起草、三审、全民公决（在中国每年仅3月两会一次），目前仅完成第一步。第二，有人说2017年表决通过，个人认为有难度，起草是重头戏，达成共识是关键，基本法两立规划两流产，增值税、税收征管法也曾列入规划但均流产，像房地产税法这种连宗旨尚未达成共识且反对声较大的税收立法更难。第三，要经公开征求意见和代表投票这两程序有较大难度。第四，根据分工，即便立法完成也不能全面开征，下一步由国务院组织试点后全面施行。第五，授权省、市、直辖市的准备工作，如制定细则等尚需时间。以上意见仅供参考。

（二）

全国人大常委公布调整立法规划的前前后后，有关房地产税立法的讨论"狼烟四起"，其中尤以"恶税"论与"鹅叫"论为最，前几天老朽讲了五点意见，今利用讲课间歇再说几句，基于姚轩鸽已对"鹅叫"作了精辟回应，老朽不再赘述。我想说的是，第一，"恶"、"鹅"论者切勿断章取义，曲解《人民日报》原文作者真实立意；第二，决策者应当正面厘清房地产税立法宗旨，以免国人雾里看花看让别有用心者趁火打劫混淆视听。其他内容上次已言明，不再重复。

（三）我认识的张木生
——兼应异运者

张木生君，胸阔如佛，腹载广厦；思路敏捷，妙笔生花；谈古论今，切中时下；襟怀坦荡，鬼魅不怕。居庙堂之高下恤其民，处江湖之远心系其君。然异运者，摇唇鼓舌，信口雌黄；离经叛道，图谋不轨；妄间君臣，乱我朝纲，此乃借刀双雕也！

余与木生君，同为"毛主席挥手我前进"一代耳。然异者，木生君与近平君同为一好，携数箱奇籍下乡务农以苦读，终有所悟。1968年，君曰包产到户可增产，奇文《中国农民问题学习》的手抄本刮起"张木生旋风"；1969年，君曰"当人民自觉起来的时候，我们的国家就会出现一个达芬奇时代"；1978年，君曰"中国要搞市场经济"；2006年，君曰"不争论的时代过去了"。这是大地之沉思、民众之觉醒、经济之规律、拨乱之反正！

余结识木生君为一文一会。木生君时任中国税务杂志社社长，余为国家税总扬州税务学院副院长，一篇指点江山、激扬时弊的雄文令余相见恨晚；一场立足前沿、献计献策的改革论坛让余刮目。拜读《超越左右说实话——财税体制与政府行为》《改造我们的文化历史观——我读李零》更令余俯首耳。面对当前鱼目混珠、乱象丛生、逆耳忠言、巧语阴谋的现状，木生君一针见血："逢左必右，逢右必左，想超越左右就不怕左右都不讨好。"干脆，"超越左右说实话"！不说实话，给党和国家带来多大灾难：五七年的"反右"、五八年的"大跃进"、"文革"期间的大帽子、GDP的水分等等盖因谎言而起；说实话，要有多大勇气？！自古文死谏、武死战，说实话必具冒死之忠心，这就是"张旋风"的精、气、神之所在！

余与木生君共事始于共同主持《税收征管法》的修订。此间无官场之虚伪与奸诈、无程序之束与铜臭，要么争论到子时，要么碗酒方肉！痛哉！快哉！面对三中全会提出财税体制改革的战略部署，余与木生君合作通力完成了两部"实话"之作：《为了多数人的现代化——一场迟来的财税体制变革》（2013）和《推进二次土改、创制房地产税、建设地方主体税种——关于房地产税立法与改革的争论》（2014）。文中木生君立意深远、广论博引，把一个微观层面财税改革问题上升到宏观经济层面，纳入政治、历史、治国方略以及全球层面，这在国内财税改革研究领域鲜有。说实话，合作令余终身受益，此乃最淋漓的评时之作。

（四）

在陆续出台了纳税服务、税收征管、出口退税三个规范之后，近日国家税务局地方税务局合作工作规范（1.0版）正式出台，这是落实三中全会提出的"完善国税、地税征管体制"的第一步，合作规范为整合税收职能、降低征纳成本、提高税收治理能力现代化奠定了制度基础,也为完善分税制创造了条件,这是适应大数据时代的必然趋势,我们期待着更具实质性的改革出现!

(五)《21世纪经济报道》"社评"与中央部署明显相悖

12月8日《21世纪经济报道》头版发表了以《房地产税改革应有利于结构性减税》为题的《社评》(以下简称《社评》),《社评》中有关"房地产税改革"的一些主要观点与十八大以来的税改部署明显相悖。

1. 什么是"结构性减税"?"房地产税改革应有利于结构性减税"既是《社评》的文题也是全文的核心观点。《社评》说"以往房地产税改革是增税的思路,与现在结构性减税的政策取向不符"。那么,什么是"结构性减税"?这是首先应当厘清的基本概念。按《社评》观点"结构性减税"就是单一减税。这是一种误导,其实,结构性减税包括结构性增税和结构性减税两个方面,如果仅指单一减税,何必画蛇添足要在减税前硬加上"结构性"三个字?十八大、十八届三中、五中全会提出的"优化结构"的税制改革方向不是单一的"减税"。优化税制结构和结构性减税是两个不同的概念:优化税制结构包括优化直接税与间接税结构、法人与自然人税负结构、中央税与地方税税收收入结构以及税收与各种收费结构等四大结构;结构性减税是国家为实现一定时期经济发展战略运用的一种政策工具。两个"结构"的性质、目标、作用均不相同。如果非要牵强地从结构性减税政策角度去理解,那么房地产税改革的结构性减税则是指调整房地产的建设、交易、持有三个环节的税负结构,即降低建设、交易环节的税负(即结构性减税),增加持有环节的税负(即结构性增税)。

2. 从总量上考察,房地产税改革是增量改革还是减量改革?《社评》说"房地产税改革应该避免出现增税的结果"。言外之意房地产税是减税(减量)改革。三中全会提出深化税收制度改革的两个基本框架:一是完善地方税体系;二是逐步提高直接税比重。房地产税改革应当置于两个基本框架内来设计:第一,增值税改革最终将取消地方税体系中最大的税种营业税,完善地方税体系的重任势必落到房地产税等地方税税种上。第二,提高直接税比重是经济规律使然。"营改增"后间接税减少近1万亿元,这为提高直接税比重提供了改革空间,而当前这一重任势必落到房地产税和个人所得税等直接税税种上。因此,从总量上考察,房地产税是增量改革，但这个增量改革是逐步的、公平的、结构性的改革。

3. 我国宏观税负是高是低？《社评》说"我国目前宏观税负（包括一般公共预算收入、政府性基金收入、社会保险基金收入、国有资本经营收入在内的政府收入占国内生产总值的比重）已达37%，处于较高的水平。因此非常有必要降低宏观税负"。《社评》的言外之意是宏观税负既已"处于较高水平"房地产税改革就只能减税。讨论之前应当厘清税负与宏观税负两个概念：简言之，税负仅指纳税人的税收负担（上述那些不属法定税收收入的各种收入不是税收负担），目前我国法定税负不到20%，即使按国际通行口径加上社保收入亦不超出25%；宏观税负是一个政府收入的总量概念，有不同计算口径，《社评》列举的宏观税负（其实按上列口径远不止37%）包括税收负担和非税收负担，不能混淆两者内涵，把非税负担强加到税收负担上来。因此，房地产税改革不是一个简单税种合并，还应当包括税收负担和非税负担的结构性调整问题。

4. 房地产税改革的思路选择。《社评》说"合并税种（文中指合并房产税和土地使用税）而不扩大征收范围、增加税收收入才是正确的思路"。且不论《社评》前后矛盾（前将房地产税改革定性为减税改革，后又提增税路径），在房产税和土地使用税简单合并而不扩大征收范围的前提下能增加房地产税收收入吗？税收制度改革没有这么简单。应当全面、准确理解十八大以来中央的战略部署，房地产税改革的基本思路必须遵循十八大提出的"优化结构、社会公平"两大基本原则推进。

（六）

全国人大常委会立法规划公布的本届税收立法一类规划，有环、增、资、房、关、船、耕、征管等8部，列入2016年立法规划的有环、房、船和烟叶税和征管法修订等5部，并表示在2020年前力争完成15部条例升格为法律的立法工作。老朽思考许久，几个问题仍无法释怀，一吐求解：第一，规划立法内容何以与三中全会不一致？是三中全会决定不慎还是其他原因，尤其个税修订？第二，何以突冒烟叶税？是否与消费税改革有关或曰以烟代消？第三，房地产税立法尚未达成共识且分歧很大，2016年何以完成抑或偷工减料以正视听？第四，2020年前力争完成15部条升法何以完成？等等。其中折射出的深层问题更令老朽虑忧。

（七）

三中全会决定的个税改革被全国人大排斥在本届立法规划之外令人费解：第一，这是否意味着三中全会确立的逐步提高直接税比重的原则与人大不一致？三中全会提出的六大税种改革中只有房、个两税是直接税。第二，这是否意味着五中全会提出的限高扩中扶低的分配原则和共享发展被架空？第三，这是否意味着权贵与既得利益集团又一次获胜，而中低收入群体收入2020年翻番的梦想大打折扣？

（八）

业内对全国人大将环、房、船、烟、征列为2016年立法规划充满期待与乐观。老朽持审慎乐观态度：第一，环保税法如按"征求意见稿"其实质是"排污税法"，而非真正意义上的环保税法，这样的环保税法出台要让外人笑话（详况不展开）。第二，房地产税法至今争论不休，许多方向性问题未达共识，一部涉及千家万户切身利益的法律至今严格保密，滴水不漏，这部需全民公决的法律至今尚未公开征求意见，3月能提交全国两会吗？显然房法2016年不可能出台，充其量弄个简稿征求意见，比现行条例多不了多少。第三，征管法三列规划三流产，要不是影响实体税改、要不是国地征管改革方案已出台倒逼的话，征管法真的是猴年马月能出来！其他两个小法无足轻重，三中全会也未提及，老朽也不想多费笔墨。大胆妄议（目的是提个醒，并非反对）搞个预测：2016年，第一，环税法（排污税法）因已公开征求意见了（程序已启），又无须全民公决故可出台。第二，房税因需履行征求意见和全民公决程序，故今年最多完成第一个程序，不可能完成第二个程序。如从内容上讲，充其量现行房与土两税合并且扩围，如是而已。因房税应当分步推行，不可能一步到位。第三，征管法猴年必出，不能到马年！

（九）

三中全会提出逐步提高直接税比重时只涉及房地产税和个人所得税两个税种，这两个税种已经冲击了既得利益阶层，设计时难度很大，2016年人大立法规划都把个税排斥在外。至于遗产税、赠予税是调节贫困差距力度更大的直接税，目前业内都视为禁区，除天财一位教授偶尔力挺外很少有人问津。

（十）

深化改革改什么？就是改分配格局（各领域的改革最终落脚点）！就是要让富得合理合法的群体履行社会责任！就是要剥夺富得不合理不合法群体的财路！发展生产力固然重要，当生产力发展到一定阶段（比如发展到第二大经济体），调整束缚生产力的生产关系更重要。当前生产关系一些层面已严重阻碍生产力的发展，所以，冲破生产关系的束缚是当务之急。这里生产关系指一切阻碍生产力发展的理念，政策以及体制机制。

（十一）

愚以为有利于多数人的财政政策首先要厘清多数人的内涵，在中国现阶段，多数人是指中低等收入群体，他们正是最需要扶持的（当然多数人是有政治前提的）。我理解，个税改革定位限高扩中扶低正是此意。具体讲，有利于多数人的财政政策应当是有利于不断提高公共服务数量与质量并使之逐步均等化的财政政策。诚然，财政政策有不同的价值取向，不同的经济社会发展的不同阶段会有差异。目前，个人认为，提高公共服务的数量与质量，是防止经济下行、启动内需的有效财政政策，这样的财政政策首先应当有利于大多数中低收入群体。

2009年上海一次税收高层论坛上我提"一房两制"解决房价与房奴问题。今天看来，这是房产去库存、城镇化的必由之路，也是化解房市三角风险的有效措施。先租后买即先产权共有后私有是具体的、可行路径。

（十二）

老焦转发《华夏时报》记者关于个税改革方案后，老朽粗略一览，以回应明世同志。首先我与老焦有同感，被弄得神神秘秘，让一些记者用小道消息混淆视听。1997年我参加了税务总局在怀柔举办的个税国际研讨会，会上税务总局所得税司个税处长说明了改革思路，记者的报道没有超此范围且以偏概全：第一，总方向——综合与分类相结合。综合哪些？分两步：一劳务综合，二财产综合。第二，扩大抵扣范围。随时间推移作调整，比如除记者说的以外包括按揭利息等。第三，以家庭为征税对象，更显公平，等等。所以我说，没有什么新内容，是20年前的剩饭。要提醒大家的是：第一，修个税未列2016年立法规划。个税修改需全民公决程序，而这个程序每年只有一次（两会），2016年不可能了，最快2017年列入规划。第二，在全民信息联网之前（据说计划2017年完成）不可能以家庭为征税对象。第三，对自然人征税的《征管法》正在修订，最快今年出台？第四，当前出台时机不成熟（包括政治、环境，我不言明，你懂的），近期能做什么？依法定原则，作小修只能国务院修订细则且不能与个税法相冲突。除非违反法定原则再由财、税主管部门下规章或红头文件。记者小道可参考，因无大道。我不是专家，但想就收入差距问题谈点个人简要愚见，供参考。耶鲁大学陈志武教授《收入差距为什么在恶化》一文分析了产生差距产生的四个原因：一是现代商业增大收入能力差距；二是全球化带来的机会差距；三是商业模式影响收入分配结构；四是股市提升财富的数量级。尽管陈文分析的原因可能不全，尤其可能不完全符合中国现状，但我认为，陈文道出了一个规律性的趋势，即随着经济社会的发展收入差距产生的客观必然性。陈文从生产力角度分析原因，显然具有客观合理性。陈文第二部分"挑战在哪里？"是从生产关系角度分析如何应对这一趋势。这是我更感兴趣的。

（十三）

首先，我说明一点，我更愿使用"贫困差距"这一概念，因为更全面更符国情。贫困差距是世界公认的跨越中等收入陷阱的最大障碍，也是实现中国梦的最大难点，突不破这一关其他一切免谈。我不想更多去评价陈文列举的四大原因，而更关注习李王如何闯关。顺着陈文思路思考，习李王要化解"能力差距"（让弱者不输在起跑线上）、"机会差距"（让弱者机会均等）、"结构差距"（让弱者共享改革成果）、"资本差距"（保护中小投资者利益）。篇幅所限，未及展开。

（十四）

近日，有关任志强任性放炮一事评论正在发酵，两种观点针锋相对，言语也颇犀利。这让我想起两位很有影响学者的名言。一位是我的挚友、原中国税务杂志社社长、现税收学术委员会副主任委员张木生君的名言：《超越左右说实话》（专著）；另一位是群友、空军少将乔良的观点：中国的核心利益有两条：一是中国共产党执政地位不能动摇；二是中华民族复兴之路不能中断。这是当前分析一切问题的基本原则：第一，无论持左或右、抑或形左实右、抑或形右实左观点，都应实事求是；第二，无论左或右，都不能僭越国家核心利益。这是我们的底线。

（十五）房价暴涨为哪般

近日，国人最为关切的大事，莫过于北上深房价连续上涨条件下人们的抢购行为。如此"供不应求"，北上深房价怎么了？国人都在寻找答案。

1. 与发达国家比，北上深房价不靠谱。

北上深的人均 GDP 以及人均收入水平，大概只有发达大都市的 1/4~1/6 左右。现在房屋均价 5 万元/平方米，人均 GDP1.6 万~2.2 万美元，纽约人均 GDP 约 10 万美元，曼哈顿（类似北京二环以内）公寓均价 96 万美元/套，相当于 6 万~8 万人民币/平方米，伦敦人均 GDP 约 7 万美元，公寓均价 35 万英镑/套，相当于 3 万~4 万人民币/平方米。悉尼人均 GDP 约 7 万美元，房屋均价 65 万澳元/套，相当于 300 万人民币/套。中国香港，房屋均价约为 10 万人民币/平方米，人均 GDP 约为 4 万美元。

北上深现在房屋均价已经超过东京等其他绝大多数发达国家的大都市房价水平，与伦敦、纽约、悉尼等国际顶级大都市房价快要追平，仅次于中国香港地区，这显然与国人平均购买力平水不适应、不靠谱。

2. 北上深房价缘何这般疯狂？

（1）广义货币 M2 超发是直接原因。

从 2000 年到现在，15 年时间北上深的房价涨了 10~15 倍——对比之下，广义货币供应量由 2000 年的 11.89 万亿元，增加到 2015 年底的 139.23 万亿元！（中国人民银行数据）这与大城市房价的涨幅几乎同步！货币的超发是房价企高不下的直接诱因。

（2）政策执行的失误。

首先，供给侧结构性改革路径之一是房地产去库存，去库存包括两层含义：一是调结构，即提高民生房比重降低商品房比重，有效可行的做法是将商品房变性，改为民生房。二是通过调结构降低商品库存。目前执行中的去库存已由结构性去库存变为出清商品房库存，这是对政策的误读。其次，与上述结构性去库存相一致，央行、财政部购房政策的目标也应当是结构性去库存，但是两部的政策不精不准，导致执行中的变异。再次，宽松货币政策发出的错误信息是误导商品房价格上涨的重要政策因素，2016 年 1 月人民币贷款增加 2.51 万亿元，本外币贷款余额 101.86 万亿元，同比增长 14.1%。月末人民币贷款余额 96.46 万亿元，同比增长

15.3%，如此放水，能不"刺激"房市！最后，各地方政府"积极去库存"政策措施层出不穷，比如沈阳市政府零首付、鼓励在校生购房等不惜冒次贷风险加剧了房市的不正常去库存。

（3）一个混乱失控的房地产市场。

中介违规高利贷、银行成当铺（链家）；开发商、既得利益阶层恶意搅浑水；利益追逐者的精明盘算；头脑简单者的随波逐流……一个混沌失控的市场正一步步逼近悬崖。

（4）深层的体制原因。

冰冻三尺非一日之寒。从20世纪90年代的房改，特别是《国务院关于促进房地产市场持续健康发展的通知》（国发〔2003〕18号），完成了中国住房政策由完全福利型向完全市场型的裂变，这是超越中国经济现状和国人购买力水平的不切实际的"大跃进"，这为中国房地产的畸形发展和吹大房地产泡沫埋下了祸根，为中国深度的贫富差距埋下了陷阱，最终为社会不安定埋下了定时炸弹！试问，发达国家居民家庭自有住房产权占比不到三分之一，为何却要引导国人100%拥有自有产权房？

（5）深层的改革原因。

中国的改革已到了啃钢骨头的决战关头，过去许多改革的拥护者如今却蜕变成了消极阻碍者。随着反腐的不断深入，不少人惶惶不可终日，与其等死不如奋力挣扎，于是各种下三烂手段层出，以阻碍改革进程，尤其是房地产这个曾使他们一夜暴富的"福地"，这给房地产市场向健康轨道转变、包括开征房地产税增加了极大的难度！

（十六）

今天总理报告中涉及的财税改革包括三大问题：第一，实体税制改革。一是2016年5月1日全面"营改增"；二是增量不动产可抵扣；三是资源税全面实行从价计征。第二，体制改革。一是调整增值税分享比例；二是调整税种归属，主要是地方税体系；三是第三次提出下放税政管权。第三，税收征管法定。以上内容将在培训班解读。

（十七）总理考察财税机关释放了哪些信息？

2016年4月1日，就在全面"营改增"倒计时30天，李克强总理就全面实施"营改增"到国家税务总局、财政部考察并主持座谈会。会上总理讲了四点要求：一是5000亿元的减税要减到实实在在、诚信经营的企业中去;二是通过"营改增"把企业基本活动搞清楚,为国家宏观经济决策提供数据支撑;三是这次"营改增"首先就是要让小微企业得到红利;四是所有行业税负只减不增不是一句空话,要变成实实在在的红包。

总理讲话释放什么信号?

第一,彰显最高决策层全面推开"营改增"的关心、决心与信心。就一项具体的税种改革,共和国总理考察财税机关落实情况可谓空前,其重要现实意义至少有三:一是正如总理所言,"增值税改革是财税体制改革的突破口,牵一发而动全身"。全面推行"营改增"牵动着整个财税体制改革特别是现代税制建设的神经:一方面影响和制约税制改革的路线图与时间表,不首先完成这一关键环节的改革,其他税种改革难以推进;另一方面影响和制约中央与地方税收收入分配格局的调整。2015年增值税收入3.1万亿元、营业税收入1.8万亿元,两税种占全部税收收入40%以上,这次新增试点行业的营业税占原营业税总收入80%,全面"营改增"后,央地分配关系必然面临重大调整。2016年《政府工作报告》明确要求调整增值税在中央与地方的分配比例,而能否全面推开"营改增"是调整分配比例的前提条件。二是牵动国家发展战略和经济运行。总理指出,"营改增"是2016年确保积极财政政策更加有效、着力推进结构性改革尤其是供给侧改革的重头戏,下好这步棋,实体经济就会更好地"活"起来。显然,"营改增"不仅影响财税体制改革,更影响国家宏观经济战略的实施和经济的稳定发展。三是彰显中央对改革的决心与信心。社会上曾有人悲观地认为,"营"改"增"能在七八年内就是两届任期内完成就已经不错了。这次国务院决定5月1日全面推行"营改增"和总理考察财税部门,回应了社会的关切。

第二,大数据、云计算等现代高科技信息手段是"营改增"的重要技术支撑,也是宏观经济决策的重要技术支撑。总理在考察中指出,通过"营改增"可以把企业活动搞清楚,为国家的宏观经济决策提供重要的数据支撑。总理在此至少释放了两个信号:一是过去的经济信息包括税收信息严重失真。为什么通过"营改增"能搞清企业活动?这要依靠现代信息技术来支撑。因此,税收管理信息化是提高税收治理能力现代化的根本路径,应当引起税务高层的真正重视,落实到体制制度、实体制度和程序制度改革的全过程和各个环节。二是税收要为国家宏观经济决策提供真实、全面的数据信息资料。利用现代信息技术手段改变传统的资料采集、分析比对、传递运用已是当务之急。

第三,受惠重点应当是诚信经营的企业和小微企业。总理在考查中指出,今年累计减税5000多亿元,这些税要减到实实在在、诚信经营的企业中去,钱不能被那些假冒伪劣、坑蒙拐骗的人拿走了。又说,这次"营改增"首先就是要让小微企业得到红利,让它们更好地发展,助力整个经济发展。总理在此至少也释放了两个信号:一是减税要精准。"精准"是本届政府提出的治国新理念,精准优惠与精准扶贫一样,都是一种政策的具体实施方法。那种大水漫灌、天女散花式的粗糙工作作风应当休矣。二是抓大放小。对大企业要实行"诚惠制"即诚信优惠,非诚勿惠;对小微企业要实行"普惠制"即普遍减税,小则受惠。在这里总理还对小微企业寄予厚望,希望它们在国家经济发展中发挥更大作用。

第四,企业减轻税负是结构性减税。总理考察时指出,时间要服从质量,这个质量就是要把"营改增"的红利真正给企业,所有企业税负只减不增不是一句空话。如何理解"所有企业税负只减不增"?应当完整理解"只减不增"的内容:其一,"只减不增"是一个宏观概念,"所有企业"不是某个企业。从宏观层面即所有企业来说,"营改增"后宏观税负肯定是"只减不增",2012年至2014年"营改增"宏观税负累计减少4848亿元,"营改增"后仅2016年即可减少5000多亿元,减负力度是较大。其二,"只减不增"是一个长远概念。从微观层面某一具体企业来说,减负效应不一,这是不同行业、不同企业的不同特点决定的。其中最重要的是由抵扣数量的差异产生的:不同行业上下游抵扣数量的不均衡、企业处在不同的发展周期与阶段等都会引起抵扣量的差异,就像当年交通运输行业一样不同企业减负情况不一,甚至个别企业不降反升。因此,不能机械理解"只减不增"。

全面推行"营改增"的终极目标有二:一是推进经济结构调整,特别是第三产业的发展。这是落实国家发展战略,特别是实现"十三五"各项目标的必然。二是稳定经济平稳增长、特别是防止经济继续下行的重要举措、更是2020年实现GDP翻番的必然。

（十八）回应广东省地税局科研所温所长提的几个问题

1. 地方税体系主体税种的可选项及合理空间？

答：主体税种的选择一直存在争议，国外一般根据税收规模及征管条件确定，多为财行类、所得类。地方税费收入体系概念提出后可选项目及空间大为提升，个人认为，房地产税和个税是方向（个人曾有文章作量化分析），新概念提出后社保税、土地税（房地产税中的土地税）可能性最大。但一切要待税改结束后经测算而定。

2. 国内消费改革的最新动向，哪些税目有可能下放给地税部门征管？

答：消费税改革的重点是征收环节由生产下移到流通，另外要考虑地方财政的结构特点，因此，目前除烟草外，其他均有可能下移。

3. 根据税费改革方面中央部委的最新表态，地方政府尤其是地税部门的应对举措该从哪方面下大力气？

答：请注意财政部特别是楼继伟的表态，税费改革的难点是处理地税与其他收费部门关系，一个排污费改环保税中涉及的地税与环保部门的利益协调已使人焦头，所以应选择事关全局、事关民生且易于操作的项目开始，这方面中央会给省级地方政府适当立法权，地方政府应当根据本省情况选择。至于地税该做的，一是协助调研提出可行性建议方案（地税的建议很重要，政府会认真考虑）；二是多与财政部门沟通，一方面表达地税态度，另一方面争取达成共识；三是与拟费改税部门沟通、了解情况形成共识；四是做好模拟征税试点，早发现问题、找出对策等。

4. 房地产税立法的最新进展？

答：房地产税立法难度，一是定位争议大；二是设计难度大；三是出台时机要慎重选择。目前已进入草案起草阶段，无奈之举是先易后难，推行"1+1"即现行房产税加土地使用税。

5. 个人所得税改革方案社会征求意见稿年内有无可能出台？预计的主要改革措施、改革方向大概会是怎样？

答：从人大立法规划看，"十三五"规划是制定环境保护税法、增值税法、资源税法、房地产税法、关税法、船舶吨税法、耕地占用税法。从国务院2016年立法规划看，是环境保护税法、房地产税法、船舶吨税法、烟叶税法和修改税收征收管理法。可见个税都未列入立法规划，但研究在一定范围并未停止。2016年重点任务是"营改增"，故年内出台个税征求意见稿可能性应该不大，除非决策层改变主意。改革方向是控高扩中扶低。从目前改革的环境看，个税改革已不是纯税制改革问题，更涵盖政治、社会层面的价值取向，故争议大、难度大，阻力在于已固化的权贵阶层。具体改革措施由全社会都盯着的起征点（免税额）转为增加抵扣项目，这更公平。综合与分类相结合的征收模式是个人所得税改革的方向，具体实施则取决于完全信息管税的条件。

以上简答，仅供参考。

（十九）回应北京地税局施景彬处长的"八问'营改增'"

拜读祥志转来"八问'营改增'"感触较深：当全国都在为半夜鸡叫开出一张票而欢庆雀跃、一线税务人员筋疲力尽之时，你却能冷静思考并提出8个深层问题，令老朽赞叹，我为有这样具有独立思考能力的税干而欣慰！现就8个问题简陈浅见，供参考。

1. 关于调查论证。

据我所知，这里有体制问题（比如财政部与税务总局权责划分）、程序问题（四中全会关于制定重大改革事项的决策程序）、思维方式与方法等诸多问题。

2. 试点评估。

在当今政治体制、社会体制、行政体制条件下，有胆识的精英与基层干部的声音上传需要有平台与渠道。如果不引入第三方这种评估又有多大意义？一切改革都要服从政治。

3. 人大作用。

提起人大作用，老朽更是啼笑皆非。我接触过几位人大朋友，现行体制，使人大的立法与监督作用有一定局限，这有待国家体制改革来实现，加强人大作用首先要厘清职责、合理设置机构、由虚变实。

4. "营改增"目标。

战略目标——推进经济结构（产业结构）调整；战术目标——推进现代税制建设。

5. "营改增"步骤。

应当分步实施，我曾主持2010年增值税立法课题，深知财政部与税务总局两家的协调是影响进度的重要因素。

6. 如何评估其作用。

应当从宏观战略、分税制、中央与地方关系等层面去评估，角度不同可能结论不同。

7. 推广速度。

按总理五步路线图与时间表我们已经推迟，如不抓紧推进恐会影响大局，过去我们失去了许多战机。

8. 预案措施。

效果是倒逼出来的，2016年底可能会评估，但只能是算账、不会否定，立法要到2018年以后，至于应对，地方政府会用行政手段。目标决定行动，评估服从目标，这就是习惯的思维范式。

（二十）

应广东佛山潘志豪局长之邀今天给广东佛山科以上干部即兴讲座，主要讲九个问题：一是为什么"营改增"？二是2015年为什么没全覆盖？三是为什么税务总局陆续下发几个工作规范特别是合作规范？四是为什么中办、国办下发《改革方案》？五是《改革方案》释放了哪些体改信息？六是为什么《改革方案》只部署到2017年？七是国地税征管体制改革走势？八是如何理解全行业税负只减不增？九是《行政诉讼法》司法解释带来的执法风险是什么、如何规避？朋友，你能正确回答多少？

（二十一）

供求及其关系是经济学最基本的范畴之一，当然更是市场经济学最基本的范畴之一，马克思在《资本论》中将其简化为两大部类间的关系，毛泽东在《论十大关系》中亦有论述。调控供求关系并使之达到基本平衡是任何国家宏观调控的主题（无论市场经济国家抑或非市场经济国家）。供给与需求是一对矛盾的两个方面，不能顾此失彼，否则就失衡：或供大于求或供小于求，解决这一矛盾或从供或从求，如是而已。一个"侧"字，使本来简单问题让老百姓雾里看花。矛盾本身就是两侧，即结构性的，否则就没矛盾。眼下中国经济突出的矛盾就是结构性矛盾，这个矛盾就是有的产品供大于求，有的产品供小于求，比如房地产市场矛盾就是结构性的，表现为，商品房供大于求，民生房供小于求，这就需求调整产品结构，一方面减商品房，另一方增民生房，如是而已。中国学界善造词，善引西方，毛泽东批评一些人言必称希腊，即为此意。少造点老百姓不懂的舶来品，通俗地讲，供给侧就是适销对路、供求平衡，专家的责任在于多研究点解决办法。

（二十二）回应群友关切

最近，楼继伟和郝如玉关于房地产税立法的讲话媒体报道后再次引发坊间热议。昨晚发出信息后收到群友许多咨询与建议。我想重申 2015 年 10 月 9 日在钓鱼台国宾馆发言的几个核心观点，一并回应。

第一，不要违反逻辑同一律。像违反同一律而引发争吵了几十年的"宏观税负"孰高孰低一样，房地产税的立法与征收不应重犯这种令人笑哭皆非的低级错误，这种无端的争吵会将改革引入歧途。应当将讨论统一到十八大提出的建立"结构优化、社会公平"八字目标的基本轨道上来，除非八字目标是错误的，否则就应同一。

所谓"结构优化"，一是要调整开发、交易、持有三个环节的税负结构（目前开发环节占房地产税的 35.6%、交易环节占 54.9%、持有环节占 9.5%）；二是要调整目前税费结构不合理现状（像资源税、环保税一样费改税）。

所谓"社会公平"：一是多占资源多纳税（绝对地租）；二是占好资源多纳税（极差地租）；三是基本生活住房不纳税（保障居民住房、操作授权各地自定）。

需要强调的是，权威部门应当向国人公开阐明观点，尤其应当阐明开征的正当性及不会增加基本住房者税收负担，免生歧义，干扰改革。总理讲得一针见血。权威不发声，谣言满天飞。

第二，尽快提高信息征集能力，为立法与开征奠定技术基础。既然阻力之一是"信息征集能力弱"就应当"补短板"。数字经济，对税收征管能力建设提出了严峻挑战。首先要通过立法明确管好房地产税相关信息责任人的法定义务与法定责任。

第三，突破利益调整的篱藩。既然阻力之二是"利益调整"就应当首先从党员领导干部做起，佐以政治的、组织的手段。领导带头，众人才服。

需要强调的是，党的三中全会提出的深化税制改革的基本原则之一是"逐步提高直接税比重"。这是优化税制结构的要求，是世界经济与税制改革的客观规律，是深化财税体制改革的发展趋势。除非这一原则不宜提出。

只要坚持十八大以来提出的深化税制改革的正确方向，落实"社会公平"原则，国人就会理解，目前迫切要做的是多在如何落实上提建议，而不是非难、指责！

（二十三）一则因抽象具体责任不清引发的辞职风波

群友转帖：山西太原地税有两个基层税务干部因税收管员相关制度的规定不尽合理，企业偷税但管理员被视为渎职被判刑。其影响，已经有一个区局、两个县局的局长辞职了，市局办这个案子的科长和分管副局长也辞职了，说工作没法做了。现实问题是，辞职也可追究责任啊！辞不是办法，修改相关制度才是营造法治环境的根本。应当简化征管，还风险于相关义务人，明确法律关系！

回应微信：在主持长达8年的《税收征管法》修订课题中，我一直主张将"责任法定"，即区分抽象法律行为与具体法律行为的责任归属，不能由具体行为人为抽象行为人的过错或失误买单，但一直未果。这是基层执法人员最大的制度风险，有关部门却无视这一风险。而《行政诉讼法》第二十一条司法解释则将这一风险扩到极致，若不规范、清理规范性行政文件，基层税务执法人员已无职业安全感。

（二十四）

商品输出到资本输出是资本运动的基本规律，也是一国步入经济发达或较发达阶段的标志，这是资本本质决定的。中国已完成商品输出到资本输出的跨越，央视报道2016年我国对外投资增四成，说明这已是改革开放之大势，宏观税负高低不是对外投资的根本性因素。作为中国最大垄断玻璃企业，过去其获得的垄断高利远超社会平均利润率，在去库存的供给侧结构性改革中，选择海外投资追求资本利益无可非议，但将原因归于宏观税负过高则与事实不符。

（二十五）

面对特朗普咄咄逼人的攻势，中国要保持定力，抓紧做好自己的事：第一，强军；第二，安内（最重要的是将宝塔形分配结构抓紧向橄榄形过渡，否则会不战自乱）；第三，清奸（与反腐相比，清除汉奸尤为迫切）；第四，转变经济增长方式；第五，有舍有得，量力而为，争取时间发展自己。正所谓：深挖洞，广积粮，缓称王。

（二十六）

面对美国新总统一系列新政策新举措的陆续出台，世人总的评价是增加了不确定性。其实，从本质上看是确定的：资本的本质是追逐利润，美国资本凭借其世界霸主地位追逐的是国际垄断超额利润。奥巴马也好（包括希拉里），特朗普也罢，这一点没有变化，是确定的。只是战术不同而已：奥、希力挺金融资本，特力挺产业资本，美国两党竞争的差异来自金融资本与产业资本的博弈。因此，二者在政治、经济、外交、军事等一系列战术取向不同。从这个基本点去分析，特朗普猜想可迎刃而解，大幅降税政策也就不难理解了。挺实去虚，这在当前中美的战略上是一致的，因此产生的博弈将难免激烈。

（二十七）阅兵有感

驱逐倭寇七十年，血染华夏铸史篇，
自古将士埋焦土，无奈卖国有汉奸！
众志成城方拉枯，威武之师又擎天；
五代明君胸伟略，神州美梦已在前！

（二十八）周公百年祭

无财无嗣无私怀，清风两袖亿万孩；
尽瘁鞠躬甘为叶，尽显儒家太极来。
百年拜祭泣神灵，后死诸君思恩来；
中华美梦实现日，恭迎英魂神州返！

（二十九）扬州遇故人有感，有诗赠之

曾巩再世出抚州，光宗毋忘念乡愁；
辉煌仕途虽迟来，好事多磨终封侯。

附六 大数据时代深化税收改革的思考[①]

焦瑞进

一、经济转型对客观环境的影响

大数据时代的"互联网+"新经济模式带来了数字经济和经济全球化发展,由此将带来人类经济社会活动乃至经济运行模式的颠覆性改变。这种颠覆性的革命对税制会有哪些影响:第一,纳税主体随市场主体的多变性而呈现复杂化和难以控制。信息技术快速发展,影响不仅是商品买卖,市场主体随时在重组和兼并,并涉及跨国重组。纳税人随时在变化,对税务管理难度和复杂性大大增加。第二,"互联网+传统产业"相融合,经营模式复杂化,税源难以分割。新业态改变了完全有形商品的生产和销售模式,经济活动的复杂化和经营形式的多样化,使得税务机关对税基的控制难度加大。第三,常设机构和固定营业场所的关系变得模糊不清,税权划分复杂化。尤其是非居民可以不在境外设立常设机构或固定营业场所,而可以通过其设在居住国的门户网站或第三方电子商务平台,直接向境外个人客户销售货物或提供劳务。这样的经营活动,使得税源的发生地变得模糊不清。第四,税源与价值创造地分离,利润归属难辨。尤其是国际贸易和国际经营活动利润归属问题。所以,数据经济和全球化经济都会给税收管理带来前所未有的挑战。

二、大数据时代的机遇与挑战

(一)信息管税,信息在哪里

大数据时代的进步,给税务管理以信息管税带来了前所未有的机遇:

[①] 焦瑞进同志是四部顾问。本文提出的简化税制、简化征管、信息管税的改革思路,对四部研究"大数据背景下的征管改革"具有指导意义,故征得作者同意,作为附录收入本书,因原文较长,收录时作了删减。

现成的网络资源和真实的数据基础。"信息管税"，内涵要求是管住信息，没有信息谈何信息管税。大数据时代的形成，优势显见于2009年左右，扎实的基础成就于2013年，根据相关统计，这一时期的数字存储信息已达到93%的水平。除非涉税信息全部落脚于这93%之外，如果非也，涉税信息即全部数字化了，而产生这些涉税信息的网络资源已经扎实地根植于社会经济生活的各个方面。

（二）信息管税，何以管信息

大数据时代的进步，给税务管理以信息管税带来的挑战也是前所未有的：理论上客观存在的这些涉税信息，税务系统是既看不着，也摸不着。面对这突变发展的大数据时代，由于落后的税务征管信息系统背离大数据时代互通特征与现实应用的网络资源脱节，所以征管系统现存的数据就不可能做到完整、真实、准确。而由于不重视文明、进步社会管理的基本理念，至今尚未开展税源信息标准化的基础工作，致使社会税源信息五花八门，其产生只能将就各市场主体自身业务推进的需要，不能满足税源信息采集的需要，进入大数据时代就如何采集和掌握现实税源信息成了信息管理最大的难题。信息管税，管不住信息，是税收管理的最大风险。管不住信息，何以管税?!

三、数字经济时代税收风险的分析

税收管理可在宏观、中观和微观三个层面探讨税务风险。首先在宏观层面，新经济时代，什么是税源，税源在哪里，找不到税源，是税务管理工作最大的风险。讨论经济发展方式转变下的税务风险，首先是要考虑，转变后的主要经济形式和内容，也即税源是什么？税源在哪里？现行税制与经济发展方式转变后的主体经济内容是否相适应。大数据时代影响下的数字经济，商业领域的一个点子可能在瞬间完成交易或聚财成百上千亿。进入大数据为特征的数字经济时代，经济基础是网络资源，所有的商务活动和社会交互活动都根植于基础网络资源，在此基础上发展个性、互融、混营并存，再分不出什么行业、产业、经营主体。在这种新经济模式下，传统税制再找不着适用税率的行业、纳税主体、相应的税基，甚至再见不着现金，理不出相关的结算关系。新经济模式向传统的税制提出挑战，税源在哪里？在传统税制下找不着税源，是当前税务管理面临的最大风险，是构建现代财税制度的关键。其次，从征管工作看，找不到税收实现的环节和利益主体,如何核定适用税率、纳税人划分标准、优惠适用关系和税赋承担主体等法律关系?相关的税法体系、征管制度和手段与信息革命导致经济方式转变不匹配,是当前征管工作面临的最大风险。

四、防范风险深化税收改革的思考

大数据时代的税务风险,是传统税制与新经济基础不相适应的风险,是落后的征管制度和手段与第二次信息革命不相匹配的风险,是基础管理理念和工作内容落后于社会文明与进步的风险。而决非某些纳税人偷逃税这样的个案风险!大数据时代防范税务风险的基本路径,应从顶层设计优化税制、中层规范法律关系和底层采用先进的技术手段并举,方能统筹实现。

(一)顶层:优化税制

传统的经济内容可由生产、流通、分配、消费四个环节明确地划分,并作为税制建设考虑税源环节的基础依据。我国现行税制突显生产和流通环节征税,再向分配、消费环节转嫁,形成复杂的重复征税体系,以确保财政收入,但税负计算复杂,征管程序烦琐。经济发达国家税制设计偏重分配和消费环节,体现价值实现后的分配和消费关系,遵从税收经济原理,同时也避免重复征税,更显税制简洁,方便征管。按照马克思的价值学说:劳动创造价值。由此推出的商品和服务的价值是由生产、流通转移价值和劳动创造价值两个部分组成。税收作为新创造价值的组成部分参与国民收入分配才是其经济内容的本质,所以税款也应在交换实现价值的环节伴随消费支出和取得收入实现国民收入的及时分配,并由此产生两个税系即所得税和消费税。生产和流通环节的经济功能主要是价值转移,这两个环节不宜征税,主要有几个方面的原因:(1)对转移价值征税,要求剥离价值,必然导致生产规模萎缩;(2)维持原有规模只能征价外税,税负最终转嫁消费者,税制复杂也带了征管复杂和偷逃税等一系列的问题;(3)生产、流通环节不征税,才能最大限度地解放生产力,促进供给侧改革。由此决定在复杂的新经济模式下管住税源要以人为本,顶层税制设计要从人们取得的收入和消费做文章,确立所得和消费两大税系,实现全民国民收入分配。过去以生产流通环节为征税基础,是基于当时技术手段和管理措施管不住自然人及其手中的现金。目前,一照一码与账户的对应关系及其先进的网络技术手段,以人为本管住现金已不再是难点。所以,从管理措施和技术手段看，税制建设侧重分配和消费伴生的交易环节，已不再是什么难题。

（二）中层：健全法律制度明确责任与义务法律关系

新经济时代，税务机关不应再将自己定义为收税机关，而要作为管理机构发挥政府效用。纳税人的纳税义务是由宪法规定的，税务部门不应将纳税人的责任、义务和风险通过所谓的《征管法》又转嫁回税务部门。《征管法》规定的上百种征管事项，原本在相关的税法或条例中已经明确为纳税人的责任与义务，但由于"征管"责任淡化了"缴纳"义务，从此税务部门背上了责任，伴随执法风险于自身。当大数据时代新经济环境下税制简化为所得和消费两大税系，法律制度要以"人"为本紧紧地管住消费支出和同时取得收入环节的资金信息流，明确相关的涉税法律责任与义务关系，完成国民收入分配的扣缴任务，对每一笔交易通过价税分离原则直接扣缴入库。也就是说，有没有发票，纳税人都负有纳税义务，都要在价值实现的交易环节、伴随着消费支出和收入取得的同时完成国民收入分配扣缴税款。至于任何税收优惠政策，都将在年终汇算清税时通过大数据分析及纳税人申报考虑是否给予相关的退税。法律保障，要明确"互联网＋"税务能将税款扣缴工作加到所有的交易平台和现实网络支付体系中，明确相关扣缴义务人的责任，违法必究。

（三）底层：先进技术手段是基础

进入"互联网＋"时代，互联网不仅是新经济的驱动力，实际已经发展成为经济基础的主要资源和要素。这时期的网络技术，是不用政府操心的，其发展始终将站在客户需求的基础上永远走在技术尖端。税务管理如果不走"互联网＋税务"路线，不将税务工作融于现成的网络资源，而是走自我为主还在开发"税务＋互联网"的老路，税收工作就永远融不到现实的经济环境中，"税务＋互联网"也将永远落后于"互联网＋税务"技术的发展，难以完成税收管理工作。风险，事件发生的不确定性对预期目标的影响。谈税务风险，必须认识大数据时代新经济环境对实现税收目标的影响。"十三五"规划财税体制改革的目标：稳定税负，优化税制。传统税制在大数据推进下的新经济时代变革中找不着纳税主体、摸不清税源关系，是当前最大的税收风险，何谈稳定税负？必须优化税制、简化征管、提升效率、以现代化税收制度确保合理的税收经济关系，才能有效地

五、简化管理意义

（一）税制要素关系理性回归

税收的基本职能是筹集政府财政收入。促成税收基本职能的实现，在税收管理中必须综合考虑税源、税制和税收征管三者之间的匹配关系。

（二）简化征管释放资源

目前不足70万人的税务人力资源要管近5000万户纳税人及有收入能力的几亿自然人。上述18个税种的复杂税制、落后的征管制度和过时的征管模式，即使再增加几倍的税务人力资源也难以实现"应收尽收"这种超高级的管理要求。通过上述简化税制和简化征管改革，可以解放出大量的征管资源和企业内部的税务管理资源，用于深化数据分析，加强风险管理，引导企业税务风险内控，促进纳税遵从，营造社会整体诚信环境。

（三）全面掌握信息有效实现严管

卡住收入和消费双向资金流信息，建立账户和身份关联监管，可以全面掌握每一个自然人或法人所有的账户、收入和消费信息，据以分析全社会收入、消费水平，判断个人或企业综合收入和支出内容，为方便所得税和消费税汇总关联清算，个人所得税综合分类税制提供完整信息基础，实现科学严谨的税收征管，堵塞征管漏洞，全面建立公平诚信的社会环境奠定一个扎实的信息技术基础。

（四）降低税负解放生产力

通过上述简化税制和简化征管改革，纳税人一般流量税税负可以从现在的17%、25%大大地减低到3%以下，再分解到交易双方分别为收入和消费征税，则双方表面税负不足2%。这种日常交易的低税负设计，几乎所有的纳税人都能承受，将大大地降低纳税人逃税主观动机。同时，较低的税负，将为企业生产经营的运转提供更充分的资金，为产品生产降低成本，为产品出口提升优势，成为解放生产力最有效的措施，为在经济新常态下促进经济发展贡献实质性的推动力。

六、信息管税的内涵

推进和落实信息管税思想，必须认识到这样一个基本要求：信息管税要先管信息！其基本内涵包括：信息管税要真实信息；信息管税要实时信息；信息管税要共享信息。信息管税要先管信息。要想管住税，必须先掌握涉税信息，不掌握涉税信息，或者信息不对称，征纳双方只能是玩"猫和老鼠"的博弈游戏。

七、实现信息管税的改革路径

实现信息管税，从税收管理的业务流程来看必须紧紧抓住三个环节：一是纳税人基本情况信息，二是实时交易的真实信息，三是交易过程分离价税直接入库。

八、信息管税的基础工作

(一) 规范涉税信息范畴

信息管税，从内容上看，应满足税收汇算清缴的要求，一笔交易信息必须包括买卖双方纳税人统一识别码信息、款项收付双方金融机构纳税人统一识别码信息、账户信息及开户人纳税人统一识别码信息。考虑到宏观财税体制涉及的税收收入在中央与地方的分配关系，还应包括款项收付金融机构所在地的行政地理信息。

(二) 涉税信息标准化

在规范涉税信息范畴的基础上，需要对涉税信息进一步标准化，包括具体信息条目的概念定义、技术术语含义、信息字节格式、信息排列布局及编码格式转换等。只有统一标准，商家在建设自己的信息系统时才能将税务信息管理的标准植入信息系统，也才能实现征纳双方信息系统的对接，方便将涉税信息传输到税务部门的数据库。

(三) 信息管税法治化

实现信息管税，采集收入和消费交易过程中的实时信息，必须在相关的法律文件中明确涉税信息关系人的法律关系和义务责任，做到依法治税。

【专家简介】

焦瑞进，中国税务学会学委会副秘书长。曾任国家税务总局计划统计司宏观分析处处长、大企业司管理一处处长和副巡视员。主要成果有：参与组织的《税收系统工程研究》获国家自然科学基金委"九五"重大项目"金融数学、金融工程与税收系统工程"专家评审优秀奖；开发《税收收入分月滚动预测模型》获2000年度全国优秀税收科研成果三等奖；主编《宏观税收分析指标体系及方法》获2006年度全国税务系统科研成果一等奖；编写《税收专业化管理系列丛书》获2011~2012年度全国优秀税收科研成果二等奖；组织编写《大企业税务遵从管理年度报告（2011年）》获2011~2012年度全国优秀税收科研成果三等奖。出版税源监控管理和宏观、微观税收分析等专业著作10余部，发表税源监控管理、税收分析、纳税评估、大数据时代防范风险深化税收改革等专业文章30余篇。

附七 父爱无疆

——父亲七十华诞有感

涂京骞

十年前，我和姐姐涂京联（姐姐在市财政局供职）帮父亲整理出版了总结他几十年的讲稿《税坛春秋》。十年后的今天，我们再次帮父亲整理出版了总结他退休十年的研究成果《税坛纵横》，尽管有的章节是我写的，但却是在父亲指导下完成的。

父亲是个有责任感的男人。1978年，父亲怀着经济救国的信念考上黑龙江大学经济系，师从我国著名生产力经济学家熊映梧教授（当时熊映梧教授与厉以宁、肖灼基等北大教授齐名）。在我朦胧的记忆中，寒暑假在家，他整天待在家里捧着厚厚的《资本论》原著（那是全家节衣缩食买的三卷本）爱不释手，写了许多笔记。他经常对我和姐姐讲，中国早晚要用上《资本论》，将来我要靠《资本论》让全家过上好日子。1982年父亲大学毕业后，正是靠着《资本论》的功底，第一个给电大、自考讲了十几门经济类的课程，我们家第一台彩电、冰箱就是靠父亲业余讲课酬金买下的；正是靠着《资本论》功底，父亲顺利应聘进入税务院校后来还成为税务名师（宋兰主编《税务名师精选》）。

父亲是个勤奋的学者。1988年父亲是学校第一任会计系主任，学校刚建工作很忙。记得从1988年开始连续三年的元旦、春节，我和母亲、姐姐都是陪着父亲在卧室兼书房度过的，当时没有计算机全凭爬格子，然后姐姐打字，我和妈妈校对。这期间父亲带着全系写出了《基础会计》《财务会计》《财务管理》《税收会计》《税务会计》《税务审计》《税收经济活动分析》等根据税务院校会计专业量身定制的系列教材，还拿了教委四年一度的优秀教学科研一等奖。从我记事开始，父亲一直保持早五晚十的生活习惯，退休后则改为早四晚九的习惯，每日凌晨父亲总是进入书房开始了头一天构思好的写作或修稿。

十年来他撰写和修订了上百万字的材料,编辑和修订了上百个讲座课件,批阅了学生上百篇论文,审阅评审了税务机关上百篇会议评选论文。

父亲是个认真的严师。父亲常对我说,认真是立命之本。他还对我说,干部培训不同普通国民教育,比如外语,只要对象一致,备一次课基本可一劳永逸,干部培训必须"一课一备"。他给自己定的规矩是:相同题目的课,一个月复讲内容应更新5%以上,三个月复讲内容应更新10%以上,六个月复讲内容应更新20%以上,九个月复讲内容应更新40%以上,隔年复讲内容应更新50%;另外相同题目的课,应当根据培训对象的专业、层级、国税、地税作针对性调整。上课那天的凌晨将课件最后确认一遍已成为父亲的职业习惯。这就是为什么父亲的课总是备受各级、各类税务干部热捧的秘籍。

父亲是个原则性极强的领导干部。当时的扬州税院条件十分艰苦,与今天判若两个世界。当时我与母亲去探望他,看到他住在简陋的学生宿舍,父亲怕热,房间没有空调,我们很心痛,我和母亲购置了空调、冰箱、洗衣机和厨具,父亲虽分管财务,但却一直没在单位报销,调离时全部留给总务处。扬州工作8年,父亲没在学院报销一次我与母亲的路费和其他任何费用。学院初建百废待兴的压力、繁重的行政压力、一学期四门课的压力终于把父亲压进了医院,但他从无怨言。直到中国教育体制改革导致扬州税院下马脱离国民教育系列,他才带着终身遗憾和依依不舍的复杂心情离开了那个曾满怀激情、艰苦奋斗的瘦西湖畔。20世纪90年代末期,哪位厅级干部南北调动至少不是两套房?当总局给我们家买了一套福利房后,尽管我已在学校上班,父亲还是主动退还了学校分配的住房,这是一个"傻"得有点"愚"的人。

父亲是个令人生畏的导师。当父亲助手近20年,我习惯了他的一丝不苟:父亲手把手教会了我如何归集、分类、整理各类资料与卡片摘录,手把手教会了我如何构思、撰写调研报告、学术论文、讲演材料、观点综述、新闻报道。我更习惯他的严厉:一篇学术论文不经过构思、框架、撰写、修改几个环节是难过关的,有时甚至半年过不了,论文获奖了他才高兴。今年研究部有一份合作单位的调研报告,执笔的是一位副教授,大纲出来后父亲不满意,后来按父亲意见从大纲确定到成文,四易其稿才算完成。我曾问过他的学生是不是特怕父亲的严厉？他们说不是怕，是敬畏！

　　我爱这个有时蛮不讲理的老爷子！奇怪的是，父亲从不过问家里杂事，但不知为什么家里亲属都"怕"他！

　　这，就是我的父亲！

后记

感悟人生
——谨以此文献给四部同仁、好友及我的学生

人总是喜欢回忆往事的，尤其是70岁以后的年龄，我也不例外。"感悟人生"简要回顾了我走过的学途与仕途，将其归纳为两点感悟：

一是学途没有界限，带问题学，但要巧用功夫；

二是仕途不可强求，顺其自然，该放手就放手。

一、老三届的分界线：奋起与淹没

"老三届"是对1966年、1967年、1968年初、高中毕业的这一特殊群体的称谓，它凝聚着一个特殊历史时期的丰富内涵，代表着一个特殊群体的坎坷经历。因随军从江西老家到东北，1966年在北方边陲城市高中毕业。1977年和1978年，对老三界来说是具有历史意义、决定命运的两年，也是奋起或淹没的历史分界线。今天看来，这无疑是"鲤鱼跃龙门"：当年考上大学跃过这一"龙门"的基本都有一个较好的归宿，平台好或遇到贵人相助的则更有发展（北京、上海等大城市跃过龙门的老三届不少身居高位）；未能参加高考的老三届大多只好在底层蜗居，他们中有的"扎根"农村结婚生子，有的返城务工生活在最底层。我是老三届中的幸运者，无论学途（教授）还是仕途（厅局级）都还说得过去，比上不足、比下有余，这得益于当年我跃过了"龙门"，更得益当年在校的苦读。遗憾的是，在学历严重贬值、大学校园市场化、大三就开始为找工作疲于奔命的今天，挑灯夜读的学子越来越少，浮躁、功利、拼爹，中国教育体制改革严重滞后的现状导致了出国留学的浪潮，如不与时俱进则将是中国之悲哀！

二、人生要有储备：三堂课改变我的人生轨迹

机会是留给有准备的人的，这话不假。带着大学的储备，我开始了人生第一次真正的创业，三堂课改变了我的人生轨迹。

第一堂课：解读十二大政治报告

1982年大学毕业，为与家人团聚，分配到刚组建的吉林省工业交通管理干部学校任教，从此，开始了我几十年的教学生涯。1982年，适逢党的十二大召开，干校迎来了第一届全国厂长、经理资格统考培训班学员（1982~1984年国家先后组织了七次全国厂长经理统考）。党的十二大政治报告肯定是考试的重要内容，没有权威辅导材料，这课开不开？谁来讲？讲不好考砸了谁负责？全体教师开会讨论时，无人敢承接这一任务。在校长的期待和大家疑惑的眼光中我不自量力地接受了这一考验。三天的备课时间，我用学过的马列经典原著、政治经济学的基本原理，抓住七个核心概念并以此为线索串联起七个大问题，从背景、意义层层深入剖解。从后来的考试内容看竟完全没有超出我讲的重点范围，参加培训的厂长、经理一次全部通过，平均成绩在全省九个地区中名列榜首，不久就被直接任命为教研室主任（正科级），一堂课奠定了我在干校的学术地位，一堂课讲出个正科级，这出乎我的意料，真是神奇的一堂课！

第二堂课：试讲经济法学

1987年3月8日，我怀揣登有辽宁税务高等专科学校招聘广告的《光明日报》走进该校招聘办公室。

负责招聘的白老师问我：你能讲什么课？

答：你报上登的14门专业课我都能讲。

问：好，那就讲《经济法》吧，给你三天时间准备。

答：最好今天就讲，我没向单位请假是偷着出来应聘的，已购今天晚上返程火车票。

问：行吗？那你自选试讲内容吧。

答：行。内容你们定。

问：好，那下午一点，就讲昨天应聘老师讲的内容便于比较，请东北财经大学教授点评。

答：好的。

50分钟的试讲结束后，我正在休息室洗涤白色粉尘（当年还是粉笔

板书），10 分钟后白老师过来告诉我，你回去办手续吧。我问：这么快就定了？不是要半月后等通知吗？白老师说一致通过，不用等了。

一堂课让我跨进税务系统，一堂课让我由成教跨进普教，一堂课让我从八百里盐碱地的边陲小城来到海滨城市大连。又是神奇的一堂课！

第三堂课：国民经济计划管理

1987 年 7 月 23 日中午，我正忙于搬家卸车，学校来人通知我，明天给全国第一期税务处级干部培训班讲"国民经济计划管理"。我问有什么要求没有？回答：没有，这是第一次。大家探索吧。奇怪了，1987 年还讲计划经济管理，这是谁安排的，难怪别的老师都不接课。我是新来的只能接受。离讲课不到 24 小时，我必须尽快设计适应税务处级干部的内容大纲。当时我对税务干部的现状一无所知，无法有针对性地设计内容。我决定从宏观经济的计划管理与市场管理的区别入手，从税收政策在宏观经济管理中的地位与作用，紧紧围绕经济与税收的关系，从管理模式演变与趋势分析角度、佐以实证分析方法，从税收角度讲经济管理，这是我在税务讲台的首秀。没想到的是，这堂课竟使我站稳了这个新的领域，一个月后我就被任命为辽宁高等税务学校会计系第一任主任。一堂课能让一个没有任何背景的普通应聘教师跨上处级平台，真的想都不敢想，这更是一堂神奇的课！

跃过"龙门"的老三届都清醒地知道，从 1966 年到 1978 年，中断了 12 年意味着什么！我们要把大学 4 年当 8 年过才能弥补失去的 12 年，将来才有可能为国家多做贡献。1978 年我考入黑龙江大学经济系政治经济学专业时开设的课程多为理论经济学，当时我想，一个国家不能不发展经济，应用经济学肯定以后大有所用。于是我自修了会计学、经济管理学、经济法学、财政税收学、货币金融学等 16 门应用类课程。现在看来，这为我以后 30 多年的发展奠定了扎实的功底。在此，感谢母校黑龙江大学！感谢大学的启蒙师长！应聘时我之所以敢说招聘的课程全部拿下，还得益于 1982 至 1987 这 5 年的历练，这期间在校内外发疯似地讲了十几门课，按当时的课程名称包括政治经济学、国民经济管理、工业经济管理、商业经济管理、工业企业管理、财政与金融、会计学原理、财务管理、集体企业会计、经济法、西方经济学等等，1983～1985 年我辅导了中央电大经济类几乎所有专业基础课和专业课。同样，我之所以敢给税务干部讲"国民经济计划管理"时大胆跨学科设计内容,也是得益于我有5年给厂长经理讲课的实战经验和给全国电大、自考等成人教育辅导的切身体会。一言以蔽之,没有1978至1987这10年的多学科储备和历练,就是机会来了也是烫手山芋。

三、学途的精华在于创新:敢于吃螃蟹

税务院校不同于普通财经院校,其中最明显的区别是定向培养为税务系统输送专业人才,比如会计专业要培养和输送税收会计人才、统计专业要培养和输送税收统计人才,等等。税务院校的会计专业如果照搬普通财经院校的课程设置则永处劣势。1988~1990年,作为第一任会计系主任,我提出要创新会计学科,要办出具有税务院校特色的会计专业,否则我们将永远寄人篱下。在东北财经大学会计系王盛祥、欧阳清等著名会计教授的支持下,我们率先在全国财经院校开设了一套适合税务院校会计特色的课程,包括税收会计、税务会计、税务审计、税收经济活动分析等课程,受到国家税务总局充分肯定,获得教委四年一度的优秀教研成果一等奖。学途的真谛在于创新,敢于第一个吃螃蟹,没有创新就只能吃剩饭。在辽宁税专会计系主任任上的三年,是我人生第一个创业高峰时期。在这里,奠定了我在税收会计和税务会计两个会计学科的全国领军地位,1988年财经院校第一本《税收会计》和《税务会计》诞生在辽宁税务高等专科学校,后来这两个学科的全国统编教材主编也由我竞得,税务总局有关领导在全国税收会计培训班上称我为《税收会计》的鼻祖(实不敢当)。后来的一些税务词典中也大量引用我的研究成果(作者是听过我课的学生,这期间研究《税务会计》的还有天津财大的盖地教授)。遗憾的是,后来税务院校在教育"体制改革"中全军覆没,远离了国民教育系列,全部转为干部培训。因此,我也根据院校转型和培训税务干部的需要,离开了我与之奋斗了数年的税收会计和税务会计,转攻税收与法律。

20世纪80年代初,中国的财经院校学科单一,没有税收专业,在校期间也没学开设税收课程。工作需要怎么办?我决定因需施教、大胆探索,利用经济学基本原理特别是分配原理去理解税收,针对学员是税务系统处级干部这一特殊群体,讲税制改革时,我主要从宏观经济层面,讲清为什么要改革和改革的方向与趋势,这正是处级和处级以上税务干部需要

的。1998年后我从税收基本法开始进军税法学，开始了我人生第二次吃螃蟹征程。如果说税收学与经济学存在天然的内在逻辑联系，这只螃蟹还好吃的话，那么，税法学与经济学的逻辑关联度则没那么密切，吃这只螃蟹有时还真挺刺嘴。

四、学无止境、学无边界：带着问题学、巧学活学

当年，我学的是政治经济学专业，进入税务院校后由于工作关系更多的时间远离了本行。当会计系主任要研究会计，负责税务干部培训要研究财税，依法治税要研究税法，讲税制改革要研究体制、体系改革，扩大干部视野要研究宏观经济（包括金融、外贸）和世界经济，等等，1987至今的近30年间我给税务干部培训开设了上百个专题讲座，涉及税收会计、宏观经济与世界经济、财政税收金融三大体制改革、税制改革、税收法治包括基本法、实体法和程序法等五大领域（有的讲座收录到税务总局编纂的《税务名师讲座精选》中）。《税坛春秋》正是这几十年培训的缩影，以致领导和同仁们称我为"杂家"。实践证明，学无止境、学无边界。而要完成"杂家"的转身则需掌握秘籍。

此处借用当年学毛选时的一句话，"带着问题学、活学活用、立竿见影"。带着问题学，因为要攻下一个学科山头，在不能脱产进修的条件下必须选择最佳路径，即带着问题选择自学内容。比如，近十年我研究的主要领域是税收立法，这对于非法律专业的人来说是十分困难的。我带着税收立法中涉及的问题，选择公丕祥的《法理学》，周旺生的《立法学》，刘剑文、熊伟的《税法学基本理论》，施正文的《税收程序法论》和《立法法》等为主要蓝本去寻找答案，特别是自学《立法学》时我做了详细的读书笔记。十多年来，每次提交给中国财税法研究会年度大会交流论文和提交给各种财税法高层或国际论坛的大会交流论文，我都是带着论文中的问题现学现写的，这几十篇论文有的在大会交流，有的评为优秀论文，有的公开发表，比如最近的2014年12月26日我向第三届中华全国律师协会与中国注册税务师协会年会提交的《落实四中全会精神，重大税制改革应当于法有据——关于成品油消费税改革的法律思考》被大会评选为交流论文一等类。活学活用，税法学是一门税收与法律紧密结合的实践性极强的应用性、交叉性学科，仅靠自学几本书效率太低，必须针对依法治税的实践与税收改革进程中急需解决的问题去自学去探索，其中案例教学是一种较好的自学与讲授的方法，厘清一个案例无疑等于攻下一个山头，积累多了这门学科的精华便基本掌握了，这种方法真的是立竿见影。这，就是我入道（税务）30年来成为"杂家"的秘籍。

五、仕途不要刻意、顺其自然、摆正心态，该放手就放手

按照行政官阶，我按部就班从股（1972年）、科（1982年）、处（1987年）、厅（1997年）几乎十年一个台阶地走完了全部程序。回想起来，奇怪的是每一步都仿佛是在做梦，没有任何"投资"，事先自己真的浑然不知。我庆幸赶上了好时代，当然更感谢伯乐了。

在中国，没有背景的仕途注定是曲折的。我的人生仕途历经了三次磨难：

第一次，1990年10月10日，我由会计系调任教务处。在我精心打造的会计系这个团队里，大家非常融洽。我们利用创收基金自费科研、自费编辑出版系列教材、自费统一着装与统一安置防盗门、为外地教师承办婚礼，等等。当时辽宁税专会计系在税务总局、在系统院校内都小有名气，尤其是教学科研成果突出。正当我欲带领这支团队向更高目标冲击时忽然把我调离，更不可思议的是别人都"转正"了而我调任教务处的职务竟是主持工作的副处长，当时很多同志为我鸣不平甚至要联名上书上级党委。

第二次，1994年，我由辽宁税务高等专科学校调任扬州税务学院院长助理。当时总局领导找我谈话时明确调任扬州税院副院长，为什么改任院长助理呢？税务总局人事部门的解释：国家税务总局1994年升格为正部级，扬州税院也升格为正厅级，而辽宁税专是副厅级单位，辽宁税专的处长是副处级，所以要过渡一下。我毫无想法，因为我是来筹建学院、分管业务的，级别是身外之物，对我这已是天上掉馅饼。1997年我顺利转为副院长，这三年的磨难自不必说。

第三次，2000年6月，由于扬州税院"下马"，完全脱离国民教育系列，我要求调回辽宁税务高等专科学校。这引起当时税专班子中几个可能有希望竞争书记、校长同志的猜虑，甚至一位消息灵通的副校长来电劝我别调回辽宁税专当一把手，这样会挡他人升迁之路。为成人之美，我要求调省、市税务局，决不会回辽宁税专去挡别人升迁之路的。最终我还是被动地调回了辽宁税专。我清醒地认识我将陷入非常尴尬的处境,后来的事实也证明了我的预测。我当即立断,重新给自己定位,当带括号的副校长,并提前三年要求退二线,一来集中精力搞研究,二来腾笼换鸟,让年轻同志上台。

仕途多变,摆正心态,不要刻求,顺其自然,该放手就放手!这就是我回应许多老友咨询身体健康的秘籍!

值得一提的是,当年班子里共事的同事,现在一个个已尽享天伦之乐了,我却继续在讲台、在笔耕,在天马行空。《税坛纵横》就是退休后十年生活的缩影!

六、有伯乐是幸运的

千里马常有,伯乐不常在,有伯乐的千里马是幸运的!

一生中我遇到两位伯乐:

第一位伯乐是扬州税务学院首任书记、院长陈树勋先生。这位早年与税收理论界大腕安体富先生同班毕业的青海省税务局局长、辽宁省局局长,是他向税务总局力荐我去扬州任职的,我们是在一次全国税收理论研讨会上邂逅相识的。陈先生早年毕业于中国人民大学,是扬州税务学院创始人,是一位才华横溢的学者型领导,如无这位伯乐的赏识,我在辽宁税专猴年马月也进不了班子,从某种意义上讲,没有陈先生,就没有我的"出头"之日。借此机会,感谢陈树勋书记、陈树勋院长。

第二位伯乐是原中国税务杂志社社长、现中国税务学会学术委员会副主任张木生先生。余结识木生君为一文一会。木生君时任中国税务杂志社社长,余为国家税总扬州税务学院副院长。一篇指点江山、激扬时弊的雄文令余相见恨晚;一场立足前沿、献计献策的改革论坛让余刮目。拜读木生君专著《超越左右说实话——财税体制与政府行为》《改造我们的文化历史观——我读李零》更令余俯首耳。面对当前鱼目混珠、乱象丛生、逆耳忠言、巧语阴谋的现状,木生君一针见血:"逢左必右,逢右必左,想超越左右就不怕左右都不讨好。"干脆,"超越左右说实话"!不说实话,给党和国家带来多大灾难!自古文死谏、武死战,说实话必具冒死之忠心,这就是"张旋风"的精、气、神之所在!

2013年9月中国税务学术委员会换届,钱冠林亲任学术委员会主任,下设五个研究部。木生君力荐我任研究部召集人且大力支持我工作,从某种意义上说没有木生君就没有我退休后的第二次创业。

七、两袖清风乃为官之道

两袖清风，才能人治，才能服众；两袖清风，才能敢管，才能能管；两袖清风，才能心安，才能半夜不怕鬼叫门！老朽从科、处到厅局一直坚守这一铁律，也是我为"官"之道。在扬州税院我除分管业务外还分管财务，但我为官清白：那个年代，尽管有条件有机会多次出国，而只为办税务大学校出过一次国；那个年代，尽管厅级干部跨地区调动工作至少可拥有2套住房，而我只有1套福利住房；那个年代，尽管领导干部婚丧嫁娶可以聚财，而我父母去世、两个女儿旅行结婚没通知任何人；那个年代，尽管权可生财，而我分管财务没沾一分钱，调动时主动要求系统外审计且拿着审计报告离开的；那个年代，尽管领导干部生活上可以照顾，而我住扬州税院最原始的、最简陋的单身宿舍，自费购买空调、冰箱、洗衣机、电视、厨房用具，调走时全部留给原单位没报销一分钱；那个年代，办事要有代价，而我专扶弱者、不图回报……就凭这，我敢大刀阔斧：福利分房坚持双轨制；课酬金改革按质论价；干部升迁按品行能力；扶植正人君子、举贤不避嫌；办事不瞻前顾后，交友碗酒刀肉；先人后己，言必信行必果。因此，我从未失眠、从未抑郁、从未患病误工……今天，所以保持旺盛精气，盖因于此。

八、人生不可能没有遗憾、但可弥补

人生总会有遗憾的，有的遗憾一生都难以释怀。

我有遗憾且是终身遗憾！这个遗憾就是：没有建成"中国税务大学"！

税务总局调我去扬州的目的是组建扬州税务学院，派我去日本考察日本税务大学校的目的也只有一个：建立中国超一流的税务大学！这是我唯一的一次出国考察。然而这一切，被当时所谓教育体制改革搁浅了。税务系统原本两所本科院校，两所专科、26所中专学校的教育体系，除长春税院归属地方以外，其他所有院校"全军覆没"，全部退出国民教育系列，令人扼腕。为什么税务培训院校出不了高端人才？为什么税务培训院校的教授在全国理论界低人一等？税务院校的教授已远离国民教育系列，远离高端研究环境而被彻底边缘化了！

扬州，这座千年古城，她曾留下了我人生辉煌的足迹；税院，这座与瘦西湖毗邻的"中国税务黄埔"，却给我留下了终生挥之不去的遗憾！

后记　感悟人生

但是，路还是要往前走的，尽管走得很累，或许可以弥补！

院校下马后我痛下决心，要以一己之力，在学界为曾经的税务院校正名并争得一席之地，以补遗憾。每当我在国家级学术讨论会或中外高层论坛上以税务院校教授身份，或作为大会阶段性学术专题主持，或作为大会点评专家，或发表研究成果讲演，或与外国专家辩论时，一种责任感、使命感就油然而生，因为这是向学界宣告：税务院校虽永远脱离了国民教育，但她的精气神永存！有几次学术会议令我兴奋难忘：第一次是2003年在中央财经大学召开的有100多所国内本科大学法学院参加的中国财税法研究会年会上，作为大会6位发言人之一，面对台下各院校法学院院长和教授的惊奇眼光，这种弥补感达到了极致。第二次是2005年在北京大学召开的中国财税法年会上与施正文教授关于税收基本法的争论被施正文称为是"中国税收基本法领域的两派代表人之争"，而我与施正文的学术友谊也因此而生。第三次是2009年在上海交通大学召开的税收高层论坛上提出"一房两制是解决中国住房及房地产市场有效路径"的观点，被上海电视台"头脑风暴"栏目王姓主持人采访，《中国税务报》发演讲照片，尤其是10月国务院下发有关建设民生房的通知时心情久久不能平静。第四次是2011年在华东政法大学召开的"房地产涉税法律问题国际高峰论坛"上，在回应韩国国民大学法学院院长、韩国税法学会副会长安庆峰教授对我论文提出的四个问题之后，我反问安庆蜂五个问题时充满的自豪！第五次是2014年中国税务学会在杭州召开的中韩征管法交流会上，作为税务院校唯一代表第二次舌战群韩时，我几近疯狂！第六次是2015年我应邀在钓鱼台国宾馆作"房地产税立法若干问题"的学术报告并回应提问，报告的主要内容被《深圳特区报》《改革内参》、国务院研究中心网、中国税务网转载时我十分亢奋。遗憾得到了弥补，弥补填补了遗憾！我怀疑自己是不是现代"阿Q"！这就是我谢绝高薪聘请、一条道走到"黑"的原动力。妻嗔怪曰：高薪不往，何以守学会清茶一壶？我苦笑无语却乐不思蜀。学会每年发税前劳务费4500元，税后相当每月不足300元。但我不屑一顾，绝不后悔。

生活离不开钱，钱不是生活的全部，为钱空虚、为事充实，知足者常乐。铭刻在老朽家中大厅墙上的《满江红》可以佐证：

芸台治学，勤推敲，未敢间歇。扶贤助能，胸怀清澈。著书立论清与苦，宦海沉浮生与灭。岁荏苒，更秉烛铭书，伴清月。

凭锄犁，悦耕摄①，龙居园②，余何缺？倚西山③，闲话炎谅失得。白发荆妻伴案头④，尤喜儿孙承父业⑤。春归矣，望和风细雨，云中鹊。

庚寅年小满　二七公寓⑥

九、我的左膀右臂

长女涂京联（现在大连市财政局供职）、小女涂京骞（现在辽宁税务专科学校供职）是我从事教学科研的左膀右臂，也是我自带的"博士生"，没有她们就没有《税坛春秋》和《税坛纵横》，这得从头说起。

早在她俩读中学时，无意间我说过，谁能看懂我书房的书将来家产就归谁。一句戏言竟成女儿最原始的动力，后来姐妹俩果然选择了财税专业，还如愿进了财税单位工作。退休前由于行政杂事太多，很难有时间静心研究，于是我给她俩分工：老大在市局条法处工作负责收集各种我需要的财税文件和资料，并一个月摘编一册给我；老二根据我口授的基本思路框架形成初稿。父女们还经常讨论与争议，说实话，其中许多观点都是受女儿启发或是女儿直接提出的，比如中国财税法学会几次年会上的获奖论文和《税务研究》《国际税收》杂志上发表的论文。这条"家规"从退休前一直延续至今。

如果说 2007 年《税坛春秋》倾注了涂京联心血的话，那么《税坛纵横》则倾注了涂京骞的心血。《税坛纵横》中的文稿初稿几乎都是涂京骞完成的，其中有的章节就是她写的。书稿的编辑整理断断续续耗费了她一年多的时间。原本《税坛纵横》只署名我一人，老伴发怒了，说我剽窃女儿成果，老大也说，无论于公于私都应当署上涂京骞，否则"家规"终止！我妥协了，为了以后的继续"合作"，我署上了第二作者涂京骞，请

---

① 庭院一寸地，闲时老朽常以耕为乐。
② 老朽现居"龙居园"。
③ 龙居园傍大连西部大顶山而立。
④ 妻为原配同窗。
⑤ 两女一财一税。
⑥ 老朽原居二七公寓。

诸公不要误判！

最后，再引《税坛春秋》原律与诸君共勉：

> 税坛春秋二十年，三尺讲坛阔无边；
> 仕途学途两不误，清政勤奋少风险。
> 激扬文字求实是，指点江山话前沿；
> 以文会友无铜臭，香书为伴兴更前！

又和《税坛纵横》一首：

> 老骥伏枥又十年，酬志未已不见边；
> 改朝换代国不误，兴利除弊多风险。
> 煮酒争鸣有道是，品茗闲庭竞前沿；
> 甘为后学铺新路，返老还童鞍马前。

卷尾 七律——七十抒怀

中国税务学会学术委员会第四研究部乃国内财、税、法群儒之聚地，此间无名利追逐，存人间之真情，世外桃源也！余临其境，精气之顺、神气之畅，尤把酒临风，快哉！悠哉！适逢丙申猴年岁尾，老朽虚度七十，七律一首以铭志。

> 世言七十古来稀，今朝九十不为奇；
> 只因精气神俱在，烟雨泛舟披蓑衣。
> 指点江山论税改，激扬文字遇知音；
> 四部群儒聚龙首，品茗煮酒话真情。

——丙申年岁尾

轩鸽君赠七律一首，敬录以谢：

和 涂 老

> 人生七十古来稀，过时黄历多讶异。
> 心有乾坤望百岁，拥书自雄风雷起。
> 烟雨蓑衣书生梦，看淡兴衰雪月急。
> 税改江湖纷乱事，择善固执风浪息。

又一首　　　　　赠 涂 老

> 择善固执何言愚，制心一处求时雨。
> 得失俯仰存清白，学脉绵延烽烟起。
> 士而怀居古来羞，老骥伏枥谋大局。

　　　　转型时代路崎岖，皈依大道活水聚。

　　　　四部鸿儒勤傍依，醉聚狂欢蕴大义。

锡忠君赠五律一首，敬录以谢：

　　　　白城结白头，根河根连心；大步敢大连，扬手不扬州。

　　　　信马花千里，本色染春秋；人生无忧日，犹有纵横志。